**펴낸곳** 서해문집
**출판등록** 1989년 3월 16일 (제406-2005-000047호)
**주소** 경기도 파주시 광인사길 217(파주출판도시)
**전화** (031)955-7470
**팩스** (031)955-7469
**홈페이지** www.booksea.co.kr

# 4900원 주고 산책

| | |
|---|---|
| 인건비 | 500원 |
| 물류비 | 300원 |
| 제세공과금 | 150원 |
| 폐기비용(반품시) | 700원 |
| 보관비 | 300원 |
| 제작비 | |
| 출력/종이/인쇄/제본비 | 1,725원 |
| 디자인비 | 1,000원 |
| 편집비 | 210원 |
| 기타 | 115원 |
| 총 | 5,000원 |
| 서점 출고가 | 3,000원 |
| 잘 팔릴수록 | -2,000원 |

2015.10.20

서해문집

03010
9 788974 837518
www.booksea.co.kr 값 4,900원
ISBN 978-89-7483-751-8 03010

# 산책

**초판 1쇄 인쇄** 2015년 10월 15일 \ **초판 1쇄 발행** 2015년 10월 20일
**지은이** 김홍식 \ **펴낸이** 이영선 \ **편집 이사** 강영선 \ **주간** 김선정 \ **편집장** 김문정
**편집** 김종훈 김경란 하선정 김정희 유선 \ **디자인** 정경아 이주연
**마케팅** 김일신 이호석 김연수 \ **관리** 박정래 손미경 김성환

**펴낸곳** 서해문집 \ **출판등록** 1989년 3월 16일(제406-2005-000047호)
**주소** 경기도 파주시 광인사길 217(파주출판도시) \ **전화** (031)955-7470 \ **팩스** (031)955-7469
**홈페이지** www.booksea.co.kr \ **이메일** shmj21@hanmail.net


**ISBN 978-89-7483-751-8 03010**
**값 4,900원**

이 도서의 국립중앙도서관 출판시도서목록(CIP)은 e-CIP 홈페이지(http://www.nl.go.kr/ecip)에서
이용하실 수 있습니다.(CIP제어번호: CIP2015027948)

**펴낸곳** 서해문집
**출판등록** 1989년 3월 16일 (제406-2005-000047호)
**주소** 경기도 파주시 광인사길 217(파주출판도시)
**전화** (031)955-7470
**팩스** (031)955-7469
**홈페이지** www.booksea.co.kr

# 4900원 주고 산책

| | |
|---|---|
| 인건비 | 500원 |
| 물류비 | 300원 |
| 제세공과금 | 150원 |
| 폐기비용(반품시) | 700원 |
| 보관비 | 300원 |
| 제작비 | |
| 출력/종이/인쇄/제본비 | 1,725원 |
| 디자인비 | 1,000원 |
| 편집비 | 210원 |
| 기타 | 115원 |
| 총 | 5,000원 |
| 서점 출고가 | 3,000원 |
| 잘 팔릴수록 | -2,000원 |

2015.10.20 **서해문집**

03010
9 788974 837518
www.booksea.co.kr 값 4,900원
ISBN 978-89-7483-751-8 03010

들어가며

# 〈산책〉이 처음 태동한 것은 2012년 4월이었다

출판이랍시고 시작한 지 20년이 넘었지만 제대로 출판을 하지도 못했고, 이런저런 어려움 탓에 외도도 많이 하다가 2000년 들어서면서 모든 외부 일을 접고 다시 출판의 길에 매진하기로 결심했다.
"스물두 살 때 출판에 평생을 걸겠다고 한 녀석이 고작 먹고사는 일에 목을 매서야 되겠느냐? 너는 도대체 왜 그 나이에 출판을 하겠다고 다짐하였느냐? 좋은 직장 때려치우고 나와 출판을 한 까닭이 뭐냐?"
갑자기 그 어린 나이로 돌아갔던 것이다. 그리고 다짐했다.
"내가 내고 싶은 책을 내자. 독자들에게 전달하고자 했던 바로 그 책을 내자. 돈? 지금까지 모은 걸 다 쏟아 붓자. 그리고 모아놓은 돈, 다 떨어지면 그때 그만두자. 운명일 테니까. 그런 다음에는 우동 장사를 하건 김치찌개 전문점을 하건 굶어죽기야 하겠느냐!"

그렇게 마음먹고 21세기에 들어서면서 도서출판 서해문집과 파란자전거 출판사를 새롭게 시작했다. 그렇게 생각하니 책을 출간하는 게 기뻤다. 그 전에는 한 권 한 권 출간할 때마다 노심초사勞心焦思하고 팔리지 않으면 절망했다. 그러나 그때부터는 출간되어 책이 선을 보일 때마다 즐거웠다. 그런데 더욱 기적같은 일은 그 다음에 일어났다. 팔리는 것을 생각하지 않고 책을 출간하기 시작하자 오히려 먹고살게 된 것이다.
그래서 우동 장사와 김치찌개 전문점으로 큰돈을 벌 기회는 잃었다. 사실 요즘 같은 먹방, 쿡방 시대에는 음식장사가 최고일 텐데.
그래도 1년에 60종이 넘는 책을 출간하면서 '그래도 내 삶을 건 보람이 있구나. 어린 녀석이 세운 꿈을 하늘도 대견해 하시는구나.' 하는 생각을 한다. 한없이 감사하며 하루하루 살아간다.

그런데 2012년 봄, 갑자기 화가 나기 시작했다. 출판, 책, 문화는 사회로부터 도외시되고, 사회는 지성보다는 무지와 야만의 세계를 추구하기 시작했다. 그런데도 출판계는 오히려 과거의 공동체 의식에서 벗어나 개개 출판사의 이익을 추구하고 사회적 정의보다는 업계의 이익을 중시하는 듯했다.
이건 아니다!
그래서 사회적 의제議題가 발생할 때마다 여러 선후배들에게 제안했다. 싸우자고. 그러나 잘 되지 않았다. 그때부터 결국 나는 출판계 밖으로 나아가기로 했다. 화가 나서 그 안에 있기가 힘들었다. 나이가 50을 넘어서 60을 향해 가고 있었는데 치기稚氣와 만용蠻勇, 무절제밖에 배운 게 없으니, 신경정신과 출입을 한다 해도 누굴 탓하겠는가.

그러니 〈산책〉은 치기와 만용과 무절제의 산물이다. 신경정신과 출입의 산물이다. 내가 꿈꾸는 세상이 현실에 비해 얼마나 좋겠는가? 그러나 꿈꾸는 것도 죄가 되지는 않을 것이다.

평균 3개월에 한 번 출간해 무료로 독자, 출판 관계자, 도서관 관계자분들에게 드리던 〈산책〉은 세월호 참사가 나던 시기에 한 번 걸렀고, 그 후부터 약간씩 늦어져 이제 10호를 출간했다.
그동안 출간한 〈산책〉 가운데 오늘 이 순간에도 의미가 있다고 여겨지는 글 몇 편을 모아 출간한다. 이건 오로지 내 개인적 사고와 행동의 산물이다. 시대를 탓하지만 평안히 살아가는 이들이 훨씬 많지 않은가 말이다.

아! 마지막으로 한 마디 덧붙인다. 〈산책〉 따위 찌라시가 필요 없는 시대를 꿈꾼다.

2015. 가을

〈산책〉 창간사다.

우아한 척 01

# 너무 우아를 떨었나?

## 어쭙잖은 매체를 만들며

저는 오늘 어쭙잖은 매체를 홀로, 그러나 수많은 분들의 도움을 받으며 출범합니다.
더 이상, 제가 태어났고, 저를 만들었으며, 제가 쓰러져 묻힐 이 땅이 이토록 처참하게 무너져 내리는 모습을 볼 수 없기 때문입니다.

저는 책을 만드는 출판인입니다.
그러나 이 시대는 저에게 '출판인'이라는 숭고한 호칭조차도 허락하지 않습니다. 아니, 저는 저 자신이 그토록 자랑스럽게 여겼던 '출판인'이라는 호칭을 더 이상 붙일 수 없습니다.

오늘날 대한민국을 지배하는 개념은 돈입니다. 아무리 겉포장을 화려하게 해도 그건 돈입니다. '경제'니 '자유민주주의'니 '효율성'이니 '성장'이니 온갖 단어를 동원한다 해도 본질은 돈입니다.
오늘날보다 훨씬 적은 돈으로 살아야 했던, 그리하여 소고기 한 근을 먹기 위해서는 몇 달을 기다려야 했던 시대에도 99%의 시민이 입에 '돈, 돈'을 달고 살지는 않았습니다.

그러나 이 풍요의 시대, 이 놀라운 호사豪奢의 시대, 이 거대한 소비의 시대에 우리는 끊임없이 '돈'만을 외치며 살아가고 있습니다.

모든 이들이 '돈'만을 외치는 사회가 행복하고 아름다울 수는 없습니다.

수많은 젊은이가 스스로 목숨을 끊고 그보다 더 많은 인간이 삶을 포기하고 있습니다. 이웃은 이웃을 시기하고 친구는 친구를 나락으로 몰고 가는 사회. 그럼에도 이 사회는 공존 대신 독존獨存을 추구할 뿐입니다. 이 거대한 소비의 구렁텅이에서 그 누구도 빠져나오지 못한 채 탐욕의 물결 속에서 허우적대고 있습니다.

**그리하여**
**결국**
**저는**
**'출판인'으로**
**자부하기를**
**포기하기에**
**이른**
**것입니다.**

제가 출판인이 되기로 삶의 목표를 세운 나이가 스물세 살 때였습니다. 그 시대에 저는 장학금을 받지 않으면 대학을 다니기 힘들 만큼 어려운 가정에서 살아가고 있었습니다.

그러나 부모님을 비롯한 그 누구도 제게 "돈을 벌어라. 그 길만이 잘사는 길이다."라고 가르치지 않았습니다.

결국 저는 이웃들 모두에게 가장 아름답고 놀라운 삶을 가져다줄 것이 확실한, 책을 보급하는 일에 삶을 바치기로 결심했던 것입니다. 물론 그런 행동은 더 나은 세상, 서로가 서로를 이해하고 의지하는 세상을 앞당기는 데 일조一助를 할 것이라는 믿음도 있었습니다.
그러나 오늘날의 대한민국은 제 믿음을 산산조각 냈고, 제가 살아온 삶이 아무런 성과를 내지 못했음을 확인시켜 주었습니다.
결국 출판인으로서의 저는 실패했음을 자인하지 않을 수 없게 되었고, 바로 이것이 제가 '출판인'으로 자부하기를 포기한 까닭입니다.

그러나 보잘것없는 저는, 이런 이유로 장렬히 전사하는 열사烈士가 될 수도 없는 노릇입니다. 그리하여 결국 제가 택한 방법은 깊고 넓으며 영원하고 숭고한 책을 만드는 일은 잠시 접어두고, 직접 세상과 맞부딪치는 길입니다.
이 매체는 그렇게 탄생했습니다.

저는 이 매체를 통해 문명의 힘보다는 돈의 힘을 믿고, 지성의 힘보다는 성적의 힘을 믿으며, 지혜의 힘보다는 권력의 힘을 믿는 이 세상과 맞짱뜨고자 합니다.

**저는 달걀이고,**
**세상은 공고한**
**바위임을**
**모르는**
**바**
**아닙니다.**

그러나 어느 순간에는 그토록 처절하게 깨지는 삶이 더 황홀할지 모릅니다.

더 이상 견딜 수 없는 이 천박한 자본의 시대, 거짓의 시대, 물질의 시대, 명예의 시대, 성과의 시대와, 수십 년 전 처음 책을 만들고자 나서던 그 마음만을 든 채 저는 대적하고자 합니다. 싸움의 결과는 불을 보듯 분명할 것입니다.

그러나 지는 싸움도 해야만 할 때가 있습니다.

계백, 묘청, 만적, 정몽주, 정여립, 논개, 전봉준, 조봉암, 조용수, 나아가 광주의 무명용사들, 제 모교에 말없이 비석 하나로 서 있는 김의기 열사, 그리고 자신의 시대에 시민의 권리와 이상을 위해 스스로를 던진 수많은 선배들, 그 모든 이들과 저를 비교하는 것은 터무니도 없는 일입니다. 다만 저는 지는 길임을 알면서도 그 길을 택한 아름다운 이름들을 기억하고자 합니다.

**이제 걷기 시작합니다.**
**지치고**
**지쳐**
**더**
**이상 나아갈**
**수 없을**
**때까지.**

2012년 3월
김홍식

〈산책〉 창간호 창간사

〈산책〉에 쓴 글들은 대부분 직설적이다. 나는 발전을 위해서는 싸움이 필요하다고 여기는 극단주의자다. 적당한 부부싸움이 없다는 것은 부부 사이에 대화가 없다는 것이다. 출판계라고 다르지 않다. 겉으로 평화로운 출판계지만 내부적으로는 끝없이 싸우는 것이 현실 아닌가?
그래서 나는 바로 그 문제, 뒤에서 속닥이는 싸움을 드러내고 싶었다.
"우리 모두 솔직히 이야기합시다. 내 잘못, 남의 잘못을 이야기합시다. 그래야 반성도 하고 변하기도 하지 않겠습니까? 모두 앞에서는 웃는 낯을 보이고 뒤돌아서면 손가락질하는 풍토에서 어찌 반성이 있고, 발전이 있겠습니까?"
다음 글들은 출판계, 문화계, 나아가 모든 시민들에게 드리는 앞담화다. 뒷담화를 뿌리 뽑기 위한.

# 금기의 파괴

**책은 좋은 것이라고 한다. 게다가 역사에 획을 그은 책은 더더욱 좋은 것으로 인정받는다. 이른바 고전古典의 반열에 올라서게 되는 것이다. 그러나 과연 그럴까?**

**《토지》 박경리 지음**

나는 이 책을 오래 전에 삼성출판사(꽤나 오래 전이라 출판사 이름이 가물가물하다)에서 나온 판으로 읽었다. 물론 끝까지.

그러니까 그때는 《토지》가 오늘날처럼 대한민국 문학을 대표하는 작품으로 자리매김하기 전이었던 듯하다. 그냥 탁월한 대하소설이 탄생했고, 그 작품이 갖는 의미를 이곳저곳에서 수군거리던 시절이었을 것이다.

그런데 오늘날 《토지》는 그 무렵과는 사뭇 다른 지위를 획득한 듯하다.

그러나 나는 여기서 《토지》의 문학성을 논할 까닭도 없고, 그럴 만한 능력도 없다. 나는 그저 책을 내고 팔아서 호구지책糊口之策을 영위하는 한낱 장사치일 뿐 문학 평론가도 아니요, 출판 평론가도 아니기 때문이다. 따라서 내가 말하고자 하는 바는 오직 출판과 관련된 분야에 국한될 것이다.

그런 무능력자가 웬 '금기禁忌의 파괴破壞'냐고? 얼핏 들으면 그런 의문을 품을 만하다. 그럼 그 의문의 본질을 따져보기로 하자.

인터넷 서점에서 '박경리 토지'를 검색해 보라. 내가 검색한 바에 따르면 참으로 놀랄 만했다. 나처럼 출판계에서 일한다는 자도 놀랄 만한데, 일반인들은 어떨까?
왜 놀랐느냐고?
나는 이제껏 《토지》 원본과 《청소년을 위한 토지》가 출간되어 있는 것으로 알았다.
그런데 이번에 확인해 보니 《토지》 전 21권, 《청소년을 위한 토지》 전 12권, 《동화 토지〉 전 38권, 《만화 토지 1부》 전 7권이 출간된 상태였다. 그 가운데 《만화 토지》는 1부가 출간되었으니 이후에 몇 권이 더 출간될지, 아니면 이 정도에서 마무리되는지 잘 모르겠다. 1부가 출간된 것이 2007년이니까 완간되려면 상당한 시간이 걸릴 듯하기도 하다.
여하튼 우리나라 청소년들은 참으로 바쁘게 되었다. 안 읽으면 어디 가서 문화적으로 기본이 갖추어지지 않았다는 말을 듣기에 충분한 《토지》를 초등학교에서는 만화로, 그 다음에는 초등용 소설 38권으로 읽고, 중학교에 가서는 청소년용 토지 12권을 읽은 후 성인이 되어서는 21권짜리 원본을 읽어야 하니 말이다.
아마 이 정도로 다양한 판본이 출간된 작품도 세계적으로 드물 것이다.
그렇다면 도대체 왜 이렇게 많은 판본이 출간되고 있는 것일까? 독자 서평을 읽어보면 모든 판본이 필요한 것 같지도 않은데.
바로 이 대목에서 문학 전공자가 아니라 출판계 떠돌이인 내가 나서야 하는 것이다.

## 가장 중요한 요인은 《토지》의 신화화가 원인일 것이다.

《토지》는 단순히 문학 작품에 머물러 있지 않다. 《토지》는 우리나라에서 이미 신화화된 것이다. 사실 우리나라처럼 특정한 사건이나 인물 등을 순식간에 신화화하기도 하고 또 그 신화를 순식간에 무너뜨리는 곳도 흔치 않을 것이다. 《토지》는 첫 권이 출간된 지 40여 년이 지났다. 따라서 그 시간을 놓고 보면 신화화될 수도 있을 것이다. 그러나 마지막 권이 출간되어 완간된 것은 1994년이다. 결국 《토지》가 하나의 작품으로 완성된 것은 지금으로부터 20년도 채 안 된 시기인 셈이다. 그렇다면 발표된 지 고작 십여 년이 지난 작품이 신화화되는 것은 너무 성급한 것은 아닐까?

그럼에도 《토지》는 이미 신화화된 것이 사실이다.

그렇다면 신화화란 무엇인가? 국어사전에서는 신화화神話化를 '매우 이루기

중학교에 가서는 청소년용 토지 12권을 읽은 후 성인이 되어서는 21권짜리 원본을 읽어야 하는 것이다

힘든 일이나 획기적인 업적이 됨'이라고 정의한다.

그러나 나는 그렇게 생각하지 않는다.

신화화란, **현실에 근거한 역사를 뛰어넘고, 정오正誤에 근거한 판단을 뛰어넘으며, 취사取捨에 근거한 선택을 뛰어넘어 모든 이들에게 추상적으로 수용되는 과정**이라고 여긴다.

따라서 신화로 자리한 대상에 대해서는 그 어떤 비판이나 판단, 논리적 구명究明도 용납되지 않는다. 신화화가 위험한 것은 이처럼 집단적 독단에 빠질 위험이 매우 높기 때문이다.

그리하여 신화는 인류 문명이 합리성과 상호 비판, 논리적 탐구라는 과정을 거치기 전에나 형성될 것이지 문명이 작동하기 시작한다면 신화란 더 이상 창조될 수 없음은 쉽게 알 수 있다.

그러나 《토지》는 우리나라에서 그 누구의 비판의 대상이 되거나 호好, 불호不好를 기반으로 한 선택의 대상을 뛰어넘었다.

만일 책 좀 읽고 소위 문화를 논한다는 자리에서 누군가가 나서 《토지》가 생각보다 뛰어난 작품이 아니라거나 《토지》를 읽지 않는 게 뭐 그리 대수로운 일이냐고 떠든다면 그는 참으로 어려운 처지에 빠질 것이다.

이것이 바로 《토지》가 신화화된 결과이다. 나는 후반으로 갈수록 지루할 뿐만 아니라 전지적 작가시점에서 주관적 1인칭 시점으로 변모하는 듯한 길상의 주장을 견디지 못해서 상당한 분량을 뛰어넘었다. 한마디로 문학적 재미가 없었던 것이다. 나라는 독자가 썩 수준이 높지 않아서 그랬겠지만 그렇다고 해도 모든 사람이 그 작품을 신성시神聖視해야 하는 것은 아니지 않은가.

## 《토지》를 재미없게 읽었다고 해서 바보로 취급받아서도 안 되고,

## 안 읽었다고 해서 책 안 읽는 비문화인非文化人 취급을 받을 필요도 없는 것 아닐까?

그럼에도 우리는 《토지》에 너무 많은 부담을 안겨주고 있다. 마치 《토지》를 모르면 우리 문학을 전혀 이해할 수 없다거나 책하고는 담 싼 인간으로 치부될지도 모른다.

그러나 그렇지 않다. 적어도 나라면 많은 독자들에게 《토지》를 읽어야 한다는 부담을 지지 말라고 자신 있게 말하고 싶다.

스무 권(출판사가 말하는 바에 따르면 원고지 3만 장이라고 한다)이 넘는 이 책 대신 원고지 천 매짜리 작품 30권을 읽는 것이 더 나은 독서법일지 모른다는 사실을 염두에 두는 것은 독자 여러분을 더 뛰어난 문화인으로 만드는 데 전혀 장애물이 되지 않을 것이다.

## 두 번째 요인은 대한민국 출판계의 기획력이다.

사실 스무 권이 넘는 대하소설이 청소년용, 아동용, 만화로 거듭난다는 것은 참으로 놀라운 일이다. 출판의 역사를 보더라도 같은 작품을 이토록 세분화하면서도 그 양적 측면(이때의 양적 측면은 원고지 분량이 아니라 권수 또는 전체 권을 구입하는 데 소요되는 비용을 말한다)에서 대폭 축소되지 않는 경우는 찾아보기 힘들다. 《삼국지》 외에 내 머릿속에 떠오르는 작품은 별로 없으니 말이다.

그런데 안타까운 사실은 서평書評에 나타난다. 청소년용과 아동용의 차이를 잘 모르겠다는 서평부터 만화가 오히려 성인용에 가깝다는 평, 청소년용은 전혀 필요 없다는 평 등 대부분의 서평이 《토지》의 뛰어난 작품성을 이야기할지언정 청소년판이 원본보다 훨씬 도움이 된다거나 아동용이 반드시 필요했다는 평, 또는 만화판이야말로 토지를 어린이들이 제대로 이해할 수 있게 만들었다는 평은 찾아보기 힘들다.

결국 우리 모두 신화의 그림자에 묻혀 누구도 지적하지 못했을 뿐, 청소년판 토지, 아동용 토지, 만화판 토지는 출판사의 상업적 목적 때문에 탄생한 것임을 조금만 고민해 보면 알 수 있다.

물론 이렇게 분명한(출판계에서 십수 년 동안 활동한 나의 직관에 비추어보건대) 사실조차도 언급하는 데 상당한 두려움이 앞선다. 혹시 누군가 나의 이러한 지적을 "자식. 저는 그런 탁월한 작품을 내지 못하고, 낼 능력이 없다 보니까 남들이 하는 숭고한 작업을 폄하하는군. 비열한 자식!" 하고 비판할지 모른다는 사실 때문이다.

게다가 대한민국 출판계는 워낙 좁아서 이런 비판이 전 출판인에게 퍼지는 데는 일주일도 채 안 걸린다. 그리하여 나라는 인간이 어둠의 자식으로 거듭날 수도 있다. 그럼에도 나는 이 문제를 지적하지 않을 수 없다.

솔직히 《토지》는 그렇게 어려운 글이 아니다. 가장 어려운 점이라면 길다는 점일 것이다. 따라서 적어도 고등학생이라면 청소년판 토지는 필요 없을 것이다. 그렇다면 청소년판 토지는 중학생을 위한 것이리라.

이는 청소년판 토지를 출간한 출판사의 보도자료에도 나와 있는데, "『청소년 토지』는 2백 페이지 분량의 도서 12권으로, 그 분량이 대폭 축소되었지만(원본 토지 3만여 매/ 청소년 토지 5천여 매) 원전 『토지』의 내용과 사상 등은 그대로 살아 있다."라는 문장에서 나는 참으로 혼란을 느끼지 않을 수 없다. **3만여 매에**

**이르는 원작이 그 1/6로 줄어들었는데 '원전의 내용과 사상이 그대로 살아 있다'면 원작은 도대체 얼마나 중언부언重言復言을 했단 말인가?**

**게다가 청소년판 토지 전체 양이 5천 매란다. 그렇다면 12권으로 이루어진 청소년판 토지의 한 권은 원고지 400여 매를 담고 있다는 말인데, 이는 좀 심하다. 우리 청소년들은 책 한 권이 원고지 800매를 담을 정도로 두꺼우면 책을 손에 안 잡을 거라고 여긴 것일까?**

원고지 400여 매는 초등학생용 책이 담을 만큼의 원고량이다. 결국 나는 12권짜리 청소년판 토지는 수익을 올리기 위해 권수를 늘렸다고밖에 판단하지 않을 수 없었다.

**더욱 놀라운 것은 《동화 토지》가 출간된 사실이다.** 《동화 토지》는 그 양이 더욱 방대해 총 38권에 달한다. 이 책을 스스로 구입할 초등학생은 없을 것으로 보이니 이 책이 목표로 한 독자들은 결국 부모님이 구입해 준 책을 읽어야 할 듯하다. 그런데 그 양이 38권!

나 같으면 그 양에서 이미 주눅이 들어 첫 권을 잡는 데 손이 부들부들 떨릴 듯하다.

초등학생을 대상으로 한 작품 가운데 이처럼 방대한 양으로 이루어진 책이라면 《만화 삼국지》나 《만화 000》 같은 것을 빼면 없는 듯하다.

게다가 청소년용 토지와 동화 토지를 엮은 작가 집단(두 시리즈 모두 토지문학연구회라고 적혀 있다)과 출판사가 모두 같다는 사실은 이 시리즈가 철저한 기획 아래 진행되었음을 알 수 있다.

나는 이러한 사실에 대해 같은 출판인으로서 참담함을 금하지 못한다.

비난해도 좋고 나쁜 놈이라고 손가락질해도 좋다. 아니, 출판계에서 영원히 퇴출시켜도 좋다. 그러나 누군가는 말해야 한다.

이런 일은 더 이상 행해져서는 안 된다. 《토지》는 동화로 꾸며질 책이 아니다. 아니 꾸며진다면 세 권을 넘으면 안 된다. 38권이라니!

문학작품은 그 자체로 완결성을 갖는 작품이라야 비로소 뛰어난 작품이다. 그런 작품을 나이에 맞추어 수준에 맞추어 고쳐도(이건 요약본과는 전혀 다르다. 수많은 고전의 요약본이 출간되었음을 모르는 바가 아니다. 그러나 그건 원본이 젊은층이 이해하기에 너무 어렵거나 양이 너무 많을 때, 고전을 이해할 수 있는 기회를 주기 위해 출간하는 길잡이 도서에 머무른다) 아무런 문제가 없다면 그건 본래 원작에 빈틈이 있었다는 말과 다름 아니다.

만일 시장성을 보아 이런 변주變奏를 했다면 이해가 가능한 수준에서 행해야 한다. 현재 토지와 관련해 이루어진 작품의 변주는 도를 넘어선 것이다. 당신 같으면 초등학교 때 38권으로 읽은 토지를 어른이 되어 다시 21권으로 읽고 싶은가? 이건 독서를 가로막는 상업적 행위일 뿐이다. 《토지》는 원작 외에 불필요한 작품이다.

## 세 번째는 이러한 일이 가능하도록 작업 환경을 제공한 작가 또는 그러한 일에 종사한 분들에 관한 것이다.

이미 《토지》의 원작자이신 박경리 선생께서는 돌아가셨다. 그런 까닭에 더 이상 이에 대해 언급하는 것은 고인故人에 대한 예가 아닐 뿐만 아니라 혹시라도 실수가 있었다 해도 돌이킬 수 없다. 따라서 나는 이에 대해서는 언급하지 않겠다. 다만 더 이상 객관적으로 대한민국 문학계를 대표하기에 충분한 작품에 흠집이 주어질 수도 있는 추가적인 작업은 중단되었으면 하는 것이 바람이다.

그리고 덧붙이고자 한다면, 나의 이러한 힘든 작업(온갖 구설수에 오를 것을 각오하고 수많은 사람들이 뒤에서 수군거리는 내용을 활자화하는 일은 생각보다 힘들고 괴로울 뿐 아니라 겁도 난다)의 결과 더 이상 상업주의에 기반한 문학작품의 변주는 이루어지지 않았으면 한다.

물론 작품에 따라서는 그러한 작업이 반드시 필요한 경우가 있다. 어떤 작품이 필요하고 그 변주의 방식은 어떠해야 하는지는 그 작업에 임하는 사람이라면 잘 알 수 있을 것이다. **세상 모든 사람은 속일 수 있을지라도 자기 스스로를 속일 수는 없다는 말이 있지 않은가.** 이 작업이 오직 돈을 벌기 위해 하는 짓거리인지 아니면 독자를 위해 필요한 부분이 적어도 51% 이상은 되는지 기본이 갖추어진 편집인, 출판인이라면 누구나 알 수 있단 말이다.

### 추신

**이 글을 마친 상태인 어느 날 이런 기사가 지상紙上에 게재되었다.**

**책 '토지' 판권 6번째 이전… '나남'서 '마로니에북스'로**

고 박경리의 대하소설 〈토지〉의 판권이 10년 만에 나남출판에서 마로니에북스로 넘어갔다.

〈토지〉는 1969년부터 월간 '현대문학'에 연재됐던 1부가 1973년 문학사상에서 단행본으로 묶인 것을 시작으로 삼성출판사, 지식산업사, 솔출판사, 나남출판 등 5군데 출판사를 거쳤으며 이번에 6번째 옷을 갈아입는다.

마로니에북스는 작가 생전에 판권 이전 허락을 받고, 올 상반기 중 신판 〈토지〉를 내기 위해 전문 연구자들과 함께 그동안 나왔던 5가지 판본을 비교해 정본을 정하는 교정 작업을 진행하고 있다.

'한국문학의 자존심'으로 일컬어지는 〈토지〉는 1969년부터 1994년까지 26년간 원고지 3만여 장이 여러 매체에 연재되면서 단행본 출판사도 계속 바뀌었다. 1979년에는 당시까지 집필된 1~3부가 지식산업사에서 출간됐고, 5부작으로 집필이 완료된 1994년에는 솔출판사에서 16권으로 나왔다. 작가와 출판사 사이의 분쟁으로 솔출판사가 1998년 출판권을 반납한 뒤 나남출판이 2001년 말 다시 사들이기까지 3년여는 절판 상태였다.

이런 과정을 겪으면서 2002년판 나남출판의 〈토지〉 작가 서문에서 고인은 "문학작품이 자본주의 원리에 따라 생산되고 소비되는 오늘의 추세는 견디기 어려웠다. 왜 내가 '토지'라는 자식을 낳았을까"라고 한탄하기도 했다. 나남 측은 양장본 21권으로 전집을 구성해 출간해 오다가 작가 측 요구에 따라 10년 만에 판권을 반납했다.

……

마로니에북스는 2005년 만화 〈토지〉(오세영 글·그림)를 내면서 작가와 인연을 맺었으며, 2008년 5월5일 고인이 작고한 직후 유고시집 〈버리고 갈 것만 남아서 참 홀가분하다〉를 내기도 했다. 현재 어린이용 동화 〈토지〉는 자음과모음에서 내고 있으며, 최근에는 새로 발견된 초기 소설 〈녹지대〉가 현대문학에서 나왔다.

– 한윤정 기자, 2012-01-25자 경향신문에서 발췌

처음 이 기사를 본 나의 머릿속을 스쳐 지나가는 단어가 하나 있었으니 "또!"였다.

독자 여러분의 소감은 어떠신가?

## 다시 덧붙임

2015년 7월 1일, 도하 각 신문에서는《만화 토지》가 17권으로 완간되었다는 소식을 중서특필(대서특필은 아니지만 꽤나 중요한 출판 관련 기사로 전하였으니 중서특필은 되지 않겠는가)하였다.

몇 년 만인가 모르겠는데, 처음《만화 토지》를 시작한 오세영 작가는 앞서 살펴본 것처럼 7권을 완성하였고, 그 뒤로는 박명운이라는 분이 완성했다고 한다. 총 13년에 걸쳐서 말이다. 그런데 기사 행간을 살펴보면 13년이라는 시간이 투여된 것이 마치 작품의 완성도를 높이는 듯한 투의 기사가 많았다. 과연 그럴까?

〈산책〉 창간호

## 내가 쓰는 모든 시는 제목이 없다.
## 오직 감정의 부스러기만이 있을 뿐

바람이 계절을 낳아 그 속에서 살아가는 우리까지 키운다는 사실을 새삼 깨닫고 문득 흐르는 바람을 세워 탔다, 세월보다 더 빨리 나는 바람 속에서 뒤로 가는 시간을 바라본다, 꽃이 풀이 되고 풀이 씨앗이 되고 씨앗이 흙이 되고 그 흙속에서 나는 떠오른다, 시간을 허리춤에 차고 도착한 곳에서는 노을이 지고 있다, 뜨거운 노을이 빨갛게 달구어져 손대지 말라고 속삭인다. 보기만 해, 아니 그 안에 안기기만 해, 따스하다고 살려면 그 정도 뜨거움은 간직해야 하지 않느냐고 속삭인다, 안착하는 바람, 이곳은 어디인가, 시간이 멈춘 세상의 끝, 계절이 사라진 곳, 거울 없이 나를 보는 곳.

한국문화예술위원회라는
곳이 있다. 그런데
이곳에서는 매년
출판사들에게 메일을
보내온다. 출판문화를
지원하겠다는 내용인지
무시하는 내용인지
모르겠지만. 도대체 이런
사고를 가진
단체가 한 나라의
문화예술을 담당한다니
대한민국이라는 나라가
얼마나 문화를 천시하는지
알 수 있다. 그래서 〈산책〉
5호에 이런 글을 썼는데,
올해도 어김없이 같은
내용의 메일이
도착했다. 아직도 자신들이
하는 짓이 무엇인지
모른다는 말인데, 내용은
조금 진전되었다. 아래
글에서 제기한 문장의
형편없는 수준이 조금
바뀌었으니까. 그러나
본질은 같다.

## 한국문화예술위원회의 출판계 사랑은 무지無知하, 아니 무한無限하다

**얼마 전 회사 메일함에 한 통의 편지가 도착했습니다. 발신처는 대한민국 문화예술을 책임지고 있는 듯한 명칭을 가진 한국문화예술위원회였지요.**

**(아래 내용은 안 읽으셔도 됩니다)**

한국문화예술위원회는 1972년 8월 3일에 공포된 「문화예술진흥법」에 근거하여 1973년 3월에 설립되었으며, 2005년 1월 「문화예술진흥법」개정법률(법률 제7364호)이 공포되었고, 2005년 8월 한국문화예술위원회로 전환 출범되었다.

주요 사업은 ① 문학·시각·연극·음악·무용·전통·다원예술 등 순수예술 전 분야의 고른 발전을 위한 창작 지원 ② 문화소외계층을 위한 문화바우처, 복권기금문화 나눔 등 문화복지 사업 ③ 크라우드펀딩, 재능기부, 기부금 운영 등 예술기부 사업, ④ 국제 교류 사업 ⑤ 중앙과 지역의 균형적 문화예술 발전을 위한 지역 협력 사업 ⑥ 국민의 예술체험 및 예술가들의 창작 기회를 확대하는 공공미술 사업 등이 있고 이를 위해 문화예술진흥기금을 운영하고 있다. 기구는 2013년 현재 경영전략본부, 예술진흥본부, 문화나눔본부의 3본부 10부로 구성되어 있다. 한국문화예술위원회는 현장 문화예술인과 다양한 분야의 전문가들로 구성된 13인의 위원들이 토론을 통해 합리적인 문화예술창작을 이끌어 내고 사무처가 이를 집행하고 있으며, 전문성과 현장성이 강화된 예술지원체계를 구축하고 있다.

위 내용이 편지에 적혀 있는 문화예술위원회 소개글입니다.
이 글을 읽어보면 자세한 내용은 잘 모르겠지만 여하튼 대단한 조직임은 분명해 보입니다.
그래서 다음 내용은 좀 더 열심히 읽어보았습니다. 그 결과 저는 이 조직이 대한민국 출판계를 위해 얼마나 불철주야 노력하고 희생하며 사랑을 쏟아 붓는지 알게 되었습니다.
여러분도 궁금하시죠?

## 사랑의도서 기증사업 소개

한국문화예술위원회는 2011년부터 "사랑의도서 기증사업"을 추진해오고 있다. 이 사업은 우리나라 출판사 창고에 쌓여 있는 반품도서, 구정가 등 "볼 수는 있으나 판매가 어려운 도서"들을 문화예술위원회에 기부하고 법인세법 및 소득세법에 따라 위원회는 출판사에게 세금 감면혜택을 주는 사업이다. 기부 받은 도서는 '구세군'을 통해 소외지역 또는 소외계층에서 활용될 수 있도록 전국 사회복지시설 내에 있는 작은 도서실에 배포되어진다.

출판사창고에서 판매되지 않고 쌓여 나중에는 폐품처리 될 도서들을 재활용함으로써 자산의 낭비를 막고 한편 출판사들이 연말정산시 세금감면을 받음에 따라 출판사들의 재정난을 해소해 준다는 취지에서 본 사업은 착안되어지고 있다. 또한 기부 받은 도서는 도서시장에 흘러들어가 시장질서를 절대 교란하지 않도록 도서마다 반드시 '기증확인'을 날인, 판매되지 못하도록 하여 소외지역(계층)등 비시장지역에서만 활용되어지고 있는 것이다.

그러므로 기부도서는 문화의 사각지대에 있는 주민 청소년들의 정서함양과 풍부한 삶을 즐기도록 하여 우리 사회를 건강하고 따뜻한 사회로 만들 수 있는  매우 가치 있는 사업입니다.

## 기부 가능도서

• 기부 가능도서 종류 : 단행본 또는 전집, 아동도서 등 제한 없음

  * 다른 출판사에서 발행된 도서도 기부 가능

• 기부할 수 없는 도서 : ① 참고서 ② 독서 시 불편을 줄 정도의 파손도서

기부체계

• 도서를 기부하고자 하는 출판사는 문예위에 소정의 기부신청서 제출하여 기부의사를 표시하고 유선으로 담당자와 협의한 후, 해당 기부도서를 문예위가 지정하는 장소에 기부도서리스트와 함께 직접 운송함

• 문예위는 창고에 입고가 끝난 사실을 확인한 후, 소득감면 법정기부금 영수증을 기부출판사에 발부하며, 기부도서는 전국 사회복지시설과 연계망을 보유하고 있는 구세군 등을 통해 배포됨.

기부방법

① 기부예정도서리스트 제출 : 양식 붙임참조

② 도서목록 검토 (문예위 실무진)

③ 기부확정목록을 대상으로 기부신청서 제출(이메일 또는 FAX제출)

. 기부확정도서리스트

②출판사 배송(예술위 지정처)

출판사 ①신청 ⇄ ③영수증 ARKO ④전달 ⇄ ⑥보고서 구세군 ⑤배포 → 시설 · 도서관

. 장부가 확인서

. 기부신청서

※ 장부가는 판매가의 70~80%내외에서 출판사의 책임하에 책정되어야 하나 세무서에 산고되는 별도의 가격체계가 있을 경우 그 신고가격과 일관성이 유지되어야 함.

④ 배송지정처로 기부도서배송 (출판사 배송책임)

⑤ 세금감면 법정기부금 영수증 발급(문예위 -->출판사)

⑥ 소외계층(지역)에 기부도서 배포

(구세군 등에 기증을 통해 배포 추진)

**출판사에 드리는 혜택**

- 세금감면혜택
- 기부제도명 : 문화예술진흥기부금(법정기부금)
- 법적근거 : 「법인세법」제24조 및 「문화예술진흥법」제17조
- 세제 혜택 : 기부도서에 대해서는 전액 장부가격으로 손금(損金) 산입 혜택 부여

(법인소득금액의 50% 한도내 손비 처리)

※ 기부금 영수증은 감면적용년도부터 3년간 이월사용할 수 있음.

※ 이에 비해 '지정기부금'의 경우 법인소득금액의 10% 한도 내 손비처리

아하! 알겠습니다.

그러니까 출판사에서 안 팔리는 재고도서 때문에 고통을 겪고 있음을 잘 알고 있다.

그런 어려움을 해결해 주고자 우리 위원회가 나섰다.

우리 위원회에서는 여러분의 고통을 덜어주고 나아가 손비損費 처리를 할 수 있도록 해서 경제적으로도 도움을 드리고자 한다.

그러니 출판사에서는 우리가 시키는 대로 서류를 작성해서 제출하고 그런 다음 우리가 지정하는 곳으로 너희 노력으로 가져다 공급해라. 그럼 손비 처리를 할 수 있도록 특혜를 주겠다.

덧붙여 이 책들은 "문화의 사각지대死角地帶에 있는 주민 청소년들의 정서함양과 풍부한 삶을 즐기도록 하여 우리 사회를 건강하고 따뜻한 사회로

만들 수 있는 매우 가치 있는 사업"에 사용될 것이다.

## 그런데 머리가 워낙 나쁜 저는 이 글을 읽고 나서 몇 가지 의문이 들었습니다.

1. 한국문화예술위원회와 출판계 사이에는 어떤 관계가 있지? 둘 사이에 어떤 연관성이 있어야 사업을 공동으로 추진하고 협력할 여지가 있는 것 아니겠습니까? 예를 들면 평소에 위원회에서 출판계 발전에 기여하거나 출판문화 향상을 위해 함께 노력했다거나 하는 등의 활동 말이지요. 그런데 저는 그런 말을 들어본 적이 없습니다.
하기야 20년 동안 모스트셀러 한 권 낸 적 없는 영세 출판사가 이런 거대 조직이 하는 일에 대해 알지 못하는 것이 어쩌면 당연할지도 모르니 이건 제가 무지한 탓일 겁니다.

2. "**출판사 창고에서 판매되지 않고 쌓여 나중에는 폐품처리 될 도서들을 재활용**"한다는 문구를 보면서 저는 경악을 금치 못했습니다.
"한국문화예술위원회 정도로 규모도 크고 법적 지위도 보장된 조직이라면 '출판사 창고에서 판매되지 않고 쌓여" 있는 양서가 있다면 이를 어떻게 해서든 활용할 수 있도록 노력함으로써 우리 출판계가 지속적으로 양서를 출간할 수 있는 기반을 조성하는 것이 마땅할 텐데" 하는 생각을 했거든요.
그런데 뒤에, "나중에는 폐품처리 될 도서들"이라는 표현이 나오더라고요.
이 표현을 보는 순간 저는 피가 거꾸로 솟는 치욕스러움을 느꼈습니다.

창고에 판매되지 않고 쌓여 있는 도서는 나중에 폐품처리 될 운명입니까?
아니, 도대체 한 나라의 문화를 담당한다는 전문가(인지 모르겠지만)께서 이런 사고방식을 가지고 있다는 사실에 정말 깜놀했습니다.
정말 죄송하지만 저희 출판사는 아무리 팔리지 않는 책도 결코 기부하지 않습니다.
여러분께는 곧 폐지廢紙가 될 무의미한 종이뭉치에 불과할지 모르지만 저희로서는 시간과 열정, 철학과 돈을 들여 역사에 남을 것이라고 확신해 출간한 책들입니다. 시대를 잘못 만나, 또는 저희 능력이 부족해서 팔리지 못했을망정 그렇다고 해서 여러분 표현대로 곧 폐품처리 시키지는 않습니다.
물론 기부하는 경우가 있습니다. 그런 경우는 매우 이례적인데, 상대가 아무런 정부의 지원도 받지 못하여 한 권의 책도 구입할 수 없을 뿐 아니라, 그로부터 나오는 성과를 바탕으로 반드시 출판계의 성장을 위해 공동으로 노력하는 적극적인 자세를 보여주는 조직일 때만 기부합니다. 그리고 더욱 중요한 기준이 있습니다. **기부 받는 책을 일정 기준에 의거하여 제한하는 조직에 한합니다. 아무 책이나 주면 다 받는 조직에는 절대 기부하지 않습니다**.
사실 책에는 온갖 종류가 있습니다. 대부분의 책은 읽으면 좋다는 사실을 제가 모르지 않습니다. 그렇지만 그렇지 못한 책도 있는 게 현실입니다. 《부동산으로 재벌되는 법》, 《나는 주식으로 1년 만에 100억 벌었다》, 《대학생 새내기 화장법》 같은 책도 받아서 비치하고 공급하는 조직이라면 저는 절대 책을 기부하지 않습니다.
물론 폐기도 하지 않습니다. 영원히 가지고 있거나 기회가 닿을 때 책에 대해 상세히 설명하면서 싼 가격에 사적으로 판매합니다.
이에 대해 상세히 설명하기에는 지면이 부족해서 이 정도로 그치겠습니다.

여하튼 법적으로 당연히 도서 구입 예산을 배정받는 곳에서 도서 기부를 요청하는 경우, 저는 일언반구一言半句 말없이 무시합니다. 또 아무 책이나 보내주면 좋다는 식의 경우에도 무시합니다. 이런 조직은 문화를 전파하고자 하는 것이 아니라 실적을 쌓기 위한 것임을 삼척동자도 알 수 있으니까요. 제가 한 조직, 한 개인의 실적 쌓기 노름에 들러리를 설 수는 없는 노릇 아닙니까?

3. 또 저를 놀라게 한 문장은 "**그러므로 기부도서는 문화의 사각지대에 있는 주민 청소년들의 정서함양과 풍부한 삶을 즐기도록 하여 우리 사회를 건강하고 따뜻한 사회로 만들 수 있는 매우 가치 있는 사업입니다**." 란 내용입니다.
문화의 사각지대에 있는 주민, 청소년들은 도대체 좋은 책, 자신들이 필요로 하는 책을 선택할 수도 없는 것입니까?
이 단체의 사업대로라면 출판사들이 보내주는 "곧 폐품처리 될" 책들을 받아보는 분들이 바로 문화의 사각지대에 놓인 주민, 청소년들이 될 것이니, 이런 나라가 어디 있습니까?
모든 시민이 문화를 향수享受할 수 있도록 하는 것이 나라의 의무요, 그래서 경제적, 사회적, 지역적, 개인적 문제로 인해 문화를 향수할 수 없는 계층을 위한 정책을 수립해야 하는 것이 관공서일진대, 고작 세운 정책이 "폐품처리 될" 책을 무작위로 받아서 공급한다? 그러면 "문화의 사각지대에 있는 주민, 청소년들의 정서가 함양되고 풍부한 삶을 누릴 수 있다"고요? 그리고 결국 그들이 우리 사회를 건강하고 따뜻한 사회를 만들 것이라고요? 유구무언有口無言입니다.

4. 그리고 공문에서 지적했듯이 이 제도는 수익이 나서 세금을 내야 하는

출판사에게 도움이 되는 방식입니다. 합법적으로 절세하는 방식을 알려주신 데 대해서는 감사합니다. 그런데 이런 사실은 아시나요? **우리나라에서 큰 수익을 내고 그에 따라 내야 하는 세금이 꽤나 많은 출판사의 비율이 얼마나 되는지. 참으로 죄송하게도 그런 출판사 극히 일부분입니다. 그런 출판사 알고 싶으시면 귀하가 알고 있는 출판사 목록을 10분 동안 적으시면 됩니다. 그 외에는 일반 직장인이 내는 세금 이상 내는 출판사도 극히 드물 뿐 아니라 대부분은 적자라 형식적인 수준의 세금만을 낼 뿐입니다.**

그러니 이 사업이 제공하는 이익을 누릴 수 있는 출판사는 100개 이내의 교양서 출판사와 그 외에 교양서와는 거리가 먼 전문 출판사들뿐입니다.

책을 안 읽는 분들일수록 출판사가 얼마나 많은지 잘 모르기 때문에 유명 출판사만을 기억하고, 그들을 기준으로 "출판사는 모스트셀러 하나만 내면 엄청난 돈을 벌지." 하는 생각을 하십니다. 그러나 저희 출판사만 해도 800종 가까운 책을 냈지만 그 가운데 모스트셀러 순위에 오른 책은 단 한 권도 없습니다. 당연히 대부분의 일반 시민들은 저희 출판사 이름, 기억 못하십니다. 가끔, 아주 가끔 만나는 저희 출판사 이름 아는 분은 정확히 책과 삶을 동일시하시는 특별한 분들이었습니다.

그러니 이런 방식으로 출판계에 혜택을 주시려고 노력하지 않으셔도 됩니다.

5. 마지막으로 저를 진짜 놀라게 한 것은 너무 유치해서 지적하지 않으려 했습니다. 이건 한 개인에 대한 인격 모독이 될 수 있기 때문입니다. 그러나 대의를 위해 간단히 언급하고자 합니다.

그건 이 공문에서 수도 없이 발견되는 비문非文에 관한 것입니다. 한 가지 예를 든다면,

**"본 사업은 착안되어지고 있다."**

**"비시장지역에서만 활용되어지고 있는 것이다."**

같은 수동태 문장의 과도하고도 비합리적인 사용입니다. 아, 사업이 현재진행형으로 착안되어지고 있는 것도 말이 안 되죠. 위 문장은 "본 사업은 착안되었다.", "비시장지역에서만 활용된다." 하면 됩니다. 그런데 얼마나 영어 전문가들이 많은지 수동태를 전혀 쓰지 않아도 되는 우리말에도 무차별적으로 수동태형 문장을 만들어냅니다. **이런 분들, 영어 문장 쓸 때는 절대 틀리지 않습니다. 잘 모르면 사전을 참고하건 다른 사람에게 묻건 문법에 틀리지 않는지 확인하고 또 확인합니다. 그러면서 우리말은 이렇게 사용합니다. 한 살 때부터 사용했으니 자기가 전문가라고 믿는 것이지요.**

아무리 외국어에 밀려 우리말이 천덕꾸러기로 전락했다고 해도 그렇지 적어도 문화예술을 담당하는 기관이라면 이 정도 수준은 벗어나야 하지 않겠습니까? 그런 기관마저 이런 우리말을 사용하면서 아무런 부끄러움도 느끼지 못한다면 '한글날'을 공휴일로 지정한다고 해서 우리말의 위상이 높아질까요? 우리말도 제대로 사용하지 못하는 분들이 우리나라 문화를 어떻게 발전시킬지 저로서는 상상이 안 갑니다. 더 이상 언급하지 않겠습니다. 저도 바쁜 사람이니까요.

그럼에도 몇몇 출판사에서 작년에도 도서를 기증했다고 명단까지 첨부했더군요. 그 가운데는 제가 존경하고 좋아하는 지호출판사 대표 장인용도 포함되어 있었습니다.

장인용 사장은 법 없이도 살 착하고 좋은 친구입니다. 그리고 정말 좋은(제 판단에) 책만 출간합니다. 이 친구가 돈을 기준으로 삼는 경우를 저는 본 적이 없습니다. 골방에 처박혀 그런 생각을 하는지는 모르겠습니다만.

그런데 이 친구가 세금을 내지 않기 위해 책을 기증했다고? 제가 확신하건대 천만에입니다. 이 친구가 워낙 착하고 좋은 일이라면 빠지지 못하는 성미라서 그렇습니다.
그러나 장 사장! 이런 사업에는 책을 기증하면 안 된다. 앞에서 내가 시시콜콜 언급했듯이 이건 아니다.
다른 방식으로 세상을 바꾸는 길을 찾아보자고.

〈산책〉 5호

**덧붙임**

2015년 들어 한국문화예술위원회가 갑자기 온 언론의 각광을 받기 시작했다. 역시 뛰어난 기관임을 이제야 알아보았군.
내가 그 뛰어남을 다 기록할 수 없으니 다음에 무단전재하겠습니다. 즐감!

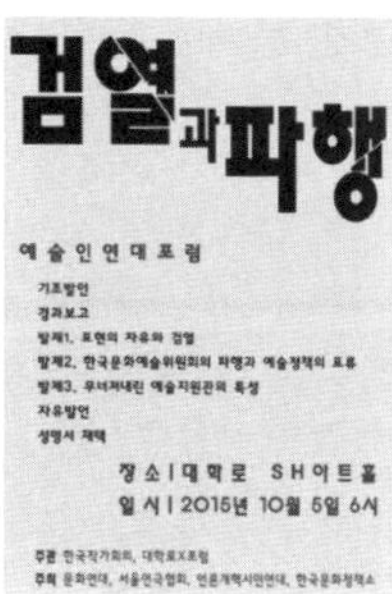


한국문화예술위원회가 표현의 자유를 침해했다는 말인가? 에이, 그럴 리가! 자기 뜻도 제대로 표현하지 못하는데 어찌 표현의 자유를 침해할 수 있단 말인가!

**박근혜 정부의 문화계 '길들이기' 사실로 드러나**

· '창작기금' 지원 대상 선정하며 특정 작가 사전 검열 · 결과 수정

· 문재인 지지 작가 1순위 불구 탈락…"박정희 비하" 포기 종용도

박근혜 정부의 문화계 길들이기가 사실로 드러났다. 한국문화예술위원회(이하 문예위)가 장르별로 우수작을 지원하는 '아르코문학창작기금' 수혜자 선정 과정에서 특정 작가의 작품을 사전 검열하거나 심사가 끝난 사안에 개입해 결과를 수정한 것으로 밝혀졌다.

도종환 의원(새정치민주연합)은 11일 열린 국정감사에서 "문예위가 아르코문학창작기금 심사 과정에서 특정 작가를 거론하며 선정 리스트를 90명으로 줄여달라, 심사 결과를 조정해달라고 한 일이 있었음이 심사위원들의 증언을 통해 확인됐다"고 밝혔다. 아르코문학창작기금은 우수작품 100편에 1000만원씩 지원하는 제도다.

심사위원들이 이에 반발하자 예술위는 심사위원들이 선정한 102명을 자체적으로 70명으로 축소해 발표했으며, 이 과정에서 희곡 분야 심사에서 100점으로 1순위였던 이윤택 작가를 탈락시켰다.

이 작가는 지난 대선에서 문재인 후보 지지 연설을 한 바 있다. 그는 이날 경향신문과의 통화에서 "내가 불이익을 당하고 있다고 생각하지 못했는데 황당하다"고 말했다. 또 "희곡 외에 예술감독을 맡고 있는 연희단거리패가 신청한 4건, 게릴라극장이 지원한 1건도 탈락했다"면서 "참 답답하고 무서운 일"이라고 말했다.

단체당 1억 원씩 주는 '창작산실-우수 공연작품 제작 지원' 사업에서도 문예위가 박근형 작가와 그의 연극 〈모든 군인은 불쌍하다〉를 지목해 심사 결과를 바꿀 것을 종용한 것으로 드러났다. 심사위원들이 반발하자 문예위는 "한 작품을 빼고 발표하면 정치적 이유로 뺐다는 것을 인정하는 게 된다"고 토로했던 것으로 전해졌다. 도 의원은 그 이유를 "박 작가가 2년 전 국립극단에서 공연했던 〈개구리〉가 박정희 전 대통령을 비하했다고 공격받은 전력 때문"이라고 설명했다. 문예위는 심사위원들을 설득하지 못하자 작가를 찾아가 포기를 종용했고, 결국 박 작가는 지난 8월 초 신청을 철회했다.

문학수 선임기자 sachimo@kyunghyang.com

– 2015.9.12.자 경향신문에서 무단 전재.

# 여하튼 문재인 후보가 문제야. 게다가 답답하고 무서운 일이 어디 하나뿐인가? 힘없는

## 임시직, 비정규직, 계약직, 파견직 노동자들에게는 이 세상 자체가 답답하고 무서운 곳인데. 그런데 왜 이런 곳에도 한국문화예술위원회가 개입하지? 정말 대단한 곳이다.

**"예술은 논란 일으키고 고민케하는 것 …정부는 검열말라"**

예술인들 포럼 열어

예술위의 정치적 검열 규탄

"헌법에 위배되는 범죄행위"

문체부장관·예술위원장 사퇴 촉구

연극과 문학 등 예술인들에 대한 지원을 맡고 있는 한국문화예술위원회의 정치적 검열을 규탄하고 대안을 모색하는 자리가 마련되었다.

문화연대, 한국작가회의, 서울연극협회, 언론개혁시민연대, 한국문화정책연구소, 대학로X포럼 등은 5일 오후 6시 서울 대학로 SH아트홀에서 '검열과 파행'이라는 제목으로 예술인 연대포럼을 열었다. 한국문화예술위원회가 창작산실 우수작품 제작 지원, 아르코 문학창작기금 등 사업 결과를 발표하면서 심사위원회의 결정을 무시하고 특정인을 선정 지원에서 제외하라는 압력을 가하고 지원 대상을 멋대로 축소하는 등의 전횡을 저지른 데 대한 대응책 마련 차원이었다.

포럼에서 문학평론가 서영인(한국작가회의 대변인)은 이번 사태가 지난해 논란이 된, 신은미씨의 책 〈재미동포 아줌마 북한에 가다〉 우수문학도서 선정 취소 결정의 연속선상에 있다고 보았다. 공공장소에서 테러를 당한 지은이 신씨를 강제출국시킨 일과 규정에도 없는 '사후 취소' 결정을 내린 일은 "국가가 문화예술을 검열하고 규제하는 상황을 적극적으로 조장했다"는 점에서 이번 사태를 '예고'했다는 것이다.

서영인 평론가는 "문예진흥기금 공모사업은 통상 10월에 지원을 받고 11월, 12월에 심사를 거쳐 1월이나 2월에 결과를 발표했는데 올해의 경우 문학과 연극 분야에서는 3월 31일에 결과를 발표했고 아르코 문학창작기금은 7월에야 그것도 심사위원들의 결정을 무시하고 갑자기 지원 대상을 줄여서 발표했다"며 "턱없이 늦은 심의 결과에 대해 어떤 해명도 사과도 들을 수 없었다"고 비판했다. 또 그는 "우수문예지 발간 지원사업의 경우에도 사업 공고에는 지원 대상 규모가 40종 안팎이라 되어 있었으나 최종 지원 대상 종수는 14종으로 갑자기 축소되었다"며 "아르코 문학창작기금을 위해 편성된 예산 중 축소된 30편의 작품 지원에 해당하는 예산과 우수문예지 지원사업 예산 중 축소분 약 30종의 지원 예산 등 애초 예술인들에게 지원하기로 했다가 취소한 예산이 줄잡아 10억 원에 이르는데 그 쓰임새에 대해서도 납득할 만한 해명이 없다"고 지적했다.

염신규 한국문화정책연구소장은 "박근혜 정부는 문화재정 2% 확충 공약을 내놓았으나 문화융성정책과 관련한 국책 사업에 문예진흥기금을 가져다 쓰면서 오히려 문예진흥기금 고갈 속도가 전보다 더 빨라졌다"며 "문예진흥기금을 통한 예술 지원은 안정적인 기금 운용 구조를 만드는 한편 예술의 다양성을 뒷받침할 수 있도록 사업의 폭을 확장해야 하는 두가지 요구에 맞닥뜨리고 있다"고 주장했다.

임인자 전 서울변방연극제 예술감독은 "검열의 뿌리는 일제강점기 조선총독부의 정책으로까지 거슬러 올라간다"며 "1960년대 이후 군사 정권 아래에서 정립된 '불온'의 개념이 '반공'과 손을 잡고 유구한 '전통'을 형성했다"고 비판했다. 기조발제를 한 고연옥 극작가도 "우리를 불편하게 하고 고통스럽게 하며 논란을 일으키고 끊임없이 고민하게 하는 것이 예술"이라며 "정부가 공공성이라는 이름으로 예술가들의 창작활동을 검열하고 금지시키는 것은 민주주의와 헌법에 위배되는 범죄행위"라고 지적했다.

이날 포럼에 참석한 예술인들은 성명서를 채택해 진상 규명과 책임자 문책, 현장 예술가들과 대화 자리 마련을 요구했다. 이들은 특히 "문화체육관광부 장관과 한국문화예술위원장, 10인의 예술위원은 이번 검열과 파행 사태에 대한 책임을 지고 즉각 자진 사퇴하라"고 촉구했다.

최재봉 선임기자 bong@hani.co.kr

-2015.10.6.자 한겨레신문에서 무단 전재.

여기 등장하는 단체들은 왜 이리 허접하지? 우리나라 문화를 책임질 만한 '대한민국아버지문화연합'이나 '문화가대한민국밥먹여주냐 동호회', '문화투쟁전우회' 같은 위~대한 단체들은 빠지고.

그런데 우리나라 문화를 책임진다고 하는 기관이 이런 짓을 대담하게 저지르는 이면에는 우리 사회의 문화적 풍토도 한 하고 있는 게 분명하다. 만일 모든 시민들, 출판계, 문화계가 이런 비합리적인 짓을 용납하지 않는다면 결코 벌어지지 않을 일이니까. 그러나 불행히도 그렇지 못하다.
다음 글을 보자.

# 도서관圖書館 특집

우연한 기회에 대한민국 도서관에 대해 공부를 하게 되었는데 그 실상이 너무 안타까웠다. 그래서 가능한 범위 내에서 도서관, 그리고 도서관을 운영하는 기관, 나아가 도서관이라는 유형有形의 공간에 지혜라는 무형無形의 기운을 불어넣는 사서司書에 이르기까지 힘이 닿는 대로 살펴보고자 한다.
누가 아나? 이게 계기가 되어 우리나라 도서관 문화가 한 단계 상승할지. 물론 역사의 거울에 비추어 보면 그럴 일은 없을 듯하지만.

## 공공도서관公共圖書館이 영리사업營利事業을 해야 한다고?

대한민국 도서관을 관장하는 곳은 시도교육청, 시 · 군 · 구 지방자치단체, 각급 학교, 각급 단체, 사설私設 도서관으로 구분할 수 있을 것이다. 그 외에 또 어떤 곳에서 관장하는 도서관이 있는지 모르겠지만 대부분이 그렇다는 말이다.
그런데 모든 조직이 그러하지만 – 여기에는 나라도 당연히 포함된다 – 그곳을 관장하는 책임자의 의식을 벗어나지 못하는 것이 조직의 숙명宿命이다. 조폭 조직을 도올檮兀 김용옥 선생이 맡는다면 그 조직은 얼마 가지 않아 대표를 바꾸거나 학습 조직으로 바뀔 것이다. 도서출판 서해문집과 파란자전거도 그곳을 관장管掌하는 자의 성향性向에 맞추어 오로지 돈 되는 책 외에는 출간하지 않는 것만 보아도 알 수 있다.

비극悲劇은 여기서 비롯된다. 대한민국에서 책깨나 읽는 자들은 대부분 정치나 감투에 관심을 갖지 않는다. 대신 책과는 가능하면 멀리 떨어지려는 자들이 그 자리를 차고 앉는다.

그러다 보니 이들은 도서관을 '인류 문명의 산실産室'로 보기보다는 '차기次期 선거 표의 산실'로 본다. 산실産室이란 '낳는 곳'이다. 그래서 인류 문명을 낳는 곳이 바로 도서관이란 말이다. 이 한 마디 말로 도서관이란 곳이 얼마나 신성한 곳인지 알 수 있다. 그런데 그곳을 차기 선거 표의 산실로 바라보다니!

그런 자들의 특징은 이렇다.

**첫째, 보이는 것에 목숨 건다.**

그래서 도서관의 질을 높이는 것보다는 양을 키우려고 애를 쓴다. 겉이 번드르르한 도서관을 지은 후 수서收書, 즉 책의 비치에는 관심을 갖지 않는 것이다.

**"아니, 도서관에 수만 권의 책이 있는데 왜 또 사야 돼?"**

이런 질문은 낯선 것이 아니다.

둘째, 전문성을 인정하지 않는다.

그래서 그들에게 도서관 운영은 손과 발만 있으면 누구나 할 수 있는 일로 여겨진다.

**"책 꽂고 빌려주고 반납 받는 일에 무슨 전문성이 있단 말이야?"**

그래서 도서관의 전문 인력인 사서는, 있어도 그만 없어도 그만인 존재로 여긴다.

사서司書란 '책을 맡아 관리하는 직책'이란 말이다. 만일 책을 맡아 관리하는 직책을 누구나 할 수 있다면, 시市의 운영도 누구나 할 수 있고, 법法의 운영도 누구나 할 수 있다는 말과 같다(음, 나도 법 운영은 일부 헌법재판관과 대법관보다 잘할 자신이 있기는 한데).

그리고 그렇게 여긴다는 사실 자체가 "나는 책에 대해 아무것도 모른다."라고 공개 선언하는 것과 같은 행동이다.

도서관이 '인류 문명의 산실'이라면 책은 인류 문명의 자취요, 기록이다.

그런데 어찌 책을 다루고 도서관을 이끌어가는 일을 누구나 할 수 있단 말인가.

**그러니 단지 책을 좋아한단 이유만으로 누구나 도서관을 관리할 수 있다고 믿는 이는 인류 문명이니 문화니 기록이니 하는 단어와는 담을 쌓고 오로지 돈, 성과, 실적, 경제성 따위 허접한 개념에 빠져 허우적대는 인간일 뿐이다.**

1년에 수만 권씩 쏟아져 나오는 책 가운데 우리 도서관에 반드시 비치備置해야 할 책은 과연 어떤 책일까?

수많은 이용자들이 요구하는 책들 가운데 공공성公共性과 합리성合理性, 공익성公益性을 평가해 제한된 예산 내에서 수서해야 할 책과 그럴 수 없는 책을 구분하는 일은 누구 몫일까?

이런저런 단체에서 추천하는 무수히 많은 책들이 있다 해도 우리 도서관만의 기준에 따라 지역적, 연령별, 계층별, 독서력 수준별 이용자들에게 전달할 만한 책은 과연 어떤 분야의 어떤 책일까?

이른바 도서관 평가를 하는 기관이나 관리가 요구하는 지표指標가 과연 올바른 것일까? 도서 대출 회전율이니 대출 빈도頻度가 높은 책만을 비치하는 곳이 과연 좋은 도서관일까? 오히려 1년에 한두 명이 필요로 하는 접하기 힘든 책이야말로 공공도서관이 비치해야 하는 도서 아닐까?

공공도서관으로서 1년 동안 주민들의 정보 격차 해소, 나아가 주민들의 인문학적 소양 함양涵養을 통해 창의적 인재 양성을 위해서는 어떤 강좌, 행사를 기획, 진행해야 하는가, 등을 담당할 사람은 누구일까?

위 내용을 조금만 살펴본다고 해도 사서司書 없는 도서관은 책을 보관하는 창고倉庫에 불과하다는 사실을 쉽게 이해할 수 있을 것이다. 아니, 책에 대한 잘못된 시각을 가진 사람이 수서를 하는 경우 도서관이 문명의 산실로서 작용하는 것이 아니라 오히려 왜곡되고 선정적인 상업적 시각을 확산시킬 수도 있으니, 이는 도서관의 긍정적인 측면 외에 부정적인 측면을 확대시킬 수도 있는 위험한 발상發想인 것이다.

그런데도 우리 사회에서는 사서에 대한 평가가 제대로 이루이지지 않고 있는 것이 현실이다. 이는 사서가 배치된 학교 도서관의 비율이 얼마나 되는지 확인하면 쉽게 알 수 있다.
그뿐이랴. 공공도서관에서 근무하는 사서의 근무 환경은 물론 신분의 안정성 또한 매우 불안한 것이 현실이다. 비정규직, 기간제, 계약직, 도서관 관할 부서 및 단체의 변동에 따라 언제든 신분이 변동될 수 있는 상황에서 어떤 사서가 인류 문명을 고민하고 주민의 창의적 능력 제고提高를 위해 중장기적인 계획을 세울 수 있단 말인가.

전국 방방곡곡을 다니며 강연을 하다 보면 무수히 많은 이야기를 듣게 되는데, 그런 이야기를 들을 때마다 도저히 이해할 수 없는 내용에 고개를 갸웃거리기도 한다. 그러면서 "이런 풍토風土에서 우리나라 공공도서관이 이만큼이라도 운영되는 게 기적"이라는 생각이 들기도 한다.
그 가운데 가장 충격적인 몇 가지를 소개하기로 한다.

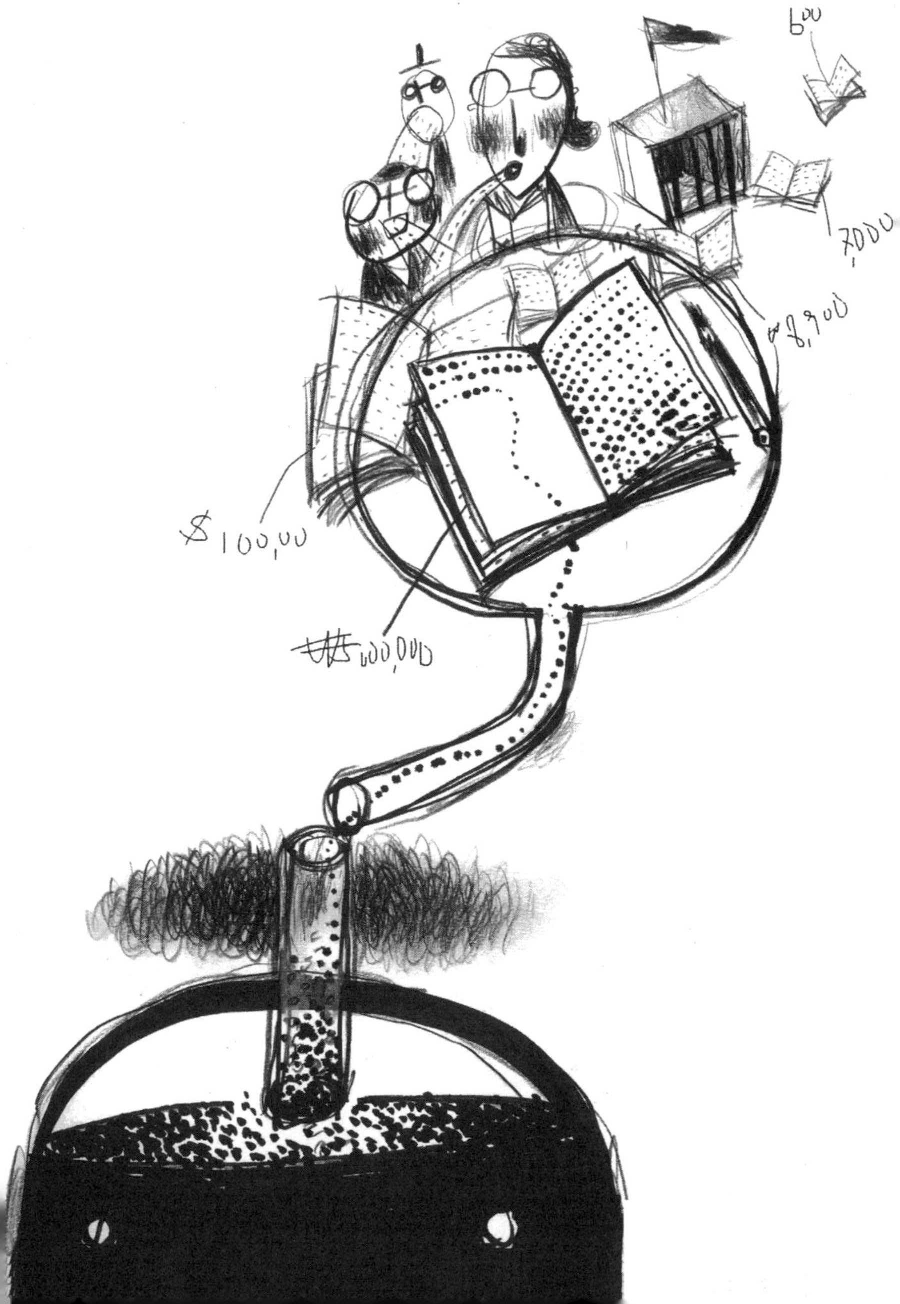
600
7000
8,900
$100,00

## 1
## 지방 어느 도서관에 갔을 때의 일이었다. "이번에 또 도서관을 신축新築해요."

"우와, 정말 잘됐네요. 그럼 신입 사서도 채용할 테고, 후배가 생겨서 좋겠네요."

나는 이런 대답을 하면서도 너무 관례적인 인사인 듯해서 미안한 감정을 갖기도 했다. 그런데 이에 대한 답변을 듣는 순간 큰 충격을 받았다.

"무슨 말씀이세요. 저희는 도서관을 짓는 순간 고통이에요."

"엥?"

"왜 그런지 궁금하시죠?"

당연하지.

"도서관을 신축하면 새롭게 사서를 선발하는 게 아니라 같은 기관이 운영하던 기존 도서관에서 사서를 뽑아 신축 도서관으로 보내요."

"아니, 그러면 원래 도서관에는 사서가 부족해질 것 아닌가?"

"맞아요. 그래서 다른 업무를 보던 사람을 사서 자격증을 따게 해서 채우곤 하죠. 그러다 보니 전문적인 영역은 남은 사서에게 집중되어서 훨씬 힘들죠."

만일 이런 현상이 사실이라면, 그리고 그런 일은 없겠지만, 전국에서 이런 현상이 일어나고 있다면 이야말로 문화후진국으로서의 대한민국을 적나라하게 보여주는 좋은 사례일 것이다.

## 2

경기도 모某 시市에서 운영하던 도서관을 도시관리공단인지 문화재단인지를 만들어서 그곳으로 이관하고자 한단다. 전국의 많은 도서관이 그런 상황이니 그럴 수 있다고 여길 수도 있다.

그러나 그 내용을 살펴보고서도 그럴 수 있을까.

우선 시 공무원으로서 도서관에서 일하던 사서를 포함한 직원들의 신분은 어떻게 되어야 할까? 하루아침에 공무원 신분을 박탈당하는 이런 상황을, "감수하라고! 원래 세상은 그런 거라고!"라고 말하는 분이 계시다면 그 분은 평생 '갑'질을 일삼는 이들에게 단 한 마디 말도 못하고 노예로 살아갈 수밖에 없을 것이다.

## 옳은 것은 옳은 것이고, 그른 것은 그른 것이다.

아무리 시장市長이라고 해서, 고위공무원이라고 해서 이런 부조리한 결정을 – 그런 자들일수록 자신에게 티끌만큼의 손해라도 생기면 거품을 물고 지&%#을 한다 – 자의恣意로 행할 수는 없다.

그런데 이 시청에서는 한 술 더 떠 – 내가 직접 들은 게 아니라 전해들은 거라서 익명으로 할 수밖에 없음을 양해하시라 – 도서관 사서들에게 "그럼 공무원 시험을 다시 봐서 시청에 남거나 산하 기관으로 이관되는 도서관으로 가라."고 말했단다.

사서라는 직책이, 자격증이 그렇게 하루아침에 폐기시켜도 될 만큼 무의미한 것이라고 여기는가? 이런 비상식적인 판단력을 가진 자들이 지방자치단체(아, 지방자치단체만이 아니라 거의 모든 조직)를 맡아 운영하니 나라꼴이 이런 것이다.

## 3
## 글을 쓰다가 놀라운 기사 하나를 발견했다.

이런 기사가 있는 걸 일찌감치 알았다면 고생 안 해도 되었을 걸. 그래서 그 기사를 이곳에 전재轉載한다. 아시죠? 저는 카피레프트주의자라 무단 전재가 생활화되어 있다고.

[지금 도서관은 ③] "지자체 도서관 운영 '외면'‥수익사업 혈안"

최종수정 2014.05.22 23:17기사입력 2014.05.22 08:33

[아시아경제 이규성 기자]우리나라 도서관법은 "국가 및 지방자치단체는 국민이 자유롭고 평등하게 지식정보에 접근하고 이를 위해 도서관 발전을 지원해야 하며 필요한 시책을 강구해야 한다"고 규정한다. 또한 도서관은 국민의 세금으로 알 권리, 정보 접근의 평등성, 문화 향유권을 보장하는 공간임을 명시하고 있다.

그러나 국가와 지자체가 도서관 운영을 외면, 공공성이 크게 상실되고 있다. 특히 위탁 경영이라는 관리 방식이 확산되면서 도서관 생태계를 훼손하고 있어 대책 마련이 시급하다. 현행 도서관 운영 방식은 지자체 직영과 위탁 경영이 혼재돼 있다. 위탁 경영은 효율성이라는 명분 아래 점차 확산되는 분위기다. 일부 지자체에서는 공공도서관 위탁 경영을 통해 각종 수익에 혈안, 21세기 정보사회 실현을 역행하는 사례도 빈번하다. 한 사례를 살펴 보자.

2002년 개관한 성북정보도서관은 관리·운영이 성북도시관리공단에서 2012년 성북문화재단으로 이전됐다. 현재 성북정보도서관은 건물 5층에 1.8~3.35평 규모의 개인연구실 34개를 설치해 월 이용료 10만~20만원대에 임대하고 있다. 월 임대료 22만원인 3.35평 개인연구실은 개인사물함과 의자 4개, 테이블, 간이침대가 갖춰져 있다. 규모가 작은 연구실의 경우도 개인용 책상, 책꽂이, 간이침대 등이 제공된다. 보증금은 반드시 현금으로 납부해야 하며 월사용료는 신용카드로 납부할 수 있다. 성북정보도서관 개인연구실은 승진시험을 앞둔 공무원들에게 특히 인기가 높아 입실 경쟁이 심하다. 세미나실은 3시간 3만원, 컨벤션룸은 3시간 5만원을 받는다. 또한 여러 독서문화 프로그램도 강좌에 따라 3만~4만원대의 유료로 진행하고 있다.

식당 및 휴게시설인 '참새의 집'에서는 한식과 돈까스, 라면 및 간식류를 판다. 월곡 열람실에서는 사물함도 보증금 1만 1000원, 3개월 사용료 9000원에 판다. 따라서 성북정보도서관 내에는 식당, 휴게실 등을 포함, 많은 공간이 유료, 영리화된 셈이다. 이에 지역민들은 "유료 비율을 획기적으로 낮추라"고 꾸준히 제기하고 있다. 이같은 수익사업에 대해 성북정보도서관의 반론도 눈여겨봐야할 대목이다. 지자체 및 관리·운영자만의 문제가 아니기 때문이다. 성북정보도서관 관계자의 말이다.

“성북정보도서관 수탁기관인 ‘성북문화재단’은 성북구 산하단체로 설립 취지와 목적이 도서관을 제대로 관리하자는데 있다. 위탁 경영의 경우 시설관리공단이 도서관을 운영하고 있는 곳이 많다. 공단은 주차장, 체육시설을 운영하는 공기업이다. 일종의 시설물로 인식했던 탓이다. 2012년 성북문화재단이 시설관리공단으로부터 도서관 운영을 인수한 이후 전문사서 7명을 확보하고, 수익사업을 대폭 줄였다. 또한 소외계층 등에는 비용 부담을 없앴다. 대신 문화 프로그램을 더욱 보강했다. 일부 유료 프로그램이 있기는 하다. 성북정보도서관은 일년 운영 예산 8억 원 중 지자체 교부금 6억 원, 자체 수익 2억 원 등으로 꾸리며 각종 비용 절감, 서비스 개선 등의 노력을 경주하고 있다. 결국 도서관 운영을 국가와 지자체가 전담해야 한다.”

한국사서협회 등이 조사한 공공도서관 위탁 현황을 살펴보면 2012년 기준 지자체 소속 576곳 중 143곳이 시설관리공단, 문화재단, 종교단체, 대학 등에 위탁돼 있다. 이는 2008년 14% 수준이던 것이 4년 새 24.83%로 10% 포인트 이상 증가한 수치다. 여기서 서울 지자체 소속 공공도서관 90곳 중 83곳이 위탁 경영하고 있다. 지자체 직영은 서울시립도서관을 포함, 7곳 뿐이다. 사실상 서울 지자체들은 공공도서관 운영을 위탁에 의존하고 있는 셈이다. 서울의 공공도서관의 경우 위탁 비율이 90% 이상인데 비해 경기도의 경우 공공도서관 167곳 중 지자체 직영 144곳, 공단 12곳, 문화재단 2곳, 학교 4곳, 기타 5곳 등이다. 따라서 직영 비율이 높다. 오산시의 경우 2011년 시설관리공단에 수탁하던 도서관을 인수, 직영 전환하기도 했다. 사실상 서울이 도서관 위탁 운영을 선도하고 있는 셈이다.

도서관 활동가들은 “도서관이 수익, 영리 목적의 운영을 하고 있느냐가 문제의 초점은 아니다”라며 “전문사서들이 대국민서비스보다는 영리, 수익사업에 내몰리고, 수탁기관에 대한 경영 평가, 경쟁 원리, 지자체 지원 기피, 비정규직 양산 등으로 이어지는 것이 본질적 문제”라고 지적한다.

공공도서관이 늘어날수록 관리 문제로 더욱 몸살을 앓고 있는 것은 어제 오늘의 일은 아니다. 2012년 새해 벽두부터 한국사서협회와 경기도 화성시가 ‘위탁 경영’ 문제로 대립, 갈등을 보였던 사례가 관리 문제의 상징성을 보여준다. 현재 위탁 운영의 효율성과 경제성을 정확히 분석한 자료는 거의 없는 편이다. 위탁 경영을 하는 지자체들은 한결같이 예산 부족을 이유로 경쟁 원리 도입이 불가피하다고 강변한다.

화성시의 경우 2012년 초 행정안전부(현 안전행정부)의 ‘직영 전환’ 권고를 무시하고 문화재단으로 위탁 변경을 추진했다. 이에 따라 화성시는 지역내 8개 공공도서관 운영권을 위탁기관을 화성도시공사(구 화성시시설관리공단)에서 화성시 문화재단으로 바꿨다. 이에 한국사서협회 등은 화성시와 반발했으나 도서관 운영권이 결국 문화재단으로 바뀌고 말았다. 이는 단순히 운영 주체의 변경만이 아니라 위수탁 변경을 통해 도서관이 수익사업 대상으로 전락했다는데 문제가 크다.

전충곤 한국사서협회 사무총장은 “도서관 위탁 경영이 확산되면서 공공성이 훼손되고 각 사서들이 비정규직으로 전락, 수익사업 개발에 더 집중하는 등 폐단이 많다”고 지적했다. 이어 “일부 지역에서는 무분별한 수익사업 추진으로 시민 부담이 가중되고 체계적인 관리 효율이 떨어질 수밖에 없다”고 강조했다. 또한 “소외계층의 정보접근성, 불평등 심화 등의 문제가 발생하므로 공공도서관은 공공성을 최우선으로 이윤 추구사업을 철저히 배제해야 한다”고 지적했다.

지금이라도 대한민국 공공도서관의 운영에 합리성合理性과 공공성公共性이라는 철학이 도입되기를 바란다. 그리고 그 지표는 아마 도서관을 운영하는 전문가인 사서를 바라보는 시각이 될 것이다.
모든 일은 전문가가 맡는 게 당연하다.
건설 전문가는 건설을 담당하는 게 맞다. 그런데 그가 정치를 맡고, 나아가 나라 살림을 맡는다면 외교로부터 시작해 경제, 문화, 역사, 모든 분야가 엉망진창에 빠질 것 또한 당연하다. 우리는 그런 우愚를 범했기에 천문학적(들리는 말로는 100조가 넘는다고 하던데) 비용을 지불하게 되었다.

# 사서는 도서관 운영 전문가다. 사서들은 오직 도서관 운영에 힘쓰겠다고 할 뿐 행정이나 상하수도

**문제, 주차문제,**
**뉴타운 문제,**
**공원 조성 사업에**
**관여하겠다고 말하지**
**않는다.**
**그런데 왜 책 한 권**
**제대로 읽지 않는**
**분들께서 도서관 운영을**
**좌지우지하려고 하는가?**

스스로 생각해도 웃기지 않는가?

## 대한민국의 현 주소

얼마 전 인터넷에 돌아다니는 자료 가운데 흥미롭지만 절망스러운 것을 하나 발견했다.

사실 나는 인터넷을 뒤지는 일을 거의 하지 않는다. 그래서 이 자료가 얼마나 된 것인지, 얼마나 신뢰할 만한 것인지, 누가 만든 것인지 모른다.

그러나 내용을 보는 순간 상식과 썩 어긋나지 않은 것처럼 여겨졌을 뿐 아니라, 만에 하나 거짓이라 해도 2011년 현재 대한민국에 살고 있는 우리 스스로 한 번쯤 생각해 본다 해도 크게 손해가 될 것 같지 않아서 여기 수록한다. 물론 이 자료가 몇 년 전부터 떠돌아다니는 것이라서 "야, 이걸 이제야 알았니? 그러니 네가 정보화시대에 뒤떨어지는 거야." 하고 야단치실 분이 계실지도 모른다. 그렇다면 기꺼이 혼이 나야지.

내용은 몇 나라에서 말하는 중산층中産層의 기준에 대한 것이다.

사실 우리는 중산층이라는 단어를 온전히 경제적인 차원에서 쓰고 있다.

국립국어원의《표준국어대사전》에 의하면 중산층은 중산계급과 같은 말로, '재산의 소유 정도가 유산有産 계급과 무산無産 계급의 중간에 놓인 계급. 중소

상공업자, 소지주, 봉급생활자 따위가 이에 속한다'고 써 있으니 경제적인 차원에서 바라보는 것도 무리가 아니다.

그런데 여기서 말하는 중산층은 우리가 사용하는 것과는 전혀 다르다.

**한국의 중산층 기준 (직장인 대상 설문 결과)**

1. 빚 없이 아파트 30평 이상 소유.
2. 월 급여 500만 원 이상.
3. 2000cc급 이상 중형차 소유.
4. 1억 원 이상의 예금 보유.
5. 1년에 한 차례 이상 해외여행을 다닐 것.

우리나라의 중산층 기준은 우리 상식에서 크게 벗어나지 않는다. 모든 게 경제적 잣대로 이루어져 있으니 말이다. 그런데!

**프랑스 (퐁피두 대통령이 '삶의 질'에서 정한 프랑스 중산층 기준)**

1. 외국어를 하나 정도는 할 수 있어야 하고
2. 직접 즐기는 스포츠가 있어야 하며
3. 다룰 줄 아는 악기가 있어야 하며
4. 남들과는 다른 맛을 낼 수 있는 요리를 만들 수 있어야 하고
5. '공분公憤'에 의연히 참여할 것.
6. 약자弱者를 도우며 봉사활동을 꾸준히 할 것.

이게 무슨 소리지? 프랑스 대통령은 도대체 중산층이 뭔지 모른단 말인가?

일반적으로는 영어로 middle class, 불어로 bourgeoisie라고 하는 중산층을 이렇게 정의하다니!

게다가 공분公憤에 참여하라고? 그러니까 공적인 분노, 즉 철도민영화 반대를 외치는 철도노동자의 불법不法 파업에 참여하고, 밀양 송전탑 공사를 방해하는 못된 할머니, 할아버지의 농성에 참여하며, 제주 강정마을의 해군기지 건설 반대 운동에 참여하라고?
이건 중산층이 되는 게 아니라 완전히 범죄인으로 가는 길이네.

다음은 영국이다.

**영국 (옥스포드대에서 제시한 중산층 기준)**

1. 페어플레이를 할 것.
2. 자신의 주장과 신념을 가질 것.
3. 독선적獨善的으로 행동하지 말 것.
4. 약자弱者를 두둔하고 강자强者에 대응할 것.
5. 불의不義, 불평不平, 불법不法에 의연히 대처할 것.

영국은 한술 더 뜬다. 이건 대한민국 중산층의 기준과는 동떨어졌을 뿐 아니라 반정부적反政府的이며 종북좌빨의 기준인 듯하다. 우리 사회에서 약자라면 가난한 사람, 노동자, 비정규직非正規職, 임시직, 장애인, 성적性的 소수자 등일 텐데, 이들을 두둔하고 강자强者, 즉 재벌, 대기업주, 정치인, 언론인, 부자, 검사, 경찰 들에게 대응하라니! 이러다가 다치면 영국 정부가 책임지려나? 하기야 영국 정부는커녕 세계적인 기구에서 비판해도 눈 하나 꿈쩍하지 않는 정부니 우리가 알아서 살 수밖에 없지만.
여하튼 나 같은 불평불만주의자에게는 매우 부러운 나라다.
다음은 미국!

**미국(공립학교公立學校에서 가르치는 중산층의 기준)**

1. 자신의 주장에 떳떳하고
2. 사회적인 약자를 도와야 하며
3. 부정과 불법에 저항하고
4. 그 외에 테이블 위에 정기적定期的으로 받아보는 비평지批評誌가 놓여 있을 것.

드디어 내 웃음보가 참지 못하고 빵! 터졌다.
"이런 나라가 어디 있단 말이오?" 하도 어이가 없어서 빵 터진 것이다.
이 첨단尖端의 시대에 책상 위해 비평지를 정기적으로 구독購讀해야
중산층이라고? 이 얼마나 시대에 뒤떨어진 헛소리인가.
세계 문화를 이끄는 한류韓流의 중심지 대한민국에서는 책상 위에 텔레비전
리모컨과 통닭, 맥주가 놓여 있어야 하는데.
그리고 미국인들에게 한마디 한다면 이렇다.
"어이, 양키들아! 괜히 약자 돕다가 조폭 만나서 벼락 맞을 수도 있다. 아,
청소년들도 함부로 건드리지 마라. 즉시 몽둥이 날아온다. 그리고 부정과 불법을
보면 즉시 고개를 돌리고 도망가라. 부정과 불법에 저항했다가 갖은 곤욕을
치러야 하는 나라도 지구상에 있다는 사실을 잊지 마라."

덧붙임 : 하긴 여러 나라의 이 정의定義가 중산층中産層이라는 단어 개념에서
벗어났는지도 모른다. 그러나 한 가지 분명한 것은 사회의 중간을 차지하는
사람들이 이런 행동, 이런 뜻을 품고 있다면 그 나라는 한없이 아름다운 사회일
거라는 사실이다.
반면에 우리나라는 아파트공화국, 여행공화국, 자동차공화국이겠지.

# 금기의 파괴

몇 편의 글을

다음 글도 그

부지런한 책 06

는 제목 아래
이 쓴 바 있다.
가운데 하나다

## 금기의 파괴

친구들이나 지인들을 만나면 자주 듣는 이야기가 있다.

**"우리나라에서는 책이 너무 많이 출간돼."**

그럴 만도 하다. 남아수독오거서男兒須讀五車書라는 말처럼, 다섯수레의 책을 읽어야 마땅히 인간이 된다는 옛 어른들의 말에 따르려는데, 평생을 읽어도 고작 우리나라에서 1주일 동안 출간되는 책밖에(통계에 따르면 우리나라에서 1년에 출간되는 책이 약 5만 종, 따라서 1주일에 출간되는 책은 약 1천 종에 달한다) 읽지 못할 정도로 많은 책이 쏟아져 나오니 이런 불만이 나올 만도 하다.

그런데 왜 나는 내야 할 책이 이토록 많은 걸까?

언젠가 친한 출판사 사장이 내게 한 말이 생각난다.

"무슨 책 욕심이 그렇게 많아?"

맞다. 나는 책 욕심이 많다. 그게 과욕過慾인지, 노욕老慾인지(으흠, 아직 60이 안 되었으니 이건 아닌 듯), 탐욕貪慾인지 모르겠지만 여하튼 내고 싶은 책이 왜 이리

많은지 나 스스로도 괴롭다.

오늘은 이 욕심에 대해 이야기해보고자 한다.

**어니스트 헤밍웨이(Ernest Miller Hemingway, Ernest Hemingway)**

**(1899년 7월 21일 미국 출생 ~ 1961년 7월 2일 사망)**

이 유명한 소설가가 이야기의 출발점이다.

헤밍웨이는 1961년 세상을 떠났다. 그리고 그로부터 50년이 지난 2011년 말로 헤밍웨이의 작품 저작권은 해제되었다. 즉, 이제 누구나 헤밍웨이의 작품을 마음대로 출간할 수 있게 된 것이다. 그리고 그 결과는?

《노인과 바다》는 문학동네, 시공사, 열린책들, 민음사를 비롯해 10여 개 출판사가 저작권 소멸에 맞추어 새로 출간했다. 물론 그 전에 여러 출판사에서 출간된 책들을 합치면 수십 종에 이른다.

《누구를 위하여 종은 울리나》는 2012년 7월 현재 인터넷 서점에서 검색되는 책 가운데 2012년 이후 출간된 것은 민음사와 시공사 판이 있다. 그 외에 다른 출판사 판은 다른 작품들처럼 상당히 많다.

《무기여 잘 있거라》 또한 같은 기준으로 열린책들, 《킬리만자로의 눈》은 문학동네가 출간했다. 그 외에 이 모든 작품을 동시에 수록한 것으로 보이는 선집이 동서문화사에서 출간되었다.

이러한 헤밍웨이 소설 출간 현실은 언론에서도 큰 주목을 받아, 여러 신문에서 이런 저런 방식의 분석 기사를 실었다. 어떤 신문은 각 출판사본의 번역을 비교했고, 또 어떤 신문은 왜 이런 현상이 일어났는지에 대해 분석하기도 했다.

그러나 나는 단언한다.

돈 때문이다. 우리나라의 내로라하는 출판사들이 정역正譯, 완역完譯, 원본에 충실한 번역, 국내 최초의 초간본 번역 등 무슨 말을 해도

# 그건 돈 때문이다.

나는 돈 때문에 책을 출간하는 것에 대해 딴지를 걸려는 게 아니다. 돈 벌지 않으면 책 낼 수 없다. 나도 돈 때문에 책 낸다. 먹고살 수 없으면 출판할 수 없고, 돈 벌지 못하면 내고 싶은 책 못 낸다. 그런 것 가지고 왈가왈부할 만큼 나 무식하지 않다. 그리고 덧붙이자면 나 어설프지만 대학 경영학과 제대로 졸업한 사람이다. 아마 출판계에 경영학과 나온 사람 그리 흔치 않을 것이다. 문과 출신이 많겠지.

그런 내가 왜 경제관념이 없겠는가. 게다가 나는 숫자에 밝아서 회계 과목은 all A였다. 지금도 직원들이 놀랄 만큼 숫자에 밝다. 그런데 왜 돈 버는 것을 비난하겠는가?

아하, 사촌이 땅을 사면 배가 아픈 심보라고?

천만에다. 사촌이 땅을 살 때 아픈 배는 이미 넘어섰다. 책 같지 않은 책들 수백만 부씩 파는 모습을 십수년 동안 보아오고 있는 내가 고작 헤밍웨이 책 내서 푼돈 버는 것에 배가 아파한다고? 사람 잘못 봤다. 내가 아무리 치졸하고 소심한 인간이라도 그 정도까지는 안 간다. 아니 옛날에는 그랬는데 하도 돈 많이 버는 사람들을 주위에서 보다 보니까 이제 면역력이 생겼다.

그렇다면 왜 이 사소한 문제를 그리도 들추어내며 흥분하느냐고?

사소하지만 결코, 절대, 분명히 사소하지 않기 때문이다.

자, 지금부터 그 사실을 좀 살펴보자.

지동설을 처음으로 펴내 인류의 역사를 완전히 새로운 방향으로 나아가게 만든 코페르니쿠스 아시는가? 그가 생전에 쓰고 나서 지동설을 주장했다가 닥쳐올 두려움 때문에 자신이 죽고 난 후 출간하라고 한 책이 뭔지 아실 것이다. **바로 《천구의 회전에 관하여De revolutionibus orbium coelestium》다. 그런데 이 책 우리나라 서점에서 구할 수 있을까? 아마 구하기 힘들 것이다.**

그렇다면 갈릴레오 갈릴레이의 저서는? 그것도 구하기 힘들 걸? 그 외에도 무수히 많은 고전들이 출간되지 않았다. 그러니 이 책들이 출간되지 않은 것이 무슨 새로운 소식이나 될까? 우리나라에서.

좋다. 이런 책은 과학 고전이니 오늘날 필요 없다고 치자.

그럼 근대 소설가 가운데 최고 가운데 한 사람으로 꼽히는 발자크, 그리고 인간 군상을 가장 잘 드러낸다는 평가를 받고 있는 발자크의 전집 《인간희극》은 어떨까?

알려진 바로 《인간희극》에 속하는 소설은 대략 90편, 등장인물은 2400여 명이나 되며, 발자크는 이 작품으로 현대 연작소설의 창시자가 되었다고 한다. 나는 대학교 때 도서관에서 이 작품을 접한 후(아, 한글로 접한 게 아니라 프랑스어 본 원서로 접하고서) 《La Comédie humaine》이라는 이상한 이름에 혹했다. '인간 코미디'라고 나 나름대로 번역을 하고서는, 그 무렵 한참 인기 있던 배삼룡식 코미디 소설이 아닐까 궁금했기 때문이었다. 이후 사전에서 이 엄청난 양의 책 모두가 《인간희극》임을 알고서 출판을 하기로 마음먹은 다음에 필생의 꿈이 《인간희극》 완역본을 출간하는 것이었다.

그러나 지금으로서는 말 그대로 꿈으로 끝날 듯싶다. 우선 그 많은 책을 낼 만한 돈도 없고, 내가 겪어본 많은 교수님들은 이런 책을 번역하기보다는 불문과 유지(요즘 돈 안 되는 대부분의 과가 그렇듯이)에도 힘겨우실 뿐 아니라 실적 때문에 강의 준비에 논문 준비로 바쁘시다. 결국 내 평생에 《인간희극》을 읽어볼 기회는 없을 듯하다.

자, 다시 앞으로 돌아가 보자. 내가 《인간희극》을 못 읽는 것은 그 다음 문제다. 내가 읽고 싶은 책이 어디 한두 권이던가.
그러나 솔직히 말하자. 지금으로부터 50여 년 전, 그러니까 《노인과 바다》의 완역본인지, 원본에 가장 충실한 번역본인지 그런 뛰어난 번역본 출간되지 않았을 때 우리나라 문화계는 바닥을 기었을까? 고작 일본어 중역본重譯本이 판을 치던 시대를 살던 우리나라 젊은이들은 문화가 무언지 소설이 뭔지, 글이 뭔지, 헤밍웨이가 누군지 모르고 살았을까?
천만에다. 지금 우리 문단을 주름잡는 인물들은 대부분 그 시대 중역본이나 초역본, 엉망진창 번역본으로 온갖 책들을 섭렵한 사람들이다.

이와 관련해서 나는 돌을 맞을 각오가 되어 있다. 다른 사람 탓하지 말라. 중역한 사람 탓하지 말고, 번역 잘못한 사람 탓하지 말라.
원어 번역하려면 번역자 찾기 힘들고 돈 때문에 내기도 힘들다.
게다가 누군가 처음 번역하다 보면 오역誤譯이 수두룩하게 나오기 마련이다.
그렇다고 그 사람들 비난하면 누가 처음 번역하고, 누가 갈릴레이, 코페르니쿠스, 히포크라테스 번역하겠는가? 라틴어, 그리스어 할 줄 아는 사람만 번역해야 한다면 대한민국 사람들은 평생 지동설이 어떤지 남이 가르쳐 주는 만큼만 맛보아야 하지 않겠는가? 아, 선생님들도 원서를 보지 않으셨다면 그분들도 말로만 들었을 테니, 이야말로 발 없는 말이 천리 가는 격 아닌가.

게다가 우리나라에서 내로라하는 출판사들도 발자크의 《인간희극》 한 편 한 편을 번역하기보다는 2012년에 저작권 풀리는 헤밍웨이에 2011년이나 그 전부터 온 힘을 기울여왔고, 지금쯤은 2013년에 저작권 풀리는 헤르만 헤세, 윌리엄 포크너 작품 번역에 온 힘을 기울이고 있을 것이다.

그렇다면 발자크는 어느 출판사에서 출간해야 하는가? 대한민국 독자들은 《노인과 바다》는 우리나라 다섯 손가락 안에 드는 출판사들의 놀라운 번역을 비교해가며 읽는 대신 발자크 《인간희극》은 결국 접하지 못한 채 죽어야 하는가? 지동설에 대해서는 죽어 천국에 가서 쉬고 계신 코페르니쿠스 신부님을 만나 제대로 배워야 하는가?

## 나?
## 나도 할 말
## 없다.

옛날에 하도 화가 나서 코페르니쿠스, 갈릴레이, 히포크라테스 등의 일본어판을 중역重譯해서 냈다가 언론과 시장에서 완전히 버림받은 적이 있다. 솔직히 말하자면 나는 교과서에서 이런 책을 써서 세상을 놀라게 했다는 사실은 배웠지만 그리스 의사의 글이 남아 있거나 지동설을 처음 주장한 글이 아직도 남아 있으리라고는 상상도 하지 못했다. 그런데 1995년인가 처음 일본을 갔을 때였다. 아니, 이런 책들이 모조리 번역이 되어 팔리고 있지 않은가. 그것도 수십 쇄씩 찍힌 채. 그런 책의 목록을 모두 알려드리면 독자 여러분도 깜짝 놀랄 것이다.

"그런 책이 진짜 전해온단 말이에요?"

그때의 충격은 이루 말할 수 없었다.
'이러고서도 우리가 일본을 이기겠다고 기고만장했단 말인가?' 하는 자책을 끝도 없이 했다. 물론 이길 수도 있다. 그러나 그건 힘으로 이긴 것이다. 문명으로, 지성으로 이긴 것이 아니다. 나는 이기고서도 얼굴을 못 드는 일은 하기 싫었다.
그래서 책 몇 권을 사와 번역본을 냈다. 결국 돈 손해 보고 사람 우습게 되었다.
**그 후 나는 중역重譯이나 오역誤譯을 비난하지 않는다. 중역이나 오역은 대부분 초역初譯에서 비롯된다. 그러나 초역은 무척 어렵다. 게다가 대부분의 비난은 현대 작품, 한 번 읽고 말 작품에는 해당되지 않는다. 비난은 대부분 중요한 작품, 고전 등에 집중된다. 그러니 누가 중요한 작품을 처음으로 번역하겠다고 나서겠는가?**
그런 작품을 출간하겠다고 나서는 출판사도 거의 없는 마당에, 번역 해 놓고 '잘해야 본전'인 일을 누가 하려고 하는가 말이다. 그러니 중복출판을 하면서 돈도 벌고 욕도 안 먹는 길을 택하고 싶은 것이 인지상정일 것이다.

## 헤밍웨이 작품의 중복 출판이 사소한 일이 아님을 이제 아시겠는가? 나는 돌 맞을 각오를 하고 읍소한다.

"출판계가 살려면 이런 중복 출판 대신 독자들의 사랑을 받는 출판사들이 좋은 책 나누어서 다양하게 선보여야 합니다. 그래야 우리나라 독자들 안목이 넓어지고 수준도 높아져서 독서 풍토도 개선됩니다.
그뿐입니까? 다양한 책이 출간되어야 베스트셀러에 집중되는 잘못된 독서 풍토도 개선되어서 팔릴만한 외서外書를 사이에 두고 소위 '베팅'하는 저작권료 경쟁도 지양될 것입니다.
그렇게 되면 외국 저자와 출판사들이 우리나라 우습게 여기지도 않을 것입니다. 이야말로 일석몇조인지 알 수가 없습니다.
결국 우리 출판계 전체가 사는 길입니다.
저작권 소멸된 책들? 그런 것은 작은 출판사들 몫으로 남겨두십시오.
상생경영은 재벌들만 하는 게 아닙니다. 독자의 사랑을 받는 출판사들이 모조리 달려가 《노인과 바다》에 매달린다면 결국 바다에 남은 물고기는 싹이 마를 것입니다.
그런 물고기는 큰 배 갖지 못한 사람들 몫으로 남겨두시고, 대한민국 출판계를 대표한다고 자부하시고 사명을 느끼신다면 반드시 있어야 할 책, 그러나 없는 책들 소개해 주십시오.
저도 힘닿는 대로 그런 책 낼 것입니다.
그러나 16년 동안 베스트셀러 한 권 낸 적이 없는 '출판의 달인'이라 아직은 못 하고 있습니다. 그것이 한스러울 뿐입니다. 제 한을 풀어주십시오. 우리 독자들의 한을 풀어주십시오."

〈산책〉 2호

중복출판은 어제오늘의 일이 아니다. 사실 나도
중복출판은 어제오늘의 일이 아니다. 사실 나도
매일 중복출판을 일삼고 있다. 그러니 이건 나
매일 중복출판을 일삼고 있다. 그러니 이건 나
스스로 하는 고해성사와 같다.
스스로 하는 고해성사와 같다.
그런데 이처럼 천박하고 아무리 반성해도 나아지지
그런데 이처럼 천박하고 아무리 반성해도 나아지지
않는 나조차도 얼굴을 뜨거워지는 경우가 있으니
않는 나조차도 얼굴을 뜨거워지는 경우가 있으니
다음 글을 보자.
다음 글을 보자.
글을 쓴 시점은 2013년이지만 그 숫자를 2015,
글을 쓴 시점은 2013년이지만 그 숫자를 2015,
2016으로 바꾸어 놓는다 해도 아무도 눈치 챌 수
2016으로 바꾸어 놓는다 해도 아무도 눈치 챌 수
없을 만큼 상황은 똑같다.
없을 만큼 상황은 똑같다.

## 2013년
## 대한민국 출판계는
## 참으로
## 평화롭구나!

2013년 대한민국은 참으로 평화롭습니다. 아무 일 없는 듯 잘 넘어가고 있습니다. 오죽하면 사재기 논란에 휩싸여 한국 문단을 대표하는 작가인 황석영씨의 데뷔 50주년 기념작을 절판시키는 데 큰 책임이 있는 출판사조차 지속적으로 자기네 책이 베스트셀러에 등극했다는 광고를 게재하고 있으니까요.

이 출판사 대표는 사재기 논란이 발생하자 회사 대표 자리에서 물러나겠다고 발표했더군요. 그때 제 머릿속에 든 생각은 이랬습니다.

**"이게 무슨 말이지?
책임을 지겠다는 것인가?
출판사 대표가 뭐 그리 대단한 자리라고
물러난다고 발표하고,
그걸 또 보도하는 언론은
무엇이란 말인가?"**

만일 우리 출판사가 사재기를 했다면(솔직히 말씀드리면 우리 출판사 책 가운데는 제가 볼 때 대단한 책이 없기 때문에 살 만한 책도 없습니다만) 어떨까요? 제가 "제가 이 모든 논란에 책임지고 대표 자리에서 물러나겠습니다."

그럼 아마 출판계 사람들이 헛웃음을 지으며 이렇게 말할 것입니다.

"허허! 별 미친놈 다 보겠네. 지가 뭐 그리 대단하다고. 야, 니가 물러나는 게 무슨 큰 희생이라도 되는 줄 아니? 니가 이순신 장군이냐? 백의종군 같은 소리 하고 있네. 그냥 문 닫아라!"

맞습니다. 제가 물러난다고 하면 그건 거짓말임을 그 누구보다 제가 잘 압니다. 대표 안 하면 되지요. 그러면서 회사 일 하면 됩니다. 출판사 대표가 뭐 그리 대단한 자리라고, 자리에 앉으면 권력이 생기고 물러나면 힘이 사라지나요? 그런 일 없습니다. 그러니까 물러나건 안 물러나건 차이는 명함을 가지고 다니느냐 안 가지고 다니느냐 차이일 뿐이란 것이죠.

게다가 이 사태에 대한 작가 황석영씨의 반응 또한 저를 당황스럽게 했습니다. 이에 대해서는 제가 한국일보에 게재하는 칼럼에 썼기 때문에 재론하지 않겠습니다.

내용은 이렇습니다.

### 황석영 선생님께

이번 주, 우리는 충격적인 소식을 접했습니다. 선생님의 책이 사재기 대상이 되었고, 이를 안 선생님께서 분노한 끝에 작품의 절판을 선언하셨다는 내용이었습니다.

사실 사재기라는 참으로 독특한 행동은 세계 역사상 우리나라를 제외하고는 유래가 없는 짓거리입니다. 자기 제품을 자기가 사다니!

그렇다면 왜 출판사들은 자기가 출간한 책을 다시 사는 걸까요? 사실 이런 질문은 할 필요도 없습니다. "출판도 장사야. 그러니 팔리지 않으면 망하는 게 당연하고, 많이 파는 자가 성공한 출판인이지. 많이 팔기 위해서는 베스트셀러 목록을 이용해 독자들의 판단을 현혹시키는 게 가장 효과적이고." 하는 사고가 출판계를 주도하면서 발생한 당연한 시장 논리니까요.

그런 까닭에 저는 오래 전부터 베스트셀러 목록 발표를 하지 말자고 주장해 왔습니다. 그러나 제 주장에 귀를 기울여주는 분은 안 계셨습니다. "저 자식은 베스트셀러 못 만드니까 괜히 배가 아파서 저런 말도 안 되는 주장만 해."

그렇다면 많이 팔리는 책은 정말 뛰어난 책일까요? 이야말로 개그입니다. 책만큼 팔리는 양과 질 사이에 상관관계가 약한 제품도 없을 것입니다. 이에 대해서는 더 이상 언급할 필요성을 느끼지 못합니다.

선생님!

사실 저보다 훨씬 오랜 기간 출판계와 동고동락同苦同樂을 해 오신 선생님께 이런 뻔한 이야기를 늘어놓는 것은 결례缺禮일 것입니다. 그럼에도 제가 이런 이야기를 늘어놓는 데는 까닭이 있습니다.

선생님께 여쭙고 싶은 질문이 있기 때문입니다.

"선생님께서는 작품을 출판할 때 출판사를 어떤 기준으로 선정하십니까?"

사실 대한민국 출판계는 그 판이 워낙 좁아서 선생님 정도로 발이 넓으신 분이라면 저보다 더 속속들이 출판계의 밝고 어두운 부분을 아실 거라 믿습니다.

그러니 혹시나 "잘 파는 출판사"나 "인세, 즉 돈을 많이 주는 출판사"를 선정하시지는 않겠지. 적어도 문화를 고민하고 인간의 본질을 추구하는 참된 작가이시니 "철학을 갖춘 출판사", "베스트셀러보다는 참된 한 분의 독자를 하늘로 받드는 출판사"를 선정하겠지, 하고 저 혼자 생각하였습니다.

그런데 이번 사건을 접하면서 선생님께서 어쩌다가 작가인생 50년을 기념하는 의미가 실린 작품을 절판絕版시키는 극단적인 상황까지 맞이하게 되셨는지 한없이 참담한 심정입니다.

이 사태는 사실 한 출판사, 한 작가의 문제가 아닙니다. 이제껏 출판계에서 공공연히 나돌던 이야기가 전 대한민국으로 퍼져나가면서 모든 출판인이 '사기꾼 집단'으로 몰려도 할 말이 없는 상태가 되고 말았습니다. 이미 인터넷에서는 이런 움직임이 감지되고 있습니다. 그렇다고 그분들을 탓할 수도 없습니다. 어떤 시민, 어떤 독자가 수많은 출판사의 현실과 철학, 도덕성을 세밀히 판단할 수 있겠습니까?

그런 까닭에 이제 공은 출판계와 작가, 그리고 출판 관계자들에게 넘어왔습니다. 우리가 또다시 책의 내용보다는 팔리는 권수에 의미를 부여하고, 책 속의 사상 대신 팔려나가는 속도에 의미를 부여하는 한 이런 비극은 지속적으로 반복될 것입니다.

그러하기에 대한민국 문단을 대표하는 선생님께서 다시 한 번 숙고해 주시길 바라는 것입니다.

"나는 과연 어떤 기준으로 출판사를 선택해 왔던가? 과연 내 잘못은 없었던 것인가?"

그리고 저 또한 반성할 것입니다.

"나는 어떤 기준으로 책을 출간해 왔던가? 과연 나는 눈에 보이는 가치만을 추구하며 출판인이라는 문화의 가면 뒤에서 천박한 짓을 일삼지는 않았던가?"

《객지》로부터 시작해 선생님 글에서 참으로 많은 위로와 깨달음을 얻은 저로서는 이 상황을 슬기롭게 극복하신 후 더 나은 작품으로 다시 뵙길 진심으로 바랍니다.

이 글을 통해 제가 하고 싶은 말이 무엇인지는 여러분이 잘 아시리라 믿습니다. 잘 모르시면 주위 분들에게 여쭤보십시오.

**여하튼 이 치졸하고 졸렬한 일이 벌어진 지 불과 얼마 되지 않았지만 이미 이 논란은 출판계에서 사라졌습니다. 대한민국답지요?**

서점, 출판인, 관련 단체, 정부, 그리고 작가까지 포함해 그 누구도 이 문제를 이번 기회에 반드시 해결하겠다는 의지 같은 것은 찾아볼 수 없습니다.
둘 중 하나겠지요. 모두에게 이익이 되는 일인데, 대충 넘어가지, 하는 까닭일 수도 있겠지요. 다른 하나는 더 이상 문제를 다루다가는 이 일에 관여된 모두가 드러나게 될 것이고, 그럼 모두 공범이라는 사실을 독자들이 알지 몰라, 하는 까닭일 수도 있을 것입니다.
아, 이 두 가지 모두 순전히 정신과에 다니는 약간 머리가 혼미한 제 추측에 불과합니다. 그러니 저에게 형사적, 민사적 책임 따위를 묻는 일은 말아주십시오. 특히 저는 저희 출판사에서 출간하는 책에 대해 자랑스러운 마음을 갖기는커녕 늘 창피한 마음을 갖고 있기 때문에 출판사에 반드시 비치해야 하는 교정본을 보는 것도 고통스럽습니다. 그런데 더 사다니요. 그런 일은 상상도 하지 못하기 때문에 솔직히 왜 자기 책을 사는지도 모르고, 누가 사는지도 모르며, 어떻게 사는지도 모릅니다. 그러니 위 내용은 순전히 제 망상임을 이해해 주십시오.

그러나 이 글의 논지는 쓸데없는 제 추측이 아닙니다.
저는 출판계의 평화에 대해 이야기하고 있습니다.
이런 일이 벌어져도 독자들은 도대체 이런 부도덕한 일이 왜 벌어지는지 궁금해 하시지만 출판계는 평화롭다는 말씀을 드리는 것입니다. 그만큼 2013년 출판계는 아름답습니다. 평화는 늘 아름다운 것이니까요.

그런데 저는 **반전주의자反戰主義者이기는 하지만 이런 형태의 평화는 사랑하지 않습니다. 문제가 있을 때 문제가 없는 척하며 즐기는 평화는 평화가 아니라 가면입니다. 그리고 우리 사회가 발전하지 못하는 가장 큰 까닭은 이러한 가면 뒤의 행위가 너무 많이, 아니 판을 치고 있기 때문이라고 여깁니다.**
가면만 쓰면 멀쩡했던 인간들이 산속 별장에 모여 떼를 지어 벌거벗고 차마 표현할 수 없는 짓거리를 저지르기도 하고, 가면만 쓰면 한 나라를 대표하는 집단에 속한 자가 새벽 다섯 시에 딸뻘 되는 남의 집 귀한 딸을 호텔 방으로 불러 자신의 몸 가운데 가장 자신 있는 부분을 버젓이 보여주기도 합니다.
문화인이라고 다를까요. 가면만 쓰면 "이런 인간이 책을 출간하면서 문화인 행세를 한다고? 대~박이다!" 하는 짓을 서슴지 않습니다. 그 가운데 대표는 역시 김홍식입니다. 고백하건대, 저는 이퇴계 선생을 가장 이해할 수 없습니다. "홀로 있을 때 손님과 함께 있는 것처럼 행동하라." 이 말을 이퇴계 선생이 하셨다는데(퇴계 선생이 아니실 수도 있습니다. 제가 무식해서 잘못 알고 있을 수도 있으니까요) 여하튼 이 말을 저는 잊고 싶은데 왜 틈만 나면 내 머릿속에 떠오르는지. 그리하여 비열하고 천박한 행동을 일삼는 저를 괴롭히는지 모르겠습니다. 그러니 저보다 더 비겁하고 천박하며 게으르고 위선적인 인간이 적어도 출판계에는 없을 거라는 게 제 확신입니다.

그러나 저만큼의 경지에는 못 이르렀더라도 그에 버금가는 인간들은 꽤 있겠지요. 사재기? 그건 약과입니다.

## 저자 빼가기는 대형 출판사의 가장 치졸한 짓입니다.

중소 출판사가 오랜 시간에 걸쳐 기획하고 발굴한 저자를 자신들의 판매력(이걸 영어로는 마케팅력이라고 하더군요. 근데 저는 영어에 약해서 우리말로 쓰렵니다), 홍보력, 돈, 그리고 "당신 이름을 널리 알리고 많이 팔아서 인세도 두둑히 드리겠습니다." 하는 말로 현혹해 초빙招聘(이건 한자고, 순우리말로는 꼬신다고 하나요?)하는 것은 출판계에 몸담고 있는 제가 보기에는 가장 비열한 짓으로 여깁니다.

물론 처음 기획하고 저자를 발굴한 출판사가 그 저자의 차기 작품 출판을 할 수 없는 상황이거나 거부한 경우라면 아무 문제가 없습니다. 그러나 그 저자의 작품을 출판하려는 의도를 분명히 표명했음에도 대형 출판사로 갔다면 그건 대형 출판사와 그의 힘에 편승해 자신의 힘도 키워보려는 저자의 의도가 맞아 떨어진 거래입니다. 그리고 이런 경우는 너무 비일비재非一非再해서 일일이 열거할 수조차 없습니다.

아시다시피 저는 이런 것 파헤치는 데 겁내는 사람이 아닙니다. 그러니 몇 건에 불과하다면 독자 여러분께 알려드릴 수도 있습니다. 그러나 너무 많아서 알려드리려면 책 한 권이 필요할지 모릅니다. 그래서 일단 이 정도에서 마무리하려고 합니다.

다만 독자 여러분께서 간접적으로나마 이런 짓거리를 서슴지 않는 대형 출판사를 가릴 수 있는 방법은 있습니다.

그건 여러분이 대한민국을 대표한다는 출판사 몇 곳을 선정해서 그들의 기획물을 확인하는 것입니다. 만일 다른 출판사가 엄두도 내지 못하는 기획물을 꾸준히, 그리고 열심히 출간하고 있다면 그곳은 적어도 사회적, 문화적인 역할을 하고 있다고 보아도 무방합니다.

그러나 출판사 규모가 크고 모스트셀러를 지속적으로 출간하는데, 그들만의 독자적인 기획물이나 창의적인 출판물이 없이 그저 유명 작가의 작품, 그것도 본래는 다른 출판사에서 출간한 적이 있는 작가의 것을 지속적으로 출간하고, 세계문학전집 같은 중복 출판을 서슴지 않고, 고작 기획한 것이 다른 중소 출판사에서 한 것을 약간 변형해서 팔릴 만하게 포장하여 출판하고 있다면, 그 출판사는 규모도 크고 지갑도 크고 건물도 크고 사장이 타는 차도 크지만 문화적 역량은 에스프레소 잔만한 게 분명하다는 사실을 기억하십시오.

## 제가 아는 대한민국 작가 가운데는 이런 사람도 있습니다.

꽤 유명한 출판사에서 지속적으로 자신의 작품을 출간하다가 갑자기 대형 출판사로 몽땅 옮겨가서 자기 이름을 건 전집을 냈습니다. 그런데 자신의 작품을 옮겨가는 과정에서 도저히 문화를 다루는 인간이라고 볼 수 없는 거짓말로 전 출판사를 농락했더군요. 이 이야기를 그 출판사 직원으로부터 듣고 경악했습니다.

"내가 이러저러한 이유로 저 출판사에서 제 이름을 건 컬렉션을 출간하게 되었습니다. 이해해 주십시오."

그럼 원고 안 내주겠습니까? 적어도 문화를 다루는 출판사라면 그동안 함께 책 내고 자신들에게 문화적, 경제적 수익을 안겨준 그 분의 미래를 위해 밥 한 끼 사면서 유종의 미를 거둘 수 있지 않겠습니까?

그런데 이상야릇한 말로 더 이상 책을 출간하지 못하겠다며 절판의 뜻을 표하고, 출판사에서 그 뜻에 동의하고 절판하자 갑자기 다른 출판사에서 재출간하는 행동을 어떻게 이해할 수 있습니까?

그런 사람이라면 무슨 일을 못하겠습니까?

그런 사람이 쓴 작품이 우리나라 문단을 풍미하고 모스트셀러가 된다면 도대체 대한민국 문화계에 미래가 있는 겁니까?

이런 상황에서도 출판계에 몸담고 있다는 이유, 그리고 인간이라면 남을 욕해서는 안 된다는 가면 뒤의 신사도를 앞세우며 그냥 넘어가야 됩니까?

## 우리나라가 그렇게 신사적이고 우아하며 평화로운 나라입니까?

아프니까 청춘이고, 당해도 우아해야 인간이며, 불의를 보고 참을 줄 알아야 인내력을 갖춘 인간입니까?

그럼 인간은 언제 저항해야 합니까? 언제 불의를 보고 "아니다, 이건 아니다!" 외쳐야 합니까.

저 같은 과격한 인간은, 그렇다면 평생 입 봉하고 살아야 합니까?

그렇게는 못하겠습니다.

지금까지 참 많이 참았습니다.

**사실 이 책은 희생자다.**

**김석희 선생의 번역이야 정평이 나 있는 것이고 끼워주는 것도 없다. 그럼에도 다른 책들 때문에 대폭 할인의 고육지책을 쓸 수밖에 없었을 것이다. 그래도 다른 책보다 비싸니 얼마나 팔릴까? 걱정이다. 나? 나는 이 출판사 사장이 누구인지, 어디에 있는지도 모른다. 오해 마시길! 다만 김석희 선생의 번역은 타의 추종을 불허한다는 사실을 여러 번 확인했기 때문에 추신한다.**

…집-007 **위대한 개츠비** 【<위대한 개츠비> 영문판, 사은품 : 미니북】
…저/김영하 역 | 문학동네 | 원제 : The Great Gatsby

- 정가 9,500원
- 판매가 **4,750원**(50% 할인)
- YES포인트 50원 (1% 적립) + 마니아추가적립 안내
- 예스24 우리V카드 **3,325원**(30% 할인 / 월 최대 1만원까지) 안내
  사은품 [사은품] 위대한 개츠비 미니북
  5만원이상 구매시 2천원 **추가적립** / 혜택 카드 보기
- 관련 정보 진행중 이벤트 (5)개 신규회원 1,000원 할인쿠폰 증정
  eBook으로도 판매중 5,700원 eBook 바로구매
  7000 최대 7,000원 할인쿠폰 받기 (도서 5/7/10만원 주문시 즉시사용)+

크게보기 미리보기

주간베스트 국내도서종합 67위 / 문학 25위
- 출간일 2009년 12월 15일 • 252쪽 | 349g | 148*210mm
- ISBN-13 9788954609173 • ISBN-10 8954609171
- 판매중 | 판매지수 162955

도서 민음사 세계문학전집-075 **위대한 개츠비** 【사은품 : <벤저민 버튼의 기이한 사건> 영한대역 특별판+페이크노트+영문판 ebook
F.스콧 피츠제럴드 저/김욱동 역 | 민음사 | 원제 : The Great Gatsby

- 정가 8,000원
- 판매가 **3,920원**(51% 할인)
- YES포인트 40원 (1% 적립) + 마니아추가적립 안내
- 예스24 우리V카드 **2,744원**(30% 할인 / 월 최대 1만원까지) 안내
  사은품 [이메일발송]The Great Gatsby 영문판 ebook 사은품
  5만원이상 구매시 2천원 **추가적립** / 혜택 카드 보기
- 관련 정보 진행중 이벤트 (5)개 신규회원 1,000원 할인쿠폰 증정
  eBook으로도 판매중 5,600원 eBook 바로구매
  7000 최대 7,000원 할인쿠폰 받기 (도서 5/7/10만원 주문시 즉시사용)+

크게보기 미리보기

주간베스트 국내도서종합 90위 / 문학 17위
- 출간일 2003년 05월 06일 • 284쪽 | 392g | 132*225mm
- ISBN-13 9788937460753 • ISBN-10 8937460750
- 판매중 | 판매지수 253956

…세계문학 컬렉션 -12 **위대한 개츠비** : 한글판+영문판 【전2권】
…저/이기선 역 | 더클래식 | 원제 : The Great Gatsby

- 정가 11,800원
- 판매가 **3,890원**(67% 할인)
- YES포인트 40원 (1% 적립) + 마니아추가적립 안내
- 예스24 우리V카드 **2,723원**(30% 할인 / 월 최대 1만원까지) 안내
  5만원이상 구매시 2천원 **추가적립** / 혜택 카드 보기
- 관련 정보 진행중 이벤트 (2)개 신규회원 1,000원 할인쿠폰 증정
  eBook으로도 판매중 1,000원 eBook 바로구매
  7000 최대 7,000원 할인쿠폰 받기 (도서 5/7/10만원 주문시 즉시사용)+

크게보기 미리보기

주간베스트 국내도서종합 142위 / 문학 42위
- 출간일 2012년 06월 26일 • 488쪽 | 582g | 135*200mm
- ISBN-13 9788997213573 • ISBN-10 8997213571
- 판매중 | 판매지수 45363

도서 **위대한 개츠비** 【특가도서】
F. 스콧 피츠제럴드 저/김석희 역 | 열림원 | 원서 : Great Gatsby

- 정가 11,000원
- 판매가 **5,390원**(51% 할인)
- YES포인트 60원 (1% 적립) + 마니아추가적립 안내
- 예스24 우리V카드 **3,773원**(30% 할인 / 월 최대 1만원까지) 안내
  5만원이상 구매시 2천원 **추가적립** / 혜택 카드 보기
- 관련 정보 진행중 이벤트 (3)개 신규회원 1,000원 할인쿠폰 증정
  eBook으로도 판매중 7,000원 eBook 바로구매
  7000 최대 7,000원 할인쿠폰 받기 (도서 5/7/10만원 주문시 즉시사용)+

크게보기 미리보기

주간베스트 문학 97위
- 출간일 2013년 04월 25일 • 308쪽 | 348g | 124*195mm
- ISBN-13 9788970637686 • ISBN-10 8970637680
- 판매중 | 판매지수 38253

… **개츠비** 【양장, 한정증정 : 시어버터 고급 천연 수제비누 2종 + De Chocolate VIP 쿠폰】
…저/표상우 역 | 스타리치북스

- 정가 12,000원
- 판매가 **10,800원**(10% 할인)
- YES포인트 1,080원 (10% 적립) + 마니아추가적립 안내
- 예스24 우리V카드 **7,560원**(30% 할인 / 월 최대 1만원까지) 안내
  5만원이상 구매시 2천원 **추가적립** / 혜택 카드 보기

크게보기

- 출간일 2013년 04월 25일 • 315쪽 | 412g | 135*200mm
- ISBN-13 9791195024506
- 판매중 | 판매지수 3477

도서 펭귄 클래식 시리즈-10 **위대한 개츠비** : 영문합본
F. 스콧 피츠제럴드 저/김보영 역 | 펭귄클래식코리아 | 원제 : The Great Gatsby

- 정가 6,000원
- 판매가 **5,400원**(10% 할인)
- YES포인트 540원 (10% 적립) + 마니아추가적립 안내
- 예스24 우리V카드 **3,780원**(30% 할인 / 월 최대 1만원까지) 안내
  5만원이상 구매시 2천원 **추가적립** / 혜택 카드 보기
- 관련 정보 eBook으로도 판매중 4,800원 eBook 바로구매

크게보기

- 출간일 2013년 05월 10일 • 524쪽 | 606g | 133*203mm
- ISBN-13 9788901156460 • ISBN-10 8901156466
- 판매중 | 판매지수 2616

…세계문학-161 **위대한 개츠비** 【양장, 사은품 : 세계문학 미니북, 특가도서】
…제럴드 저/한애경 역 | 열린책들 | 원제 : The Great Gatsby

- 정가 9,800원
- 판매가 **4,900원**(50% 할인)
- YES포인트 50원 (1% 적립) + 마니아추가적립 안내
- 예스24 우리V카드 **3,430원**(30% 할인 / 월 최대 1만원까지) 안내
  5만원이상 구매시 2천원 **추가적립** / 혜택 카드 보기
- 관련 정보 진행중 이벤트 (4)개 신규회원 1,000원 할인쿠폰 증정
  eBook으로도 판매중 6,000원 eBook 바로구매
  7000 최대 7,000원 할인쿠폰 받기 (도서 5/7/10만원 주문시 즉시사용)+

크게보기 미리보기

- 출간일 2011년 02월 20일 • 280쪽 | 346g | 128*188mm
- ISBN-13 9788932911618 • ISBN-10 8932911614
- 판매중 | 판매지수 3498

도서 반석 영한대역 시리즈 **위대한 개츠비 SET (한글판+영문판)** 【전2권, 한글판+영문판】
스콧 피츠제럴드 저/이화승 역 | 반석출판사 | 원제 : The Great Gatsby

- 정가 9,500원
- 판매가 **4,750원**(50% 할인)
- YES포인트 50원 (1% 적립) + 마니아추가적립 안내
- 예스24 우리V카드 **3,325원**(30% 할인 / 월 최대 1만원까지) 안내
  5만원이상 구매시 2천원 **추가적립** / 혜택 카드 보기
- 관련 정보 진행중 이벤트 (4)개 신규회원 1,000원 할인쿠폰 증정
  7000 최대 7,000원 할인쿠폰 받기 (도서 5/7/10만원 주문시 즉시사용)+

크게보기 미리보기

- 출간일 2005년 02월 25일 • 414쪽 | 525g | 152*223mm
- ISBN-13 9788971723777 • ISBN-10 8971723777
- 판매중 | 판매지수 28500

이 정도 선에서 지적하면 많은 사람들이 일말의 양심이라도 되찾겠지, 하며 정신과 약으로 버텨왔습니다. 속에서 분노가 치밀 때도 얼굴에는 웃음을 지으며, 어떻게 해서든 주류에 밉보이지 않으려고 애썼습니다(물론 그런 노력이 워낙 미흡해서 사방에 적이 도사리고 있다는 경고문을 끊임없이 받고 있지만).
그러나 이젠 더 이상 참을 수 없는 상황에 다다랐다는 절망감이 엄습합니다.
앞 화면 우리나라 대표 인터넷 서점인 예스24에서 발췌한 위대한 소설, 《위대한 개츠비》의 출간 도서 판매 현황입니다.
보시는 바와 같이 우리나라를 대표한다는 출판사 여러 곳, 그리고 아는 분은 아시고 모르는 분은 모르실 출판사도 몇 곳 포함되어 있습니다.
물론 이게 모든 《위대한 개츠비》판이 아닙니다. 훨씬 많지만 제가 보기에 위 도서들과는 개념이 다르게 접근한 도서, 그리고 특별히 인용할 필요가 없다고 여긴 판본은 수록하지 않았을 뿐입니다.
제가 독자 여러분께 알려드리고자 하는 정보, 나아가 출판계에서는 '미친놈'으로 치부할 것이기에 거들떠보지도 않겠지만 그래도 출판인으로서 최소한의 자존심은 지키고 싶은 제가 "이건 너무하지 않습니까?" 하고 문제를 제기하기에는 이 정도로 충분하다고 여겼기 때문입니다.

위 내용에는 우리나라 출판계, 나아가 문화계, 그리고 문화적 기반이 내포하고 있는 모든 문제가 적나라하게 드러나 있습니다.
즉, 이보다 더 우리나라의 천박한 문화 현실을 보여주기에 적절한 예를 찾아보기 힘들다는 것입니다.
뭐가 그러냐고요?
그럼 하나하나 알아보기로 하죠.

첫 번째. 현재 우리나라 출판계가 당면한 가장 중요한 문제는 도서정가제의 확고한 수립입니다. 도서정가제가 붕괴한 이래 대한민국에서 서점을 찾아보기란 하늘의 별따기가 되었습니다. 이에 대해서는 〈산책〉 3호에서 상세히 언급한 바가 있어 생략하겠습니다. 여하튼 도서정가제가 지금처럼 붕괴된 상태가 유지된다면 5년 후쯤에는 입장료 내고 서점에 들어가야 할지도 모릅니다. 물론 책 없이 사는 데 익숙한 분들에게는 아무런 상관도 없는 일이겠지만.

그런데 위에서 보시듯 '위대한 개츠비' 한 분의 가격이 대부분 반값 또는 그 이하가 되고 말았습니다. 게다가 반값에도 만족하지 못해서 영문판 원본 서적을 끼워준답니다. 그것만 있느냐? 미니북(이건 또 뭔 책이야? 책 전체를 작게 만들어 준다는 말인지 글자가 작은 책이란 말인지, 그것도 아니면 미니스커트처럼 책을 그냥 확 줄인 것인지 스무 해 가까이 책 만들어 온 저도 잘 모르겠습니다)도 끼워줍니다. 아, 그것만 있느냐? E-Book도 끼워줍니다. 그것만 있느냐? 비누도 끼워주는 곳도 있네요. 사실 저는 이 출판사가 가장 마음에 듭니다. 이 나라에서는 책 많이 읽으면 병이 생깁니다. 우리 조상들께서 말씀하셨잖아요. "아는 게 병이요, 모르는 게 약이니라." 그래서 그런지 저는 늘 몸 여러 곳이 아픕니다. 근데 의사 선생님들 말씀이 손만 잘 씻어도 많은 병을 예방할 수 있다고 하시더라고요. 그러니 책을 읽고 나면 알게 된 것을 싸악 씻어내기 위해 반드시 필요한 게 비누입니다.

혹시 "왜 책을 사면 비누를 끼워주지?" 하고 의문을 품는 분이 계실까봐 설명 드렸습니다. 그 깊은 뜻을.

여하튼 위 자료를 통해 알 수 있는 사실은 우리나라의 내로라하는 출판사들이 문학서적(실용서적은 허울뿐인 도서정가제의 제재 대상이 아닙니다. 그래서 출간된 지 하루가 되었어도 무차별적 할인이 가능합니다. 반면에 문학도서는 출간된 지 1년 6개월 이내에는 10% 할인, 10% 마일리지만 가능합니다)을 실용도서로 둔갑시켜서 도서정가제를 완전히 무력화시키고 있다는 것입니다.

이러니 도서정가제를 외치는 출판계의 주장이 자신들의 이익을 극대화시키기 위한 이기주의의 발로라는 일부 독자들의 주장에 대해 어떤 반론도 펼칠 수 없게 되었습니다.

**"봐라. 우리나라를 대표하는 출판사들이 50%도 안 되는 가격에 책을, 그것도 두 권 이상씩이나 주지 않느냐? 그런데 도서정가제가 왜 필요하냐? 이것만 봐도 그동안 폭리를 취하고**

**있었다는 증거 아니냐?" 그렇습니다. 할 말 없습니다. 그러나 내용은 절대 사실이 아닙니다.**

지금 《위대한 개츠비》를 가지고 이전투구를 하고 있는 출판사들은 제 기준으로는 출판사가 아닙니다. 그들은 '인쇄종이판매소'입니다.

**도대체 왜 우리나라 독자들에게 영문판 책을 사은품으로 주는 건가요? 만일 그걸 읽을 수 있는 독자라면 왜 '반역'이라고 일컬어지는 번역된 한글판을 읽는 걸까요?**

한글판과 영문판을 동시에 주는 까닭을 저는 도저히 알 수가 없습니다. 원문의 미묘함을 즐길 수 있는 기회를 제공하는 걸까요? 그렇다면 앞으로도 모든 작품에 대해 원본을 동시에 제공하겠군요. 일관성 있는 출판 정신을 가진 출판사라면.

만일 그렇지 않다면 이건 온전한 정신을 가진 출판사라고 할 수가 없습니다.
그저 갑자기 나타난 같잖은 출판사가 〈이런 '짓거리'를 이용해 문학이 아니라 실용서적이라고 우긴 후 대폭 할인율을 적용시켜 시장 지배자가 된 것〉을 본 대형 출판사들이 《위대한 개츠비》라는 책을 통해 자신들이 참여하고 있는 〈세계문학전집〉 시장에서 주도권을 차지하기 위해 그 책을 미끼상품으로 제공하고 있다고밖에 설명할 길이 없습니다.
왜냐고요? 이런 상품과 이런 가격으로는 결코 수익을 낼 수 없거든요. 그러니 이들이 지금 하고 있는 짓은 절대 좋은 책을 독자들에게 제공하여 독자들의 문화적 수준을 제고, 확장시키려는 의도를 가진 출판인의 행위가 아닙니다.
그들은 이 책을 미끼로 독자들을 자기 출판사 책으로 유인한 다음, 출판 시장에서 가장 큰 비중을 차지하는 세계문학전집 시장에서 주도권을 차지하기 위해 이런 짓을 벌이는 것입니다.
이를 확인하기 위해서는 그리 큰 노력이 필요치 않습니다.
이 출판사들이 출간한 세계문학전집의 다른 작품 가격을 확인해 보시면 쉽게 알 수 있으니까요.
그게 아니라면 언제든 위대한 개츠비를 이용해 '위대한 진흙탕 싸움'을 벌이고 있는 출판사 대표들의 공개 논쟁에 응하겠습니다. 독자들을 배심원으로 모시고 끝장토론을 벌이기로 하지요.

지금 '위대한 진흙탕 싸움'을 벌이고 있는 출판사 여러분도 참 괴로우실 것입니다. 이러지도 못하고 저러지도 못하고. 지면 자존심 상하고, 이긴다고 수익이 생기기는커녕 적자만 쌓이고.
그러나 누굴 탓하겠습니까? 여러분이 자초한 싸움인데.

솔직히 저도 이런 큰 판에 들어가 보고 싶지만 판돈이 없어서 초대받지 못했습니다. 그러니 괴로워하지 마십시오. 대신 여봐란 듯이 으스대십시오.
"너희는 이런 판에 못 들어왔지? 으하하!"
그리고 마음껏 비웃으십시오. 규모 작고 배포 작으며, 돈 없는 작은 출판사들을 마음껏 농락하십시오. 동시에 도서정가제 또한 절대 실시되지 못하도록 애쓰십시오. 도서정가제 시행되면 돈과 판매력, 서점 영향력을 내세워 시장 질서를 여러분 출판사에 유리하게 언제든 주물럭거릴 수 있는 수단 하나를 잃게 되지 않겠습니까? 그러니 지금 국회에서 논의되고 있는 도서정가제가 통과되면 난감하시겠지요. 그런 어려움을 알아주는 제가 있으니 용기 내십시오.
물론 앞에서는 도서정가제를 앞장서 찬성하는 듯한 표정을 지으시면서 말이지요. 그래야 문화계 인사들이 여러분을 출판계의 정의로운 대표 주자로 인정하지요.

## 다음으로 지적할 수 있는 사실은 우리나라의 독서 현황입니다.

이 책《위대한 개츠비》가 세상에 선을 보인 것은 1925년입니다. 그리고 이 책의 번역본이 우리나라에 선을 보인 것은 잘 모르겠습니다. 그렇지만 상당히 오래 전이겠지요. 그럼 지금도 판매되고 있는 번역본 가운데 가장 오래된 것은 언제 출간되었을까요?
예스24를 살펴보니 1995년판이 가장 오래되었군요.
그러나 그 전에 이 책이 출간되지 않을 리 없다고 여긴 저는 다시 도서관을 뒤졌습니다.

그랬더니 역시나 1970년대부터 번역본이 출간되었더군요.
그런데 갑자기 2013년에 들어와 수많은 판본이 영어본까지 덤으로 주면서 팔리고 여러 종이 모스트셀러 목록에 오른 까닭이 무엇일까요? 죽었던 개츠비가 부활했나?
그렇습니다. 영화가 개봉되었습니다.
그래서 우리나라 시민들이 갑자기 이 오래된 소설의 독자가 된 것입니다.
이 대목에서 제게 쏟아질 비난이 얼마나 클지를 생각하니 두려움이 앞섭니다.
그렇지만 사실은 사실이지요.
**이렇게 책 읽으면 안 됩니다. 영화 한 편이 개봉되면 온 시민들이 우르르 달려가 원작을 사고, 다른 영화 한 편이 개봉되면 다시 그쪽으로 달려가 우르르 손을 내미는 방식은 가장 비문화적인 방식입니다.** 그러니 이런 방식이 계속된다면 우리나라의 문화 수준은 영원히 바닥을 벗어나지 못합니다. 이런 식으로 형성된 독서 문화는 문화가 아닙니다. 그건 흥행이나 따라하기에 불과합니다.
만일 우리나라에 참된 언론이 있다면 이런 현상 – 작년 레미제라블 때부터, 아니 그 전에도 무수히 많은 이런 현상이 있었습니다 – 에 대해 분명히 짚고 넘어가야 합니다. 이런 현상을 독서 부흥이라고 긍정적으로 평가해서는 결코 안 됩니다.
물론 이런 현상이 긍정적으로 평가될 수도 있습니다. 그건 이 작품이 어떤 이유에서건 모스트셀러가 되었고, 이로 인해 많은 독자들이 문학에 관심을 갖게 된 후 이것이 계기가 되어 문학, 나아가 독서에 관심을 갖게 되었을 때입니다.
그러나 제가 아는 한 그런 일은 거의 없었습니다. 오히려 순간적인 관심과 이내 잊히는 시류 때문에 출판계는 지속적으로 좋은 작품을 꾸준히 내는 것보다 다음 대~박을 가져다 줄 작품은 무엇일까? 하는 데 온 관심을 기울이게 되고, 그로 인해 다양한 출판이 이루어져 대한민국의 출판문화가 확장되는 것이 아니라 오히려 특정 작품들의 중복출판, 남판濫販으로 인해 다른 출판물이 소외되고 극도로 위축되는 현상이 벌어지고 있습니다.

이런 현상이 어찌 대한민국 문화 발전에 도움이 된단 말입니까?
출판에 애정을 가진 언론인 여러분! 아니 대한민국의 문화가 이렇게 무너져서는 안 된다고 여기는 언론인 여러분! 정말 이런 상황을 방치하면 안 됩니다. 나아가 화젯거리로 삼아 이런 책에 시민들의 관심이 집중되도록 유도해서는 더더욱 안 됩니다.
다른 나라 예를 들면 우리 자존심이 상하므로 들지 않겠습니다. 관심 있는 분들은 여러 나라 아마존을 참고하십시오. 우리나라처럼 개츠비가 온 시민들의 가슴속에 둥지를 튼 나라가 있는지 확인해 보십시오.
게다가 2013년에 들어와서 갑자기 이렇게 많은 판본이 출간된 나라가 있는지 다시 한 번 확인해 보십시오.

**1896년에 태어나 1940년, 고작 마흔 다섯 살의 나이에 세상을 떠남으로써 2013년도에는 이미 저작권이 소멸되도록 대한민국 출판계에 은혜를 베풀어주신 피츠제럴드가 오늘날 대한민국을 방문하면 "이 나라에 저작권을 수출하기 위해서라도 조금 더 오래 살걸." 하고 후회할지도 모릅니다.**

무라카미 하루키만큼 받을 수 있을지는 장담하지 못하겠지만 그에 버금가는 금액은 받을 수 있지 않을까요.

마지막으로 한 마디 덧붙이겠습니다.

이건 뭐 중요한 것은 아닌데, 책을 책으로 접근하지 않고 상품으로 접근하는 문화적 사고의 부재, 출판 철학의 부재입니다.

앞서 잠깐 언급했듯이 왜 세계적인 고전을 독자에게 공급하는데 다른 것들을 이리도 끼워파는지 참 답답합니다. 이런 짓을 지속적으로 하면 할수록 독자가 증가하는 것이 아니라 감소하는 것도 모르는 사람들이 출판을 한답시고 나서는 현실이 참 암담하고 절망스럽습니다.

**E-BOOK을 무료로 끼워준다고 광고하는 출판사 대표는 훗날 독자들이 전자책에 대해 아무런 대가도 지불하지 않고 어떻게 해서든 무료로 다운받으려 시도할 때 도대체 무어라 할까요? 자신이 먼저 전자책을 무료로 제공하는 짓을 서슴지 않았는데, 그때 가서 무형의 제품을 불법 다운로드 받는 것은 다른 사람의 지적 재산을 어쩌고저쩌고 할 수 있을까요?**

그 사장께서는 종이책을 무료로 공급한 적이 있을까요?

한 번 경험한 것은 다음에는 특별한 자극이 되지 않습니다. 그러니까 전자책을 한 번이라도 무료로 받고 나면 다음부터 전자책을 무료로 구하는 것은 특별한 자극 – 이를테면 불법이라느니 값비싼 것을 공짜로 구했다느니 하는 – 이 되지 않습니다.

우리는 이러한 사례를 음악과 동영상을 통해 오랜 기간 확인한 바가 있습니다.

그리고 그 여파가 어떤 결과를 초래했는지도 잘 알고 있습니다.
그런데 출판계를 대표한다는 출판사들이 이런 일을 앞장서 저지른다는 사실.
이게 대한민국 출판계의 현실입니다.
미니북이란 것이 뭔지는 아직도 모르지만 이런 것 끼워파는 것과는 전혀 다릅니다. 비누니 초콜릿을 끼워파는 것도 문제가 되지 않습니다. 그러나 전자책을 끼워주는 것은 천추의 한이 될 것입니다.
그러나 어쩌겠습니까? 우리나라 출판계의 수준이 그렇고 우리나라 문화의 수준이 그러한 것을.
그럼에도 오늘 이 순간 대한민국 출판계는 평화롭습니다. 모두 자신의 매출에는 관심을 가질지언정 이러한 문제에 대해서는 평화를 유지하고 있습니다. 좋은 일입니다. 모든 이들이 저처럼 과격한 언행을 일삼는다면 나라의 안녕이 위태로워질지도 모르니까요.

이제 제 길고 쓸데없는 글을 끝낼 때가 되었습니다.
과격하다고 모두가 여기지만 저 스스로는 가장 온건하다고 믿는 정신병자 김홍식은 2013년 7월 현재 대한민국 문화정보의 생산지인 출판계가 평화로워서는 안 된다고 믿습니다.
우선 출판계 자체의 행태가 평화를 유지할 자격이 없습니다.
출판계가 자양분으로 삼는 대한민국 문화계의 현실이 관련자인 출판계가 평화를 누리기에는 시급한 문제를 너무 많이 안고 있습니다. 한 나라의 역사를 자신들의 이익을 위해 사적으로 이용하려는 움직임으로부터 비롯된 역사 교과서 문제, 그리고 국가 대표 도서관의 운영을 궁극적으로 민영화하려는 꼼수(이에 대해서는 모르는 독자분들이 많으실 텐데, 세종시에 건립하는 국립 도서관을 편법으로

**이 글은 분명 몇 년 전에 쓴 것인데 어찌 오늘날의 일을 예견한 것 같을까? 역시 나에게 예지력이 있는 것일까?**

운영하려는 정부에 대항해 수많은 관계자들이 오래 전부터 항의의 행동을 지속하고 있습니다)에 대항하는 움직임, 나아가 일본의 한 작가에게 십수억 원의 선인세를 지급하는 현실 속에 숨은 출판계의 온갖 문제들도 해결해야 합니다. 앞서 언급한 중복출판 문제는 두말할 필요도 없고요.

그렇다면 사회는 평화를 유지하고 있을까요?
결코 그렇지 못합니다. 평화를 위협하는 남북문제로부터 국내에서 벌어지는 국가정보원을 둘러싼 천박하기 그지없는 논란은 단순히 문화계에 종사하는 사람뿐 아니라 모든 시민들에게 나라라는 존재가 과연 누구를 위해 존재하는지 되묻고 있습니다.
그리고 이제 나라는 시민을 위해 봉사하는 조직이 아니라, 조지 오웰이 일찍이 경고했듯이 '빅 브라더'가 되어 우리의 일거수일투족을 감시하고 기록하며 필요에 따라서는 언제든 우리 모두를 얽어맬 수 있는 거대조직임을 오늘날 확인시켜주고 있습니다. 그럼에도 역사와 문화를 기록하는 성스러운 작업인 출판에 종사한다는 출판인들이 눈앞의 평화를 누리고 있어도 괜찮은 걸까요.

2013년 7월 현재, 대한민국은 추상적 위기가 아니라 구체적 고통 속에 놓여 있습니다.
그럼에도 출판계가 자신의 평화가 깨질 것을 두려워하며 골방에서 매출액이나 계산하고 있다면 그건 이미 출판, 즉 한 나라의 역사와 문화, 나아가 시대를 기록하는 소명을 버린 것이라고 손가락질을 받아도 충분합니다.

## 역사를 되돌아보면,

**출판인들이야말로 나라가, 사회가, 이웃이 고통으로 신음할 때 가장 앞서 현장으로 달려갔던 영혼의 치유자였습니다. 출판과 관련이 있는 이들이라면 기억해야 할 역사입니다.**

〈산책〉 5호

**덧붙임**

이 글은 도서정가제가 발효되기 전에 쓴 글일 뿐 아니라 이러한 출판 행태 또한 지금은 겉으로는 불가능하다. 그러나 법을 앞서는 것이 사람의 얄팍한 머리다. 우리나라의 도서정가제는 언제든 무력화될 수 있다. 왜냐고? 우리 겨레의 머리는 유대인과 더불어 세계적이니까. 그래서 위 기사는 충분히 현재진행형이다. 본질적으로 말이다.

10

죽은 척 08

## 도서관은
## 왜 존재하는가?

**1. 자료를 수집 · 정리 · 분석 · 보존 · 축적하여 일반인 또는 특정인의 이용에 제공함으로써 정보이용 · 조사 · 연구 · 학습 · 교양 등 문화발전 및 평생교육에 이바지하는 시설.(브리태니커)**

**2. 온갖 종류의 도서, 문서, 기록, 출판물 따위의 자료를 모아 두고 일반이 볼 수 있도록 한 시설.(국립국어원 표준국어대사전)**

그렇다. 도서관은 일반인들을 위해 다양한 자료를 수집, 보관, 이용, 창조하는 곳이다. 그러니까 문화보다는 건설과 축제에 관심이 집중된 몇몇 기관장이나, 도서실보다는 급식실에 더 관심을 갖는 학교 행정가들이 생각하듯이, 도서관이란 곳이 단순히 책을 보관하고 있다가 빌려가고자 하는 사람들에게 빌려주고 반납 받는 곳이 아니라는 말이다.

그런 일은 길거리에 있는 도서대여점, 만화방 또는 DVD 대여점의 역할이고, 도서관이란 인류 문명의 계승, 발전, 창조가 이루어지는 놀라운 장소라는 점을 기억해야 할 것이다.

따라서 도서관의 출발점은 자료의 수집, 보관이라 할 수 있다. 그리고 그 자료란 문명의 계승을 가능케 할 만한 내용을 갖춘 것이어야 한다. 종이에 새겨진 것이면 다 책이라 여기고 잡동사니를 수집, 보관한다면 그곳은 도서관이 아니라 폐지를 수집하는 고물상과 다름이 아닐 테니 말이다.
이런 까닭에 도서관을 담당하는 전문 인력, 즉 사서司書를 고등교육기관에서 양성하고 그들로 하여금 도서관을 관리, 운영케 하는 것이다.
그런데도 우리나라에서는 사서를 도서 대여점 주인 정도로 여기는 정치인, 관료, 교육행정가가 많다, 많아도 너~무 많다. 이는 단순히 사서라는 전문직의 취업 문제에 그치지 않는다. 왜냐고? 그런 사람들 머릿속에서 책이라는 존재가 어떻게 인식되고 있을지는 불을 보듯 뻔하기 때문이다. 그리고 그런 인간들이 도서관에 대한 전권을 휘두르는 사이 우리나라 도서관 환경은 갈수록 열악해지고 있다.

그래서 이번 호에는 도서관에서 보관해서는 안 되는 책 10종을 선정하고자 한다. 이렇게까지 하는 까닭은 위에 언급한 바대로 도서관이 인류 문명뿐 아니라 우리 사회의 건강한 발전에 필수적임에도 아무 책이나 꽂아 놓고 장서수, 대출권수, 이용자수 등으로 도서관을 평가함으로써 도서관의 의미를 폄하하고 도서관에서 일하는 사서들의 역할을 축소, 왜곡시키는 제도가 더 이상 방관할 수 없는 상태에 이르렀기 때문이다.
보관해서는 안 되는 책을 살펴보는 과정에서 도서관의 역할, 그리고 우리나라 도서관이 나아갈 방향이 저절로 나타날 것이다. 도서관이 바로서는 나라, 그것이 바로 지성이 바로서는 나라임은 두말할 나위가 없기 때문이다.

도서관에 있어서는 안 되는 도서 가운데 첫째가 기증도서다.

흐음, 특별한 제목의 도서를 기대하셨다고요? 그럼 생각 잘 못하신 것입니다. 그렇게 특정 도서를 선정하다가는 책 한 권에 담아도 부족할 만큼 형편없는 책이 많습니다. 그래서 이렇게 대분류를 할 수밖에 없음을 이해해 주시길.

기증도서에는 두 가지가 있다.

**하나는 학술원, 문화관광부, 과학창의재단 등 다양한 양서 선정 작업을 추진하는 기관들이 선정한 도서를 각급 도서관에 기증하는 경우다. 이런 경우의 기증도서는 말만 기증도서지, 사실은 선정도서다. 따라서 이런 도서는 제외!**

두 번째 기증도서는 말 그대로 기증도서다. 이런 기증도서는 두 가지 경로로 기증되는데, 한 가지는 저자 또는 발행 단체 등이 기증하는 경우다. 이런 경우, 기증도서는 분명 자신들의 존재 또는 이념, 주장 따위를 홍보하기 위한 목적을 띨 수밖에 없다. 그렇지 않다면 왜 돈 들여서 책을 기증하겠는가? 나는 운영이 부실한 도서관일수록 이런 기증도서가 차지하는 비중이 크다는 사실을 확인할 수 있었다. 되지도 않은 사람의 자서전, 말도 안 되는 주장을 실은 단체 명의의 책 등은 말 그대로 없는 편이 나은 책들이다.

그러나 이런 책도 엄연히 장서 숫자에 포함되어 도서관 평가에 이용되는 것이 우리 현실이니 어찌 보면 '누이 좋고 매부 좋은' 일일지도 모른다. 그러나 도서관은 말도 안 되는 인간, 단체, 이념의 홍보업소가 아니다.

또 다른 기증도서가 있는데, 이야말로 하루 빨리 사라져야 할 폐습이다.

바로 도서관에서 출판사로 도서 기증을 요청하는 경우다. 오늘도 우리 출판사로 도서 기증을 해 달라는 공문이 도착한다. 그 공문을 띄우는 곳은 지방자치단체로부터 시작해 학교, 각종 단체 등 다양하다.

가장 어이가 없는 경우는, 도서관을 잘 지었는데 책이 없으니 도서를 기증해 달라는 공문을 접할 때다. 도대체 도서관을 왜 짓는가? 책을 담기 위해 짓는 것 아닌가? 그런데 본말이 전도되어도 유분수지, 그릇은 있는데 밥이 없으니 밥은 무료로 달라?

그런 요청을 하는 기관이나 단체들에 되묻는다. 그럼 처음부터 도서관을 짓고자 하는데 시멘트가 없으니 시멘트 회사에 시멘트 기증을 요청한 적이 있는가? 철근은? 삼성전자에 컴퓨터 기증을 요청한 적 있는가? 도서관용 차량 기증은? 차량용 기름은? 도대체 이런 것은 다 자기 돈으로 사면서 왜 가장 중요한 책은 기증해달라고 하는가?

이런 말도 안 되는 폐습이 언제부터 시작되었는지 나는 알지 못한다.

그렇지만 조금만 생각해 보라. 대한민국 산업계에서 가장 열악한(이건 근로자 평균임금수준에서 확인할 수 있는데, 출판계 평균임금이 가장 낮다) 출판계에 기증을 요청하다니! 그것도 출판사들의 주력 제품인 책을! 그럼 출판사는 뭘 먹고 살아야 하는가?

책도 상품이니 안 팔리는 책 만드는 출판사는 망하는 것이 당연하다며 산업논리를 내세우더니 갑자기 책을 기증해 달라니! 라면회사에 전화해 봐라. 대통령 명의로 공문을 띄워도 라면 한 박스 기증받기 어렵다. 아니, 그런 공문 띄운 게 드러나면 당장 언론에서 십자포화를 받을 것이다. 대통령이 권한을 남발했다고.

그러니 앞으로 출판사에 도서 기증 요청 제발 하지 마시라.

설혹 그런 식으로 기증을 받았다고 치자. 그렇다면 출판사에서 독자들이 많이 찾고 좋은 책을 기증하겠는가, 아니면 안 팔리고 버림받은 책을 기증하겠는가? 세 살 먹은 아이들도 알 만한 일 아닌가? 그럼에도 도서 기증을 요구하는 곳은 이렇게 주먹구구식, 막무가내식으로 모은 책을 꽂아 놓기만 하면 도서관의 장서 수가 늘어나 도서관 평가에서 좋은 점수를 얻을 거라는 생각을 하는 듯한데, 정말 그러면 안 된다.

도서관은 그런 곳이 아니다. 도서관은 미래를 책임질 지성인을 키우는 곳이다. 그런 곳에 무슨 책인지도 모르고 무슨 내용이 담겨 있는지도 모르는 책을 오직 공짜로 얻었다는 이유만으로 비치해 놓고 그곳에서 창의적 인재가 양성되기를 바란단 말인가?

## 대학교재

**사실 대학교재로 분류할 수 있는 책은 너무 많다. 그런 까닭에 한마디로 대학교재를 도서관 장서로 선정해서는 안 된다고 단언할 수는 없다. 그렇다면 이런 사실을 알고 있음에도 나는 왜 대학교재를 두 번째로 선정할 수밖에 없었는가.**

최근 대학교에서는 교재를 둘러싼 갈등이 최고조에 달하고 있다. 학생들은 등록금 부담하기에도 힘들다고 아우성치며 교재는 복사를 하거나 친구들끼리 돌려보기도 하고, 나아가 도서관에 수서 요청을 해서 그 책으로 한 학기를 보내기도 한다.

출판사는 출판사대로 교재를 만들어도 팔리지를 않으니 더 이상 책을 출간할 수 없다고 아우성이다. 그러면서 한편으로는 교재 복사의 불법성을 홍보하기도 하고, 교재가 안 팔리다 보니 정가를 높여 적은 부수만으로도 수익을 낼 수 있도록 장치를 마련하기도 한다.

교수들은 교수들대로 책을 써도 팔리지를 않으니 열심히 연구해 교재를 내고 싶은 마음도 사라진다.

그뿐이랴? 극히 일부 교수들에 한정된 일이기는 하지만 여러 대학의 여러

교수들이 모여 한 권의 교재를 만든 후 이 책을 여러 대학에서 공동으로 교재로 사용하기도 한다. 솔직히 말하자면 이런 교재야말로 교재답지 않은 책이다. 나는 대학 교재랍시고 만든 책 가운데 공동저자가 수십 명에 달하는 책을 본 적도 있다. 도대체 무슨 대단한 책이라고 수십 명이 모여 공동으로 집필한단 말인가? 이런 '눈 가리고 아웅 하는 짓'을 명색이 대학교수라는 사람들이 저지르니 "대학교재야말로 1회용이다, 그러니 비싼 돈 주고 살 필요 없다, 한 학기 무사히 마치면 그뿐이다" 하는 생각이 학생들 사이에 팽배하는 것이다.

**그렇지만 대학교재 가운데는 도서관 이용자들에게 심화된 지식과 전문, 특화된 지식을 전달하는 평생교육수단으로서 중요한 역할을 하는 책들이 무수히 포함되어 있는 게 현실이다. 그렇다면 어떤 대학교재는 반드시 수서해야 하고 어떤 대학교재는 절대 수서해서는 안 되는 것일까?**

간단하다.

사서가 판단할 일이다. 그래서 사서라는 직업이 그 어떤 교육자보다, 그 어떤 직업보다 성스럽고 전문적인 능력을 필요로 하는 것이다.

이 책이 일반인들에게 전문지식을 전달할 만한 가치가 있는 책인지, 아니면 이용자 가운데 한 사람이 교재 구하기 싫어서 수서收書를 요청한 책인지 판단하는 것은 사서 외에 누구도 할 수 없는 일이다.

사서들은 엄격하게 전문서적, 즉 대학에서 교재로 사용될 만한 책 가운데 일반인들의 평생학습, 연구에 도움이 되고 보관할 만한 가치가 있는 것은 수서하는 대신, 1회용 교재로 사용하기 위해 수서를 요청하는 책 또는 이름만 번드르르하지 내용은 온통 이책 저책에서 인용한 것으로 가득한, 말 그대로 판매용(실적용) 학술서는 절대 수서하지 않도록 해야 한다. 그래야 우리나라 대학교재의 질이 높아질 테니 말이다.

그래야 우리나라 대학에서 교수들도 "교재들 구입하거라. 이건 내가 돈을 벌기 위해서가 아니다. 대학 4년 동안 너희가 수강한 과목의 교재가 가지런히 꽂혀 있는 책꽂이를 보거라. 그게 바로 너희가 대학 4년 동안 걸어온 학문의 길이다. 그 가운데는 현실에서 사용할 수 있는 실질적인 것도 있을 것이고, 한 번 배우고 말 것도 있을 것이다. 그러나 그런 모든 지적 여행이 모여 너희들의 지성, 미래, 인품을 형성하는 것이다. 대학을 졸업했다는 사람의 책꽂이에 교재 한 권 꽂혀 있지 않다면 훗날 너희는 너희 대학 생활을 어떻게 반추해 볼 수 있겠느냐?" 하고 당당히 말할 수 있지 않을까.

그래야 대학생들 또한 "1년에 수백만 원씩 내며 공부하는 내가 고작 십여만 원을 아끼기 위해 교재를 복사하고 다른 친구들과 함께 본다면 내가 배우는 학문에 대한 자부심이 너무 부족한 것 아닐까? 공부란 것이 궁극적으로는 책을 통해 간접경험을 하는 것인데, 대학에 들어와 '큰 학문'을 하겠다고 마음먹은 이상 교재는 물론이고 그와 관련된 수많은 책을 읽는 데서 내 미래가 결정될 것이다." 하고 결심하지 않겠는가.

## 상업용 만화

만화 또한 한 단어로 규정지을 수 없을 만큼 다양한 것이 현실이다. 그래서 뭉뚱그려 "만화는 안 돼!"라고 말할 수는 없다.

나 또한 어린 시절, 만화방에서 시간 가는 줄 모르고 만화 읽다가 아버지께 혼난 기억이 난다. 그러니 만화 또한 어린이들의 독서에 도움이 되는 좋은 매체다. 게다가 요즘에는 세상을 떠들썩하게 만드는 만화들까지 등장해 세상을 바꾸어가는 데 일조하고 있다.

그런데도 오늘날 많은 부모님들께서 아이들이 만화에 매몰되어 있는 데 대해 고민이 많으시다. 아마도 우리에게 우려를 전하는 만화 또한 많기 때문일 것이다.

나는 그런 만화의 대표적인 사례로 한쪽에 "허걱!" "얍!" 따위 기합소리를 제외하면 아무것도 없는 것들을 꼽는다. 그뿐이 아니다. 도서정가제가 발효되기 전에 홈쇼핑을 장악한 채 전국적으로 천만 권이 넘게 팔던 학습만화라는 것들에 대해서도 가차 없는 비판을 할 수밖에 없다. **만일 그것들이 진정 학습적 가치를 지니고 있다면 오늘날 대한민국 어린이들은 세계 최고의 지식인으로 성장했을 것이다. 그러나 결과는?**

만일 그렇지 않다면 아이들에게 상상력과 창의력을 전해주기 위해 책을 꾸민 게 아니라 학습에 열광하는 대한민국 부모들의 입맛을 이용해 돈을 벌기 위해 학습을 이용했을 뿐 아니겠는가.

그럼에도 많은 도서관에서 이런 만화를 수서할 수밖에 없다. 왜? 이용자들이 찾으니까. 만일 심지 곧은 사서가 나서서 "그런 책은 독서에 오히려 방해를 주기 때문에 우리 도서관에는 비치하지 않습니다." 했다가는 그 도서관 누리집이 마비될 것이다. 학부모로부터 아이들까지 온갖 비난과 항의로 도배를 할 테니까.

그러기 때문에 사서와 도서관을 운영하는 기관의 의지가 중요하다는 것이다.

"왜 여러분께서 구입해 아이들에게 읽히고 싶지 않은 책을 도서관에 비치하도록 요구하십니까?"

"우리 도서관은 단순히 책을 빌려주는 곳이 아닙니다. 책을 통해 새로운 세상을 이해하고 간접경험을 통해 젊은이들이 미래에 대한 꿈을 키우고 그 꿈을 어떻게 이루어나갈 수 있을지 상상하는 곳입니다. 그런 까닭에 독서의 본질을 벗어나 상업적인 목적만으로 만들어진 만화는 구비하지 않기로 했습니다. 이해해 주십시오."

이렇게 말할 수 있어야 한다. 누가? 도서관이. 사서가. 그리고 그렇게 말할 수 있도록 운영 기관에서는 사서와 도서관 운영자에게 권한을 부여해야 한다. 그래야 도서관이 제 기능을 할 수 있다.

그래야 도서관에서 우리 아이들이 온종일 놀아도 믿고 맡길 수 있다.

여러분 아이들이 도서관에서 온종일 내용도 없는 만화만 들추다가 왔다고 생각해 보시라. 그 아이가 집에 와서 생각나는 게 무엇이겠는가? 텔레비전 만화겠는가, 새로운 생각이겠는가.

**추신**

제천기적의 도서관(인지 어린이도서관인지 기억이 가물가물하다. 한 번 강연을 갔다 왔기 때문에)에서는 엄격히 만화 수서를 통제한다. 그럼에도 아이들은 신나게 책을 읽고 있었다. 그곳을 보면서 우리 아이들에게 충분히 건강한 도서관을 제공할 수 있다는 확신을 가졌다.

**덧붙임**

이 글에 대해 만화를 전공하는 여러 친구들이 나를 가리켜 '무식하고 대중문화에 대한 무지한 편견으로 가득 찬 꼰대'로 재단하면서 온갖 비아냥을 늘어놓은 적이 있다. 그래도 좋다. 다만 한 가지, 좋은 만화를 만들어 달라. 사실 좋은 만화를 만든다는 것은 쉬운 일이 아니다. 그냥 기술을 배운다고 좋은 만화를 그릴 수 있는 게 아니다. 세계적인 만화들 보면 그림뿐 아니라 글의 수준 또한 "이게 예술이지 책이야?" 하는 감탄을 하게 만드는 경우가 흔하디흔하다.

나는 이 글을 쓰기 전에도 모 매체에 좋은 만화를 연재한 적이 있다. 게다가 우리 아이에게도 만화가가 되라고 조르고 있는 중이다. 나도 다시 태어나면 만화가가 되고 싶었다. 그만큼 만화의 영향력을 인정하는 것이다. 그리고 좋은 만화를 출간하고 싶은 욕심 또한 크다. 도서출판 서해문집에서 〈카툰클래식〉이라는 어쭙잖은 만화 시리즈를 출간하는 것도 그 때문이다. 그뿐이 아니다. 세계를 상대로 대한민국 만화를 소개하고 싶은 욕심에 새로운 시리즈도 진행중이다.

그러나 글을 쓴다고 다 책이 아니듯이 그림이 들어갔다고 해서 다 만화가 되는 것은 아니다. 내가 지적하는 것은 바로 그런 내용이다. 제발 달을 가리키는데 손가락을 바라보는 우를 범하지 마시기 바란다.

## '중학생이 읽어야 할(을 위한), 고교생이 읽어야 할(을 위한)' 등의 제목이 붙은 책

**도대체 중학생이 읽어야 할 책이 따로 있다는 말을 나는 난생 처음 듣는다. 고교생이 읽어야 할 책도 마찬가지다. 중학생 가운데는 대학에 입학할 수준의 친구들이 있는가 하면 한글도 채 떼지 못한 친구들도 있다. 그런데 '중학생이 읽어야 할 책'이라니!**

이런 책이 과거에는 몇 종 되지 않았다. 그런데 최근 들어서는 점점 늘어나고 있는 듯하다.

이런 책을 비치해서는 안 되는 이유는 두 가지로 나눌 수 있다.

첫째, 이런 제목이 붙으면 당연히 독자들은 이 책을 의무적으로 읽어야 하는 책으로 머릿속에서 분류한다. 같은 소나기라도 "황순원 대표작집"에 들어 있으면 교양서로서 읽고 싶으면 읽는 책이 되지만 "중학생이 읽어야 할 소설

10선" 속에 들어 있으면 그건 의무적으로 읽어야 할 책이지 재미로 읽는 책이 아니다. 그래서 청소년 독자들을 독서로 이끄는 것이 아니라 결국 책으로부터 멀어지게 만든다. 학교에 다닐 때는 어쩔 수 없이 읽겠지만 학교를 졸업하는 순간, 책은 역시 학습과 연계된 것이라는 생각이 무의식 속에 자리하고 있기 때문에 당연히 멀리하게 되는 것이다.

두 번째 이유는 출판계 전체의 수준과 관련된다. 이런 방식의 참고서도 아니요, 교재도 아니며 교양서도 아닌 책을 적당히 얼버무려 기획한 책이 성공하면 다른 출판사들도 이런 책을 내고 싶은 욕구가 생길 수밖에 없다. 그래서 참신한 기획, 독자적인 기획은 사라지고 독자들을 현혹시키는 기획을 할 수밖에 없게 되는 것이다.

나도 이런 기획을 한다. 그런데 이런 책이 시장에서 버림받으면 정말 좋은 책을 내야 한다는 생각이 점차 강렬해진다. 반면에 이런 책이 인정받으면 계속 이런 책을 내고 싶어지는 것은 인지상정이다. 그래서 우리 출판계의 기획력이 약해지는 결과를 초래한다.

선진국에 《novel for middle school student》 같은 책이 있는 것 보셨는가?

## 나쁜 출판사 책

이 말을 하고 나니 속이 다 시원하다. 후환이 두렵기는 하지만 말이다.

사실 우리나라 출판사는 다 나쁘다. 왜냐하면 우리나라에서는 출판을 상업적인 활동으로 인정하기 때문에 모두 먹고살기 위해 온갖 책을 내야 한다. 그러니 성스러운 출판을 먹고살기 위해 한다는 것 자체가 나쁜 출판사라는 증거다.

서해문집, 파란자전거, 모두 마찬가지다.

그렇지만 더 나쁘고 덜 나쁘고에 차이가 있다.

**오늘도 어떤 신문에 기사가 났다. 00000이라는 출판사가 베스트셀러, 아니 모스트셀러 만들기를 위해 자사 책을 사재기했고, 그로 인해 과태료를 냈다나 어쨌다나. 이런 출판사는 나쁜 출판사다.**

아무리 자기들이 내는 책이 훌륭한 책이라고 해도 그렇지 자기 돈으로 자기 책을 사다니! 이야말로 오만의 극치요, 탐욕의 결과다. 자기 책을 모스트셀러로 만들고야 말겠다는 치졸한 짓거리다. 이런 출판사 책은 절대, 결코, 분명히, 하늘이 두 쪽 나도 사면 안 된다. 그 출판사에서 좋은 책이 나오면 어떡하냐고? 그래도 사면 안 된다. 그렇게 책을 다루는 분들이 응징을 해야 한다. 그래야 다시는 그런 짓 하지 않는다. 다른 출판사도 이를 타산지석 삼아 공정하게 독자의 평가를 받고자 할 것이다.

나쁜 출판사라고 해서 좋은 책 내지 않는 게 아니다. 그러나 과정이 좋지 않으면 좋은 결과를 가져온다고 해도 결국에는 출판문화를 더럽힐 수밖에 없다.

예를 들면, 다른 출판사에서 열심히 기획하고 접촉해서 좋은 저자 한 분을 발굴했다고 하자. 그 출판사에서 책이 나오자 언론에서도 관심을 갖고 독자들에게도 좋은 반응을 받았다. 그러면 그 저자는 후속작을 어디서 내는 게 옳은가? 당연히 자신을 접촉하고 기획안을 제공하였으며, 자신의 책을 시장에 소개하기 위해 최선을 다한 기존 출판사에서 내야 하지 않을까?

그런데 그 순간 이 흑기사 출판사가 등장한다. 엄청난 액수의 선인세를 눈앞에서 흔들면서 말한다.

"우리 출판사로 오시지요. 선인세가 그 출판사에 비해 열 배입니다. 게다가 광고도 엄청 해드리고 강력한 마케팅으로 금세 유명인사가 될 수 있습니다."

이렇게 해서 중소 규모 출판사에서 오랜 시간 고민한 끝에 좋은 저자 한 분

발굴해 놓으면 금세 다른 출판사로 옮겨가신다.
독자 여러분은 그런 사실을 좋다고 여기실지 모른다.
"맞아요. 작은 출판사에서 책이 나오면 나왔는지 알 수도 없잖아요. 광고도 못해, 홍보도 약해. 그러니 큰 출판사에서 내는 게 더 좋지요. 그래야 우리도 쉽게 볼 수 있잖아요."
그렇다면 되묻는다.
**"그럼 처음에 그 작은 출판사에서 그 저자 발굴하지 않았으면 여러분은 그런 분이 있다는 사실, 그분의 책을 볼 수 있었을까요?"**
절대 아니다. 나쁜 큰 출판사는 그런 식으로 저자 발굴하지 않는다. 그렇게 고민하고 기획하고 기획안에 걸맞은 저자 새로이 발굴하고 그분 원고를 검토하면서 책에 맞게 체제 짜고, 기획안에 맞게 원고 수정해 가면서 작업하지 않는다. 그렇게 하려면 시간이 너무 걸리고 경제적이지도 않다.
그래서 작은 출판사에서 힘겹게 발굴한 저자를 설득하면 된다. 위에서 말한 바와 같이. 그러면 작은 출판사에서 2년 걸릴 것, 1주일이면 된다.
그리고 작은 출판사들이 점차 사라지는 오늘날, 큰 출판사들은 새로운 저자를 발굴하기보다는 기존 유명세를 타는 저자들을 뺏고 빼앗기는 일을 되풀이한다.
이게 오늘날 대한민국 출판계의 현실이다.
물론 그렇게 이리저리 옮겨 다니는 저자에게 문제가 있다고도 볼 수 있다.
그러나 개인의 약점을 공격하는 조직이 더 문제 아닐까.
이 외에도 나쁜 출판사의 사례는 많다. 그러나 일일이 말하다 보면 결국 나를 포함한 출판계 전체를 폄하하는 게 될 테니까 그친다. 다만 출판문화계를 구성하고 있는 모든 구성원들이 합심해서 건강한 출판문화풍토를 가꾸어 나갔으면 하는 바람에서 언급했음을 이해해 주시기 바란다.

**모스트셀러(베스트셀러를 나는 이렇게 부르기로 했다고 3호에서 선언했다)를 모방한 제목의 책들**

정말 이건 아니다.

**수많은 예를 들 수 있지만 한 가지 예만 들겠다.**

**몇 년 전 《시크릿》이라는 00하기 그지없는 책**(저자가 명예훼손으로 걸까 두려워 스스로 검열했습니다)**이 모스트셀러가 된 적이 있다. 그랬더니 어떤 일이 벌어졌는지 아시는가?**

자기계발 분야는 당연지사고 경제경영 분야, 어린이 분야, 문학 분야, 하물며 종교 분야에서까지 시크릿이라는 제목을 넣은 책이 봇물처럼 쏟아져 나왔다. 그 가운데 몇 권만 살펴볼까!

《부의 비밀: The Secret 실행편- 원제는 The Science of Getting Rich》-이건 뭔지 도무지 이해가 가지 않는다. 난 《시크릿》이라는 책을 읽어보지 않아서 (이러면 또 많은 사람들이 공격한다. "넌 읽어보지도 않고 왜 책을 싸잡아 비난하는 거야?" 그럼 내가 반문한다. "세상 모든 책을 다 읽어보아야만 좋은 책인지 그렇지 않은지 판단할 수 있나요? 그럼 우리는 결국 읽어야 할 책을 고를 수 없겠군요. 고르기 전에는 읽어보지 못하니까. 참고로 공자님 왈, '해보고 아는 자야말로 하지하下之下니라.' 하셨습니다. 인간을 아홉 종류로 나눈 후 그 가운데 가장 낮다는 말씀이지요. 물론 책은 읽어보아야만 그 책의 진가를 알 수 있습니다. 그러나 그렇지 않은 책이 더 많습니다. 제목과 소개글만 보아도 대부분의 책에 대해서는 알 수 있지요. 궁금하시면 500원!") 뭘 실행해야 하는지 모르겠지만 여하튼 이런 책이 나왔다. 그런데 이 책의 원제는 《The Science of Getting Rich, 부자가 되는 과학?》이다. 그러니 우리 제목과는 달라도 너~무 다르다.

그런데 시크릿은 워낙 전문적인 분야라 웬만한 사람은 실천할 수 없나보다. 하기야 백만장자가 되는 길이 어디 그리 쉬우랴. 그래서 그런지 시크릿 실천에 관한 책은 더 있다.

《시크릿 실천법》, 존 디마티니 저/한수영 역. 이 책의 원제는 《The Riches Within》이란다.
《시크릿 실천법 부의 비밀 : '시크릿'으로 부를 끌어당기는 가장 확실한 방법》, 퍼거스 오코넬 저/임지은 역. 이 책의 원제는 《Earn more, Stress less》인듯. 정확한 제목을 인터넷에서는 검색할 수 없어서. 여하튼 '더 벌고 스트레스는 덜 받아라'라는 제목이 어떻게 시크릿 실천법이 되었는지 잘 모르겠다.
《3분 시크릿 : 실천편》, 편기욱, 김민광 외 공저
《백만장자 시크릿 : 부를 끌어당기는 17가지 원칙을 알려주는 부자 매뉴얼(책속부록 : 부자매뉴얼)》, 하브 에커 저/나선숙 역/편기욱 감수.

그러더니 이젠 이런 책도 나온다.

**《어린이를 위한 시크릿 : 꿈을 이루는 일곱가지 비밀》**

---

윤태익, 김현태 글/한재홍 일러스트/강성남 만화

이 탁월한(?) 교육서는 시크릿을 처음 낸 출판사에서 낸 것이니 분명 공신력이 있을 것이다. 그런데 왜 원서는 외국인이 썼는데 어린이용은 우리나라 사람이 썼지?
하기야 우리나라 사람이라고 비밀을 알 수 없으리라는 법은 없다. 그래서 이런 책도 나왔다.

**《시크릿 한 문장: 소리내어 말하면 이루어지는》**

네이버 대표 카페 비욘드 더 시크릿 저

이건 우리나라 누리꾼의 작품? 잘 모르겠다.
그리고 이 책이 대미를 장식하는 듯하다.

**《시크릿 두 번째 이야기》**

폴 해링턴 저/장정운 역

이것도 시크릿을 처음 출간한 출판사에서 출간했는데, 원제는 《The Secret to Teen Power》. 내 이럴 줄 알았다. 대학 때부터 영어 공부 게을리 한 결과 'teen power'가 '두 번째 이야기'라는 사실도 이해 못했다! 우리 아이들에게 창피하다.

사실 이건 새발의 피, 즉 조족지혈鳥足之血이다. 이런 책이 많아도 너~무 많다. 이런 책을 사보는 분들이야 어쩔 수 없다 치더라도 명색이 도서관에서 이런 책, 구입하면 안 된다.
내게 욕해라! 욕 기꺼이 먹겠다. 그러나 시민이 낸 세금으로 이런 책 구입해서 도서관에 비치하는 것은 도서관이 해야 할 소중한 의무, 즉 인류 문명의 보존-계승-창조라는 역할에서 벗어나도 한참 벗어난 것이고, 이런 책이 서가를 차지하는 바람에 힘들여 낸 책들이 꽂힐 공간을 잃는 것이다.

## 개정판

도서관에서 개정판을 재구입해서 비치하는 것은 당연히 해야 할 일이다.
시간이 흐름에 따라 양서가 간직한 정보가 변하고, 그에 따라 새로운 판이 출간되는 것 또한 정보화시대에 당연한 일이니까.

그러나, 모든 개정판이 필요한 것은 아니다.

최근 들어 도서정가제가 괴멸되다시피 하면서 책값이 하늘 높은 줄 모르고 오르는 일이 많다. 이는 책값을 책정하는 순간 이미 할인판매를 염두에 두기 때문이다. 그러니까 도서정가제 파괴가 결코 출판사의 폭리를 위한 것이 아니라는 말인데, 이에 대해서는 이전에 자세히 살펴보았으니 재론하지 않겠다.

여하튼 이러한 도서정가제 붕괴의 부작용, 그리고 제작비 상승, 도서 판매의 부진 등으로 인해 최근 들어 책값이 상당히 오르고 있다. 특히 과거에 출간된 도서 가운데 꾸준히 팔리는 책의 경우에도 정가 인상을 목적으로 개정판을 출간하면서 정가를 올리는 사례도 없지 않다. 또한 교재의 경우에는 정가 인상을 목적으로 매년 썩 필요치 않은 듯한 내용의 변경이나 첨삭 등을 통해 개정판을 출간하는 경우도 심심치 않다.

내가 위에서 언급한 개정판이란 바로 이런 경우를 두고 하는 말이다.

일례를 들겠다.

**내가 번역해 출간한 책 가운데 《징비록》이 있다. 이 책이 처음 출간된 것이 2002년경이니까 출간된 지 10년이 훌쩍 넘었다. 그런데 책값은? 8,700원! 최근 서점에 나가 보신 분이라면 아실 것이다. 250쪽에 2도 인쇄, 게다가 수많은 일러스트와 사진으로 다른 고전과는 전혀 다르게 편집한 수고까지 더한 책이 8,700원이라니! 게다가 이 책을 인터넷 서점에서 구입하면 상당히 할인된 가격에 구입할 수 있으니 5천 원대에도 가능하다.**

그렇다면 나는 이 책의 개정판을 낼 수 없을까? 당연히 있다. 사진 조금 더 넣거나 하고 표지나 내지 편집 디자인 약간 바꾼 후 오늘날의 정상적인 도서

가격인 12,000원 정도로 판매한다고 해서 누가 뭐라고 하겠는가? 그래도 요즘 책과 비교한다면 결코 비싸지 않은 가격인데.

그렇지만 나는 그렇게 하지 않는다. 왜? 10년 동안 책을 팔았기 때문에 제작에 들어가는 원가는 회수되었다고 판단하기 때문이다. 그래서 10년 전 가격 그대로 판매하고자 개정하지 않는다. 사실 나도 이 책 개정판을 내고 싶다. 그렇지만 가격이 올라갈까 두려워 미루고 있다.

물론 내 경우를 일반화할 수는 없겠지만 같은 출판인 입장에서 쓸모없는 개정판을 내는 경우를 자주 본다. 특히 교재나 학습서 따위에서는 그런 일이 너무 흔하다.

이런 경우 개정판을 수서하는 것보다는 새로이 출간되는 책을 수서하는 것이 이용자나 도서관의 자료 확충면에서 훨씬 필요하지 않겠는가? 정해진 자원을 최적으로 배분하는 것이 경제 원칙이니까 말이다.

## 사용설명서

이건 또 뭐야? 하시는 분 많으실 것이다.

사실 책과 사용설명서 사이에는 공통점이 참으로 많다.

우선 재료가 종이라는 점, 그리고 그 위에 글씨를 인쇄했다는 점, 글씨를 읽어야 목적을 달성한다는 점, 인쇄한 종이를 제본해서 넘겨가면서 본다는 점, 표지가 있다는 점 등을 감안하면 사용설명서가 책이라는 데 대해 이견이 없는 분도 많으실 것이다.

그렇다면 가전제품을 구입했을 때 딸려오는 사용설명서를 진짜 책이라고 생각하시는 분이 계실까? 아마 안 계실 것이다.

그렇다. 사용설명서는 아무리 외양이 책과 같다 해도 책이 아니다. 만일 종이에 인쇄한 후 제본해서 넘겨보도록 만든 것이 모두 책이라면 은행이나 보험회사의 상품 설명서도 책이고 전자제품 사용설명서도 책이다. 아, 언젠가 본 적이 있는 경마, 경정, 경륜 정보지도 책이겠구나. 그렇다면 우리나라 성인들의 독서량은 기하급수적으로 늘 것은 당연지사다. 돈을 찾아 오늘도 온갖 정보의 바다를 누비는 것이 대한민국인들이니까.

그러나 그건 책이 아니다. 사용설명서일 뿐이다. 그렇다면 이런 건 과연 책일까?

부동산으로 재벌 되는 투자법, 1주일 다이어트의 비밀, 나는 3백만 원으로 3백억을 벌었다, 5천 원짜리 도시락 만드는 법, 등등.

**아니다. 누가 뭐래도 이런 건 책이 아니다. 이런 건 앞서 설명한 바와 같은 이유에서 사용설명서일 뿐이다. 종이에 인쇄한 후 제본했다고 해서 모두 책이 아니다.**

그렇다면 이런 다이어트 비법이나 요리법, 주식투자법, 부동산투자법, 경마로 돈 버는 법 따위 사용설명서도 도서관에서 비치해야 할까?

나는 절대 반대다. 그런 것은 인간의 지성과 문명의 보존, 계승, 창조에 아무런 역할도 하지 않는다. 그러니 그런 게 필요한 사람은 개별적으로 구매해서 자기 방에서 보아야 한다. 그리고 그런 편이 훨씬 도움이 된다. 모두 같은 책을 보고 같은 부동산을 산다면 값이 뛰어서 손해가 아니겠는가? 그러니 그런 소중한 사용설명서는 혼자 몰래 보고 부동산을 사는 편이 낫다. 주식도 마찬가지요, 다이어트도 마찬가지다. 요리법 책도 혼자 사서 실천에 옮겨야 좋다. 만일 모두 같은 책을 보면 모든 사람들이 같은 음식을 먹는 인간 동물원에 살게 될지도 모른다.

## 수험서

공공도서관에서 심심찮게 찾아볼 수 있는 책 가운데 공무원 수험서를 비롯한 다양한 수험서가 있다.

아마 이런 책을 일부러 수서하는 도서관은 별로 없을 것이다. 왜냐하면 수험서는 한 해가 지나면 특별한 경우가 아니라면 용도 폐기될 가능성이 높기 때문이다. 그러나 우리나라처럼 도서관이 독서실로 오인되는 일이 특별한 일도 아닌 경우에는 이용자들이 수험 공부하러 도서관을 찾은 후 그곳에서 One-Stop Service로 교재까지 무료로 이용하고 싶을 것이다. 그리고 그런 경우 참으로 고맙게도 도서신청 서비스까지 운영되고 있지 않은가.

그러나 정말 이러면 안 된다. 자신의 수험 공부를 위해 필요한 교재를 공공도서관에 요청하는 행동은 상식에서 벗어나도 한참 벗어난 행위다.

물론 교재 가운데 공공재 성격의 것도 있을 것이다. 그런 건 수서를 담당하는 사서들께서 알아서 비치할 것이다.

그런 경우를 제외하고 특별히 자신의 수험 공부를 위해 필요한 교재는 자신이 구입하는 것이 최소한의 양식을 갖춘 행위 아닐까.

**하나 더!**

**이러한 수험서의 가격이 비싸서 부담이 갈지도 모른다. 그러나 그건 모든 수험생들이 자신에게 필요한 수험서를 구입한 후 당당하게 출판사에 요구할 사항이다. "왜 이리 비싸게 값을 책정하는가?" 하고 말이다. 지금처럼 많은 수험생들이 복사하고 빌려 사용하는 상황에서는 출판사들 또한 항변할 것이다. "여러분이 책을 구입하지 않는데 어찌 값을 내릴 수 있겠소?"**

나는 양측 가운데 누구를 두둔하고 싶지 않다. 모두 문제가 있다. 그러나 적어도 공무원이 되고자 하거나 교사가 되고자 하거나 전문가가 되고자 하는 분들이 자신의 실력을 쌓는 데 필요한 교재조차도 구입하지 않고 자격을 취득하고자 하는 행위는 어떤 이유로도 정당화될 수 없다고 본다.

## 중복출판물

중복출판이라고 하면 수많은 경우가 이에 속한다.
가장 먼저 떠오르는 것이 같은 문학 작품을 다른 출판사에서 출간하는 것이다.
요즘 한창 잘나가는《레미제라블》이나 작년에 유명 출판사들이 앞 다투어 출간한 헤밍웨이 작품들이 이에 속할 것이다.
그러나 도서관이라는 공공문화시설의 입장을 고려한다면, 이 외에도 수많은 중복출판물이 있을 수밖에 없다.
예를 들면《경제학개론》이나《고사성어》,《영단어 완성》,《법전》,《유럽여행 안내서》 등을 비롯해 수많은 책들이 이에 속할 것이다. 물론 그 책 가운데도 낫고 부족한 것이 있겠지만 수서를 담당하는 분들이 모든 분야에 능통하지 않은 것이 당연한 상황에서 어떤 책을 수서할 것인지를 결정하는 것은 참으로 어려운 문제다.
그러다 보면 출판사를 보고 수서하거나 이용자들의 요청이 있는 도서, 그것도 아니라면 거래처에서 추천하는 책들이 수서될 것이다.
나 또한 이러한 책들에 대한 수서 기준 같은 것을 가지고 있거나 합리적인 방법이 떠오르지 않는다. 결국 이런 경우, 전문 사서의 능력에 의존할 수밖에 없다.
그런 까닭에 전문 사서의 숫자가 턱없이 부족할 뿐 아니라 전문 사서의 역할에 대한 인식 또한 턱없이 부족한 우리나라 공공 도서관(특히 지방자치단체의 경우가 그러한 듯하지만)의 경우, 이러한 작업이 원활히 이루어지기 힘든 경우가 많을 것이다.

**그러나 어쩌랴! 이것이 현실인데.**

이 모든 문제를 해결하기 위해서는 전문 사서에 대한 인식 제고와 함께 도서관을 바라보는 정치인, 행정가, 그리고 무엇보다도 이용 시민들의 사고가 바뀌어야 한다.

사서는 도서관이라는 배를 거친 바다에서 이끄는 선장과 같다. 그럼에도 배가 중요하지 선장이 중요한가? 하는 질문이 서슴지 않고 던져지는 것이 2013년 대한민국이다.

도서관과 관련된 모든 이들의 각성을 촉구하는 것으로 이 연재를 마친다.

# 모두 잠든 밤에도 피어나는 게 있으니

피어라, 피어라, 모든 두근거림이여 피어라, 막 망울로 눈뜨는 꽃이여 피어라, 구름 사이로 초승의 시간을 거쳐 반달로 떠오르는 스미는 달빛이여 피어라, 두-근-두-근 뛰는 맥박 사이로 흐르는 순정純正한 가슴의 바다여 피어라, 초가지붕 하나로 치장한 채 담쟁이, 굴뚝, 마르는 고추, 여섯 쪽 마늘다발을 품은 채 잠들지 못하는 고향이여 피어라, 채 떠나보내지 못한 손길을 가슴에 새긴 채 구름, 파람, 공간을 넘어 길고 긴 그리움의 존재를 향하는 사랑이여 피어라!

티끌 02

**도서관에**
**있어서는 안**
**될 책에 대해**
**쓰다 보니**
**오늘날 대한민국**
**출판계의 현실이**
**눈에 들어왔다.**
**다음 글들은 그런**
**글들이다. 같은**
**출판인으로서**
**'제 얼굴에 침**
**뱉기'라고 해도**
**할 말이 없다.**
**나도 같은**
**부류의 인간에**
**불과하니까.**
**그래도 이런**
**기회에**
**반성이라도 한**
**번 해볼 수 있지**
**않을까?**

# 이러지 맙시다!

## 대한민국 상위 1% 버스는 붐벼도 너~무 붐빈다.

신자본주의가 제대로 작동하기 시작한 이래 세상은 가진 1%, 힘센 1%와 가지지 못한 99%, 힘 약한 99%로 나뉘었다는 게 세상 사람들의 보편적 느낌이다. 오죽하면 2008년 하반기부터 시작된 세계 금융 위기를 맞아 생존권마저 위협받는 전 세계 민중들이 시위에 나서면서 외친 구호가 "We are 99%. Occupy Wall street!"였겠는가.

이에 대해 넋을 잃은 몇몇 사람들은 이런 궤변을 늘어놓는다.

"미국의 1% 부자는 99%의 부를 가지지 않았다. 그들은 단지 25%의 부만을 소유할 뿐이다."

"이는 빨갱이의 논리다. 돈 없는 게 무슨 자랑이냐? 능력 있는 사람이 돈 많이 버는 게 왜 잘못이란 말이냐?"

"못난 놈들이 잘난 사람 탓하는 것이다. 그러니까 늘 99%에 속하는 것이다."

내가 22살 어린 나이에 출판에 평생을 바치겠다고 다짐한 까닭이 바로 이런 궤변 때문이었다. 이런 궤변을 후안무치하게 늘어놓는 인간들을 볼 때마다, 그리고 그런 궤변이 통하는 사회를 볼 때마다 분노가 치솟았다.

그리고 다짐했다.

"내 반드시 이런 궤변이 통하지 않는 사회, 그따위 궤변을 듣는 순간 단칼에 그 비합리성을 깨닫는 이웃들을 위한 책을 출간하리라!"

그리고 이후 꽤 잘나가는 직장에서 유독 잘나갈 때도 나는 내가 한 다짐을 떠올리며 명예나 지위, 권력 따위에 단 한 번도 현혹되지 않았다. 책이란 존재가 인간에게 미치는 영향을 생각한다면 내가 은행장이 되는 것보다는 이웃들의 영혼을 움직이는 단 한 권의 책을 만드는 삶이 훨씬 값지다고 여겼기 때문이다.

물론 이후 출판에 필요한 돈을 모아 드디어 출판사를 등록하고 한 권, 두 권, 책을 출간하면서 그러한 다짐은 눈 녹듯 사라지고 "어떻게 하면 된 되는 책을 낼 수 있지?" 하고 희희낙락하기도 하고 노심초사하기도 했지만 말이다.

그러나 지금도 책 한 권이 은행장이라는 자리보다 소중하다는 생각에는 변함이 없다. 내가 그렇게 실천하지 못한다 해도 그 정도 사실은 안다는 말이다.

그런데 이게 웬일이란 말이냐?

출판인이야말로 상위 1%의 오만과 독선, 탐욕과 지배욕의 본질을 다수 시민에게 전하고, 노력하면 그 안에 들 수 있다고 끊임없이 떠드는 그들의 선전에 현혹되지 않는 상식적 시민의 양성, 합리적 지성을 보유한 인격체로 소중한 젊은이를 이끄는 소명을 가졌다고 여긴 내 머리에 엄청난 충격이 가해진 것이다.

# 보셨는가?

이건 2013년 3월 3일 하루에 우

리나라 대표 인터넷 서점 초기 화면에서 가져온 것에 불과하다.

우연히 서점순례를 하다가 이, 광고인지 서평인지를 보고는 기겁을 한 나는 '상위 1%'라는 검색어를 입력해 보았다.

우연히 오늘만 이런 광고가 눈에 띈 것일까? 아니면……

그리고 그 검색어가 찾아낸 책들을 보면서 이 서평에서 받은 충격과는 비교도 할 수 없는 충격을 받아야 했다.

그 상세한 내용은 여기 싣지 않겠다. 다만 정말 충격적인 것은 초등학생용 학습서나 교양서에도 '상위 1%'라는 문구가 버젓이 제목에, 부제에 쓰이고 있다는 사실이었다.

## 이 아이들을 어떻게 할 작정인가?

도대체 우리 아이들을 어떻게 할 작정인가?

그 아이들에게 초등학교 때부터 끊임없이 '상위 1%'를 주입시킴으로써 모든 초등학생을 상위 1%에 들게 하겠다는 놀라운 기적의 성취를 바라는 것인가, 아니라면 상위 1%에 들지 못하는 너희들은 결국 낙오자요, 패배자니까 청소년 자살률 1위의 명예를 수 년째 지키고 있는 대한민국의 순위 확보를 위해 불철주야 포기하는 삶을 살라는 명령인가!

도대체 이럴 수 있단 말인가?

그런 당신들은 - 출판인, 저자 모두 - 1% 안에 드는가? 들어서 행복한가?

나는 여러분이 무슨 짓거리(그래, 짓거리라고 했다. 씨*&%$?# 어쩔래?)를 해서 먹고 살든, 부자가 되든 상관하지 않는다.

다만 우리 아이들의 현재, 미래를 담보로 장난치지 말라!

아이들의 불행은 온전히 어른의 몫이요, 그들의 잘못이 태어날 때부터 악해서 그렇다는 것은 역사적으로 순자荀子(성악설을 주장한 이 분을 모르지는 않으시겠지) 한 사람으로 족하다.

안 그래도 우리나라 아이들, 아침부터 밤, 재수가 나쁜(아니 너무 좋은 건가? 학구열 높은 부모 만난 것이니) 아이들은 새벽까지 학원에, 과외에, 학습지에, 등수에 치여 죽음을 생각하지 않는 날이 없을 지경이다. 그런데 그 아이들 상대로 이렇게까지 해서 돈이란 걸 벌고 싶은가?

**내가 가장 좋아하는 방송국인 EBS에서 출간한 책에도 이런 제목이 붙었다니! 충격이다.**

부탁한다!

정말 무릎이라도 꿇고 빌고 싶은 심정이다.

우리 아이들 상대로 이런 문구는 쓰지 말자. 내 아무리 천박하고 보잘것없는 출판쟁이라 해도 이렇게까지 해서 먹고살지는 않는다.

지난 호에서도 썼듯이 나는 김치찌개 전문점을 개업할 각오로 오늘을 산다.

다른 어떤 상품도 소비자를 호도할 수 있다.

다른 어떤 상품도 과장광고로 소비자를 유인할 수 있다.

다른 어떤 상품도 단지 돈벌이 수단으로 소비자를 이용한다 해도 용납할 수 있다.

그러나,

그러나,

그러나, 책만은 그래서는 안 된다. 책을 구입하는 사람은 소비자가 아니다. 消費者, '사라질 소, 쓸 비, 사람 자.' 써서 없애버리는 사람이 아니라 독자讀者, 즉 읽는 사람이다. 읽는 사람은 자신이 읽은 것을 버리지 않는다. 머릿속에 영원히 간직할 수도 있다.

그런데 그렇게 한 사람의 머릿속에, 가슴속에 영원히 간직되어야 할 책이 이래서는 안 된다. 이래서는 출판인(출판쟁이인 나만 빼고) 여러분이 뭐라고 해도 사회가, 이웃이, 독자가 용납하지 않는다. 그리고 그 순간, 여러분 또한 나처럼 출판쟁이로 전락하고 만다.

그래서야 되겠는가!

5천 년 문화를 간직해 온, 그리하여 세계에서도 몇 안 되는 고유의 문자와 말을 가진 이 겨레가 책을 허접한 상품으로 취급하는 날이 와서야 되겠는가.

그런 날이 왔을 때 어찌 이웃을, 독자를 똑바로 보겠는가!

대오각성 할 일이다.

〈산책〉 4호

내가 〈산책〉이라는 보잘것없는 전단지 – 이를 찌라시라고 부르는 사람들이 더 많은 것도 잘 알고 있지만 나는 우리말이 있는 단어는 철저히 우리말을 사용한다 – 를 내게 된 계기는 간단하다.
오늘의 대한민국 출판문화계 내에서 대화를 통해 더 나은 출판문화계를 만드는 것이 내 힘으로는 불가능하다는 사실을 깨닫고 나서였다. 그래서 돌아가신 모 대통령께서 하신 명언名言, "벽에 대고 욕이라도 해서 분노를 표하고 저항하십시오." 하는 말씀을 실천에 옮기고자 했기 때문이다.
산책은 아무도 들어주지 않는 대한민국 출판계의 벽에 대고 하는 내 욕지거리에 불과하다. 그러니 아무런 의미를 부여하지 말아주시길.
그런데 이런 글까지 쓰게 되리라고는 상상도 하지 못했다. 출판계가 성적性的 논란의 중심에 설 거라고 상상한 사람이 과연 얼마나 되었겠는가 말이다.

그런데 그런 날이 왔다!

수많은 언론에 보도되었기 때문에 더 이상 익명匿名으로 표기하는 것도 무의미할 것이다.

'쌤앤파커스'라는 유명한 출판사 내에서 일어난 사건을 나는 오늘 아침에 알았다. 원래 골방형인간이라서 다른 곳에서 일어나는 일에, 다른 출판사의 동정動靜에 관심도 없고, 또 만나는 사람도 거의 없어서 새소식에 둔한 내가 이 사실을 알게 된 것은 인터넷 초기 화면에 떴기 때문이었다.

한 출판사가 포털 초기 화면에 뜬다는 것은 출판계로서는 정말 환영할 일이다. 언제 우리나라에서 출판계에 그런 관심을 가져준 적이 있었던가.

그래서 즉시 열어본 순간, 아연실색할 수밖에 없었다.

출판사에 관한 내용이라서 무슨 책 이야기가 나올 줄 알았는데, 성추행 논란이라니! 게다가 그 출판사가 바로 자기계발서, 즉 "현대 사회에서 건강한 상식을 갖고 훌륭한 활동을 하는 데 이바지하는 인간을 기르는 책"을 만드는 것으로 유명한 출판사라니! 그런 출판사의 임원이란 사람이 계발한 분야가 이런 분야였다니!

그런데 더욱 놀라운 것은 이런 사건이 이처럼 대서특필되고 있는 현실이었다.

며칠 전에는 전직 국회의장이 유사한 행동으로 언론에 등장했는데, 그 사람을 인터뷰했다거나 그 사건을 지속적으로 취재했다는 이야기는 듣지 못했는데, 이 보잘것없는(아, 이건 출판사를 향한 것이 아니라 우리나라에서 출판사가 갖는 위상을 말하는 것이다) 출판사 내에서 일어난 일이 왜 이처럼 크게 부각되는 것일까?

혹시 출판사가 힘이 약해서 그런 건 아닐까?
혹시 기득권 세력에 의해 저질러진 유사한 사건들로 인해 여론이 들끓는 이때 힘없는 출판사를 제물로 삼아 다른 유사한 사례를 덮으려는 사악한 의도는 아닐까?
혹시 이 사례가 모든 사례 가운데 가장 심한 경우일까?

별 생각을 다 해보았지만 결국 아무런 해답도 얻지 못했다.
그리고 결국에는 내가 생각해도 천박하기 그지없는 결론, 즉 출판사라는 곳에 대해 사람들이 품고 있는 낭만적인 시각 때문에 오히려 그 곳에서 일어난 추악한 행위에 대해서 더욱 큰 관심을 가질 것이고, 따라서 시청률을 올리거나 클릭 수를 올리는 데 도움이 될 것이기 때문에 이 내용을 지속적으로 취재하는 것은 아닐까 하는 결론에 도달했다.
어떤 의도이건 마찬가지다.

출판사는 출판사다워야 한다.
출판사가 출판사답다는 무슨 말일까?
동네 구멍가게는 동네 아이들과 힘없는 주민들에게 편의를 제공하고 그 대가로 적은 수수료를 받는다.
그래서 거대 기업이 동네에 거대한 구멍가게를 출범시키면 사회적 지탄指彈의 대상이 되는 것이다. 그 적은 수수료를 거대 기업이 챙기기 시작하면 무수히 많은 동네 구멍가게들이 생존하지 못하고, 그 결과 우리 사회는 거대한 정글로 바뀌기 때문이다.
출판계 또한 마찬가지다.
지금 이 순간에도 출판사 또한 자본주의 체제 안에서 활동하는 사기업私企業이기 때문에 팔리는 책을 출간해야 하고, 팔리지 않으면 망하는 게 당연하다고 여기는 사람이 적지 않다.
그러나 출판사는 그래서는 안 된다. 물론 출판사를 정부에서 온전히 먹여 살려야 한다고 주장하는 게 아니다.
출판사는 양면성兩面性을 가지고 있다. 한편으로는 자본주의 체제 내에서 생산적 활동을 통해 경제적으로 자립해야 하는 면, 다른 한편으로는 한 나라의 문화(이에는 정치, 경제, 사회, 역사, 예술, 종교, 사상, 철학, 교육 등 모든 민족적 정체성을 갖춘 문명을 포함한다)를 기록하고 보관하며 나아가 후대後代에 전파하는

면을 가지고 있는 것이다.
가장 좋은 것은 돈 안 되는 이러한 활동을 나라에서 맡는 것이다. 그러나 그런 나라는 없다.(아, 한 곳 있다. 모든 책을 나라에서 출간하고 관장하는 나라, 조선민주주의인민공화국이라고 하던가?) 그래서 이 일을 사적私的 출판사가 맡아야 하는 것이다.
이런 상황에서 "출판사 너희들이 살고 싶으면 팔리는 책만 내라고!" 하고 외치는 이가 있다면 그는 분명 대한민국이라는 나라의 문화적 정체성에 관심이 없는 사람일 것이다.

출판인出版人이라는 사실이 참담해서 쓰기 시작한 글이 어디로 가는지도 모르겠다. 나는 솔직히 말하자면 쌤앤파커스라는 출판사를 운영하는 분들을 동료 출판인으로 생각한 적이 없지만, 누가 이 허접한 서해문집 운영자를 그보다 더 나은 사람으로 봐주겠는가. 쌤앤파커스는 대한민국 젊은이의 과격성과 저항성을 순치馴致시켜 착한 품성으로 만드는 데 일조한 《아프니까 청춘이다》라는 모스트셀러를 냈지만 서해문집이야 그 책의 백분의 일도 못 파는 책이나 출간하는 곳인데.
하기야 그런 사고를 가진 곳이니 1년 넘게 수습기간을 주면서 "아프니까 청춘이란다. 그러니 이 역경을 이겨내거라. 그러면 너 또한 정규직이 될 수 있단다." 하고 이야기하지 않았을까.

이 사건을 그저 사건 표면만 보고 술자리의 안줏거리로 삼는다면 우리 사회는, 우리 출판계는, 우리 문화계는 역시 미래가 없을 것이다.
이 사건은 모든 일을 추진하는 사람들의 철학이 결국 그 철학을 구현具現하는 결과물을 산출하고, 그 결과물이 사회에 영향을 미치고, 그 영향을 받은 사회가 다시 그 철학의 수용자(그것이 부정적이건 긍정적이건)가 된다는 사실을 분명히 보여주는 사례에 불과하다.
아프니까 청춘이 아니라, 저항하지 않으니까 아픈 것이다.
저항하지 못하는 청춘이 장년이 되고, 노년이 되면 어떻게 될지 정말 모른단 말인가.

〈산책〉 8호

**〈산책〉을**
**내면서**
**3호부터 나는**
**베스트셀러라는**
**고유명사를**
**쓰지 않기**
**시작했다.**
**그 대신**
**모스트셀러라는**
**명칭을 멋대로**
**만들어**
**사용하기**
**시작했는데,**
**다음 글은 그**
**까닭을 쓴**
**것이다.**

## 베스트셀러는 없다,
## 그러면?

대학 시절, 나는 서점에서 연애했고 도서관에서 잤다. 지금은 사라진 종로서적은 요즘 젊은이들의 휴대전화와 같았다. 그곳에 가면 늘 사랑하는 사람이 있었고, 그곳 책들 사이를 거닐며 대화를 나누었다.
그리고 피곤하면 학교 도서관에 와서 잤다.
그런데 그 무렵 뻔질나게 드나들었던 서점을 나는 오늘 머릿속에서 되살린다. 그때 사진이라도 찍어둘걸. 그런데 그렇게 되살린 서점 안에서 아무리 찾으려 해도 찾지 못하는 것이 있으니 베스트셀러 진열대다.
그렇다. 그 무렵 서점에 베스트셀러라는 진열대는 없었다. 그럼 책을 어떻게 고르냐고? 자기가 보고 싶은 책을 스스로 찾아 읽었다. 너무 당연한 것 아닌가? 자기가 관심을 갖는 분야, 흥미를 느끼는 분야에 가서 자기가 스스로 읽을 책을 고르는 것.
그런데 요즘 사람들은 그런 행동에 어려움을 겪을지 모른다. 일단 베스트셀러 코너를 가서 고르는 사람이 대부분을 차지하는 듯하니 말이다. 아, 서점에 가더라도 베스트셀러라는 책들은 이곳 저곳에 진열되어 있는 반면 그렇지 못한 책은 진열대를 차지하기도 힘들 뿐 아니라 진열 기간 또한 매우 짧다. 결국 남들이 많이 읽는 책이 좋은 책이 아닐까 하는 생각 때문인지, 같은 시대라는 기차에 올라타지 못하면 낙오되는 것이 아닌가 하는 생각 때문인지, 그도 아니면 보이는 책이 그런 책들뿐인지는 모르겠으나 여하튼 요즘 독자들은 베스트셀러에 의존하는 정도가 심한 듯하다.

그러다 보니 출판계에서 심심찮게 흘러나오는 이야기가 이른바 '베스트셀러 사재기 조작' 사건이다. 오죽 책을 사랑하는 출판사면 자기 책을 자기 스스로 사겠느냐고? 아, 이건 아니다. 자기 책을 사랑해서 사는 게 아니라 베스트셀러 순위에 올리기 위해 사는 것이다. 이런 사실 모르는 분 안 계실 것이다. 그렇게 온갖 무리를 해서라도 베스트셀러 순위에 올리면 베스트셀러만 찾는 수동적 독자들을 이용해 돈을 벌 수 있다는 생각, 이게 대한민국 출판계 일각에서 벌어지고 있는 행태다.

그래서 나는 틈만 나면 주장했다.

"서점은 마케팅 측면에서 베스트셀러를 발표할 수도 있습니다. 그런데 출판단체에서는 왜 베스트셀러를 발표하지요? 다 읽으니까 좋은 책이라는 말입니까, 개나 소나 다 읽으니까 더 이상은 읽지 말라는 겁니까?"

그럼 돌아오는 답변은 늘 같다.

"김홍식씨는 너무 과격해. 비현실적이야."

뭐가 과격한 거지? 말투가? 아니면 내용이? 비현실적인 것은 또 뭐람? 옛날도 아닌, 불과 얼마 전만 해도 그런 것 없었다니까요.

그래서 요즘은 이런 말 하지 않는다. 왜?

"재는 16년 동안 단 한 번도 베스트셀러 못 낸 출판의 달인이니까 배가 아파서 지껄이는 거야. 소심한 자식!"

이런 말 듣기 싫어서 그런다.

그런데 최근 놀라운 사실을 발견했다.
good(좋은, 선한)의 비교급이 뭔지 아시는가? 그렇다. better. 그럼 최상급은? best.
결국 베스트셀러는 '가장 좋은 상품'이라는 말? 이거야말로 비현실적이 아닌가 말이다.
그렇다면 말 그대로 가장 많이 팔린 상품은 뭘까? 중학생, 요즘 같이 영어전성시대라면 초딩, 아니 유딩도 알 수 있다.
many(많은) - more(더 많은) - most(가장 많은)
결국 베스트셀러는 없는 것이다. 다만 모스트셀러가 있을 뿐.
그래서 나도 내 주장을 오늘부로 취소한다.
"가장 많이 팔리는 책, 발표합시다. 대신 이 영어지상국가英語至上國歌에서 초딩도 알 만한 영어 잘못 쓰는 일은 창피하니까 정확히 씁시다. 모스트셀러, 영어로 mostseller라고!"
그리고 이로써 나는 베스트셀러 논쟁을 끝낼 예정이다.
"베스트셀러라는 용어, 앞으로는 쓰지 맙시다. 이렇게 용어 잘못 쓰니까 잘 팔리는 책이 좋은 책인 듯 은연중에 착각하는 겁니다. 그래서 사재기 같은 불법이 횡행하고, 독자들 또한 능동적인 독자가 아니라 수동적으로 남들이 읽는 책이나 따라서 읽는 반지성적反知性的인 행동을 하는 겁니다."

그렇다. 책을 읽는 행위야말로 자기 내부에 지성의 성을 쌓아가는 일이다. 그 성이 높을수록 먼 미래를 바라볼 수 있고, 먼 곳에서 일어나고 있는 세상 이치를 남보다 먼저 깨달을 수 있다.
그런 까닭에 소위 '베스트, 아니 모스트셀러'가 독서계의 화두가 되는 세상은 결코 책이 꿈꾸는 세상이 아니다. 책은 남들을 따라다니는 삶에서 벗어나, 나만의 독립적이고 창조적인 삶을 살 것인가를 알려주는 유일한 수단이니 말이다.

요즘 대한민국 출판계는 말 그대

2014년 말부터 발효된 도서정가

판단한다. 물론 그게 전부는 아닐

비합리가 난무하고, 터무니도 없

읽는 일은 넋이 나간 짓일지 모른

이야기, 고리대금업 광고, 게임

간질이는 시대에 책을 읽는 일은

그렇다고 해도 도서정가제가 큰

그래서 나는 〈산책〉에서 도서정가

돕기 위해 여러 번에 걸쳐 책값에

출판사들에 대해서는 도서정가제

호소하는 광고를 여러 번에 걸쳐

다음에는 그에 관한 내용을 모아

족을 지경이다. 그리고 이는
드 큰 몫을 하고 있다고 나는
이다. 지성보다는 금력金力, 권력,
방식으로 운영되는 나라에서 책을
게다가 텔레비전만 켜면 음식
받으라는 속삭임이 우리 귀를
떤 나라 이야기로 들린다.
하는 건 분명하다.
에 대해 독자 여러분의 이해를
해 상세히 기록한 바 있다. 그리고
효와 함께 책값의 합리적 책정을
바 있다.
한다.

## 책값의
## 비밀

책값에 대해 자세히 알고 있는 사람이 얼마나 될까?
단언컨대 별로 없다.
솔직히 말하자면 출판사를 하는 사람들 가운데도 책값에 대해 잘 모르는 사람이 태반이다.
그렇다면 반문할 것이다.
"그렇다면 어떻게 책값을 정하죠?"
남 따라서. 잠실운동장 지하철역에 내려 보라. 어디로 나가야 야구장으로 가는지 알 필요가 없다. 모두 나가는 출구로 나가면 그곳이 야구장 가는 길이다. 표 사는 곳? 알 필요 없다. 모두들 달려가 줄 서는 곳으로 가면 된다. 그곳이 표 사는 곳이다.
책값? 그렇게 매겨진다. 현실이다.
그래서 나는 오늘 우리나라 책값에 담긴 모든 것을 여러분께 알려드리고자 한다. 이 비밀을 알지 못하고 벌이는 도서정가제 논쟁이나 할인 판매 논쟁, 저작권 논쟁 따위는 다 헛짚는 것이다. 진실에서 벗어나 약장수들끼리 "내 약이 진짜라고!" 하고 떠드는 셈이다.

그러나 원숭이를 앞세운 약장수의 약은 모두 가짜다.

책값의 비밀을 알아두는 것은 출판 관련자가 아니더라도 매우 유용할 것이다. 알면 속지 않고, 알면 합리적인 판단을 할 수 있다. 그래서 알려드리는 것이다. 모든 독자 여러분은 오늘을 전환점으로 더 이상 책값에 속지 않을 것이다.

### 책에는 직접비와 간접비가 투여된다.

책을 만드는 데는 종이, 인쇄비, 제본비, 출력비 등과 같은 직접비와 인건비, 세금, 관리비, 임대료 등 간접비가 투여된다는 사실을 모르는 분은 안 계실 것이다.
그럼 이러한 비용이 얼마나 투여되는지 상세히 살펴보기로 하자.

### 직접비

책을 만드는 데 들어가는 직접비는 크게 종이, 인쇄, 제본비로 나눌 수 있다.
그러나 출판이 문화 활동이 아니라 문화 산업(이는 곧 장사라는 말이다. 단어는 그럴듯하지만 본질은 철강산업, 사행산업, 유흥산업처럼 돈 벌기 위한 일이라는 말이다.)으로 인식되면서 직접비의 비중이 점차 커지고 있는 게 현실이다.
무슨 말이냐고? 예전에는 출판사 직원이 하던 일들, 예컨대 교정, 교열 같은 일을 외부에 맡기는 현상이 점차 확산되고 있는 것이다.
사실 교정과 교열은 편집의 기본이 되는 일들이다. 즉 교정과 교열을 통해 책의 내용을 속속들이 이해하게 되고 이를 통해 책이 어떤 분야에 속해야 하는지, 작은 제목, 큰 제목을 어떻게 붙여야 하는지도 결정하게 되며, 나아가 책의 난이도, 대중성, 예상 판매 부수 등도 확인하게 된다.

일반 독자분들께서는 이런 일들이 왜 중요한 일인지 잘 모르실 수도 있다.

"아니, 책이 어떤 분야에 속해야 하는지를 결정하다니? 역사책은 처음부터 역사책이지 이걸 다른 분야로 옮길 수 있나?"

결론부터 말하자면 옮길 수 있다. 예를 들어보자.

저자가 써 온 원고 내용이 '중국 상인의 역사'라고 하자. 이를 편집자가 그대로 수용해서 《중국 상인의 역사》 또는 《중국 상업의 역사》 등으로 정한다면 이 책은 당연히 역사 분야로 분류된다. 서점에서도, 도서관에서도 그렇게 분류된다. 특히 출판사에서는 도서 출간을 위해 ISBN이라고 하는 도서 분류 번호(책 뒤에 붙어 있는 바코드가 그것이다)를 결정할 때 이 책의 분류를 어떻게 할 것인지 결정하게 된다.

그런데 편집자가 원고를 읽는 과정에서 원고가 대중성이 있다고 판단하거나, 역사로 분류하기보다는 경영 분야로 보내고 싶다면 제목을 《중국 상인들은 어떻게 성공했을까?》 또는 《천하를 호령한 장사치들》로 붙일 수 있다.

이렇게 하는 까닭 또한 여러 가지다. 역사책이 안 팔리므로 경제경영서로 포장해서 팔고자 하는 욕심이 깔려 있을 수도 있고, 편집자가 속해 있는 출판사가 경제경영서 출간에 장점을 가지고 있기 때문일 수도 있다.

서해문집도 그런 일 한 적 있다.

그만큼 편집자가 원고의 속살을 구체적으로 살피고 기억하는 것이 중요하다는 말이다. 그래야만 자기가 속한 출판사의 출판 방향을 유지할 수 있다.

그럼에도 이런 일들을 외부에 맡기는 출판사의 심정이 어떻겠는가?

책은 안 팔리지, 돈은 없지, 그러니 직원을 늘릴 수는 없지, 그럼에도 책은 내야 하지, 나라 경제를 지~인~짜 걱정하는 정계, 재계의 지도자분들께서는 고용의 유연성이 보장되는 사회가 선진국이라고 하지.
'이번 기회에 나도 선진국 사업가가 되어 볼까?'
그래서 편집자를 늘리는 대신 외부 인력을 이용하는 것이다.
서해문집? 우리도 외부에서 교정, 교열 활용한다. 그러니 다른 사람 탓하는 것이 아니란 사실, 기억해 달라.

휴, 직접비 살펴보는 데까지 오는데 왜 이리 힘드냐?

**결론적으로 종이, 인쇄, 제본비는 합리적으로 정가가 산정되는 경우, 정가의 약 15% 정도라고 보시면 된다. 즉, 1만 원짜리 책의 경우 직접비가 1,500원 정도인 셈이다.**

그러나 초판의 경우에는 다르다. 원고를 처음 만들어 인쇄가 가능하도록 필름을 만드는 데 비용이 지출되기 때문이다. 그것까지 포함하면 초판의 경우에는 약 20%가 직접비다.
만일 교정, 교열을 외부에 맡기는 경우에는 다시 직접비가 상승하는데, 이는 후에 간접비 항목에서 살펴보기로 하자.
다음으로 직접비에 속하는 것이 인세(번역료, 저작권료 등)다.
인세는 일반적으로 정가의 10%로 알려져 있는데 그렇게 보시면 된다.
다만 이와 관련해서 한 가지 알려드릴 게 있다.
"우리나라 출판사들은 왜 국내책보다 외서를 많이 출간해요? 너무 쉽게 출판을 생각하고 돈벌이에 급급한 것 아니에요?"
틀렸다. 대부분.
물론 외서 가운데 베스트셀러가 많이 나오고 그래서 그것을 통해 큰돈을 버는 출판사가 있기도 하다.

그러나 외서만 전문적으로 출판하고, 그것도 베스트셀러가 될 만한 책만 전문적으로 출판하는 극소수 출판사를 제외한다면 대부분의 외서는 국내서에 비해 훨씬 많은 비용이 소요된다.

인세는 국내서도 소요되니까 그렇다 치고, 번역료가 추가로 소요된다.

그런데 이게 만만치 않다. 아니, 서해문집은 번역료 무서워서 좋은 외서 못 낸다.

번역료가 얼마나 되냐고? 원고지당 번역료 4,000원만 잡아도 1,500매면 600만 원이 들어간다. 게다가 특별한 번역자가 아닌 경우, 교열 기간이 국내서에 비해 훨씬 많이 소요된다. 아무래도 외국 문장이기 때문에 어색해서 한 번이라도 더 보아야 하고, 원문 대조도 해야 하고, 문화가 다르기 때문에 주註도 달아야 하고.

그래서 서해문집에서는 매년 초 회의마다 "올해는 외서 최소한으로만 출간합시다." 하는 결심을 한다. 그렇지만 또 시간이 흐르면 "이 책은 꼭 내야 합니다." 하는 책들이 나타나 예금통장을 괴롭힌다.

결국 대부분의 외서 출간에는 국내서보다 훨씬 많은 비용과 노력이 필요하다는 사실만 기억해 두시기 바란다.

**외서 직접비 (정가 1만 원 도서의 경우)**

| | |
|---|---|
| **저작권 계약비** | **약 300만 원** (2,500달러) |
| **번역비** | **약 300만 원** (원고지 700매 기준) |
| **출력, 종이, 인쇄, 제본비** | **약 200만 원** |
| **계** | **700만 원** |

## 간접비

책을 만드는 데 들어가는 간접비야말로 천차만별이다.
간접비 항목으로 가장 큰 것은 역시 인건비다. 출판사가 기본적으로 갖추어야 할 인력으로는 영업부, 관리부, 편집부, 디자인부인데, 각 부서에 한 사람씩만 있다 해도 4명이 필요하다. 그렇다면 4명(이 경우 사장도 어느 부서인가는 맡고 있는 셈이다)으로 구성된 회사에서 한 달에 몇 권의 책을 낼 수 있을까? 외부 인력의 도움을 받지 않는다면 1권 내기가 빠듯할 게 분명하다. 그럼에도 네 명의 인건비는 천만 원 언저리일 것임은 삼척동자도 알 것이다.
그 외에 임대료, 수도광열비, 세금, 사무실 운영비, 회식비, 교통비 등 헤아릴 수 없는 항목의 비용이 필요할 것이다.
서해문집의 경우를 예로 든다면, 사장을 포함해 18명이 1년에 60권 정도의 책을 출간한다. 이 가운데 외부 인력의 도움을 받아 내는 책이 약 20권 정도에 이른다.
결국 18명이 1년에 4, 50권의 책을 출간하는 셈이니 1명이 1년에 2.5권 정도 출간한다고 보면 될 것이다. 그러니까 네 명으로 구성된 회사로 치면 1년에 10권 정도 출간하는 것이 일반적인 셈이다.
그렇다면 간접비는?

**도서 간접비 구성 (4인 직원이 20평 사무실에서 1년에 10권의 책을 출간하는 경우)**

| | |
|---|---|
| 인건비 | 1천만 원 (연봉 2,500만 원인 직원이 1년에 2.5권을 출간. 이건 무척 적게 잡은 것이다. 실제로는 연봉 수준이 그런 직원은 혼자 책 못 만든다.) |
| 임대료 | 100만 원 (1개월 85만 원짜리 사무실 기준) |
| 수도광열비 | 20만 원 |
| 기타 | 50만 원 |
| 계 | 1,170만 원 |

간접비 가운데 가장 비중이 큰 것이 인건비인데, 이 비용은 책을 출간하건 안 하건, 회사에 돈이 있건 없건 들어가는 비용이다.
이러다 보니 경제적인 측면만 고려한다면 직원을 쓰는 대신 외부 인력을 활용하게 되는 것이다. 만일 1만 원짜리 책을 외부에 교정, 교열, 디자인을 모두 맡기는 경우 약 4, 5백만 원이면 해결될 것이다. 게다가 직원 수가 적으면 임대료부터 모든 비용이 줄어들 수밖에 없다. 하다못해 전화료, 두루마리 화장지 사용량이라도 줄어들지 않겠는가. 그러니 갈수록 외부 인력에 의존하고 출판사에서는 기획과 마케팅만 하려는 유혹에 빠지게 되는 것이다.

**기타 비용**

위에 언급하지 않은 비용 가운데 가장 크게 차지하는 것이 창고, 물류 비용이다. 출판사는 태생상 사무실보다 더 넓은 창고를 보유하고 있어야 한다. 사람은 없어도 책은 있어야 그날그날 오는 주문을 소화할 수 있다.
어느 출판사도 주문이 온 다음에 책을 만들지 않는다. 책을 보관하고 있다가 주문이 오면 보내는 것이다. 그런데 이 책이란 것은 한 권, 두 권을 만들 수 없다. 최근 들어 신기술이 도입되어 소량생산이 가능해졌다. 그러나 그 비용이란 것이 상당한 것일 뿐 아니라 소량이란 것 또한 1, 20권이 아니라 백 권이 넘는다. 그런데 이렇게 책을 소량으로 만들어서는 도저히 정가를 맞출 수 없다. 그러니까 그런 방식은 특별한 경우, 이를테면 납품 같은 경우에 국한해서 사용할 수밖에 없고, 대부분의 경우에는 적게는 수백 권 많게는 천 권 이상을 만들어 보관하고 있으면서 주문에 임해야 하는 것이다.
그렇다면 창고 면적은 얼마나 필요할까?
서해문집의 경우 약 300종의 책을 보관하고 있는데(출간 종수는 훨씬 많지만 절판시킨 책이 많기 때문에 약 300종이라고 보면 될 것이다), 창고 면적이 200평×4단이다. 그러니까 100평짜리 창고 두 동을 15m 높이로 지은 다음 4단으로 나누어 설치한 다음 각 칸에 책을 보관하는 것이다.

그래서 보관되어 있는 책이 30만 권정도, 창고 임대료(자가 소유인 경우 은행 빚이 들어가므로 마찬가지다. 그 넓은 창고를 수도권에 자기 돈으로 구입해 가지고 있을 만한 출판사가 얼마나 되겠는가?)가 약 500만 원, 창고 운영관리자가 2명(월 인건비 약 400만 원)이다.

게다가 주문에 따라 매일 책을 서점으로 운송하는 것은 따로 배송업체가 담당한다. 그 비용이 또 한 달에 3, 400만 원이다.

결국 창고 운영에 월 1,200만 원 정도가 소요되는 셈이다.

창고 운영에 이토록 많은 비용이 소요되다 보니 많은 출판사들이 창고 물류 전문업체를 이용한다. 이 회사들은 각 출판사들의 책을 보관, 출하, 운송, 반품까지 모든 물류업무를 관장한다. 이때 소요되는 비용 또한 개별적으로 창고를 운영하는 비용에 비해 많으면 많지 적지 않다.

**결론**

자, 이제 결론을 내리자.

정가 1만 원짜리 책(1만 원짜리 책은 요즘 찾아보기 힘든데, 일반적으로는 200쪽 내외의 책일 것이다.)을 만들고 유통시키는 데 들어가는 비용을 종합적으로 살펴보자.

**직접비** **3,000원 ~ 5,000원** **(국내서가 외서보다 2천 원정도 싸다)**
**간접비** **5,000원** **(1,170만원을 초판 2천 부로 적당히 나눈 것이다)**
**기타비용** **500원** **(물류비)**

**계** **8,500원 ~ 10,500원**

그러니까 1만 원짜리 책에 소요되는 비용은 정가에 가까운 셈이다.

그렇다면 손해를 안 본다는 이야기?

그럴 리가 있나.

**출고가**

## 출판사에서 서점에 책을 출고시킬 때는 평균 정가의 60% 선에 출고한다. 결국 1만 원짜리 책을 출고하면 출판사 몫은 6,000원인 셈이다. 그러나 그 돈이 다 들어오면 누가 출판사 하지 않겠는가?

**반품**

우리나라 도서 유통의 기본 시스템은 위탁판매 방식이다.

이는 출판사에서 책을 서점에 보낸 후, 팔리는 만큼 수금을 하는 것이다. 결국 초판의 경우 얼마나 팔릴지 알 수 없는 상황에서 일단 적당한 양의 책을 서점에 공급하는 셈이다.

그러니 그 책이 다 팔린다는 것은 낚시 하다 인어를 낚을 확률에 버금간다.

그래서 서점에서는 일정 기간이 지난 다음에 팔리지 않은 책을 출판사로 반품하는데, 이 반품비율이 알려진 바로는 30%선을 오르내린다고 한다. 결국 500부를 출고하면 평균 150부는 다시 출판사로 돌아오는 셈이다.

물론 이 과정에서도 무수한 비용이 발생한다.

보낼 때 돈이 들고, 반품 받을 때 돈이 든다. 또 반품된 책 대부분은 폐기처분해야 할 만큼 상한 상태다. 따라서 이 책들은 직접비는 물론 간접비도 손실을 보기 마련이다.

### 결론

## 결론적으로 말하자면 책은 초판을 만들어서는 절대 손해다. 책을 팔아 돈을 벌기 위해서는 재판, 나아가 3판 이상을 제작해야 한다.

요즘처럼 초판 발행부수가 1천 부를 넘나들 만큼 줄어든 상황에서는 3판 이상을 제작해야 하는 것이다.

그런데 도서정가제가 출판사들의 폭리를 위한 제도라고?

결코 아니다. 그것도 감정적으로 아닌 것이 아니라 논리적으로 아니다.

오히려 도서정가제의 붕괴로 인해 가장 큰 피해를 보는 것은 다름 아닌 독자 여러분이다.

왜 그런지 다음호에서 상세히 논해 보기로 하자.

〈산책〉 2호

₩

## 비싼 척 13

# 왜 책값은 라면 값과 다른가?

지난 호에서 나는 책값의 비밀에 대해 자세히 알려드렸다. 이렇게 구체적으로 책값에 대해 알려드린 경우는 거의('아예'라는 말을 쓰고 싶지만 나는 진짜 매우 엄청 온건한 사람이라 그런 극단적인 표현을 피한다) 없었을 것이다. 그래서 그런지 많은 분들이 유익했다고 말씀해 주셨다.

그래서 이번에는 약속한대로 왜 책값은 라면값과 다른가, 아니 빵값, 아니 옷값, 아니 아파트 값과 달라야 하는지 살펴보자.

제22조 (간행물 정가 표시 및 판매)

①출판사가 판매를 목적으로 간행물을 발행할 때에는 소비자에게 판매하는 가격(이하 "정가"라 한다)을 정하여 대통령령으로 정하는 바에 따라 해당 간행물에 표시하여야 한다. 정가(定價)를 변경할 때에도 또한 같다.

② 제1항에도 불구하고 전자출판물의 경우에는 출판사가 정가를 서지정보에 명기하고 전자출판물을 판매하는 자는 출판사가 서지정보에 명기한 정가를 구매자가 식별할 수 있도록 판매사이트에 표시하여야 한다.

③ 간행물을 판매하는 자는 간행물이 「독점규제 및 공정거래에 관한 법률」 제29조제2항에 따른 재판매가격유지 대상저작물에 해당할 때에는 정가대로 판매하여야 한다. 다만, 간행물을 판매하는 자는 독서 진흥과 소비자 보호를 위하여 스스로 제공하는 할인방법을 통하여 간행물을 정가의 10퍼센트 이내에서 할인하여 판매할 수 있다.

④ 다음 각 호의 어느 하나에 해당하는 간행물에 대하여는 제3항을 적용하지 아니한다.

1. 발행일부터 18개월이 지난 간행물

2. 도서관이나 사회복지시설에 판매하는 간행물

3. 저작권자에게 판매하는 간행물

4. 발행일부터 18개월이 지난 종이 간행물과 내용이 같은 전자출판물

5. 그 밖에 대통령령으로 정하는 간행물

위 내용은 출판문화산업진흥법 제22조 내용으로, 일반적으로 '도서정가제'라고 알려져 있는 제도의 법적 토대다. 그런데 왜 읽을 수도 없는 작은 글씨로 편집했느냐고요?

읽어볼 필요가 없기 때문입니다. 제 돈으로 만드는 이 소중한 책자의 많은 지면을 이런 아무 쓸모없는 내용으로 채울 수 없다는 말씀이지요.

그래서 여러분께서 알기 쉽게 요약해 드리자면, 〈다른 상품과 달리 도서는 정가를 매길 수 있고, 정가대로 사고팔아야 한다, 단 예외가 있다〉는 것입니다.

이때 중요한 것은 두 가지입니다.

## 첫 번째는 정가를 표시해야 한다는 점입니다.

이게 뭐가 중요하냐고요? 자본주의 사회에서 상품에게 정가를 매기는 것은 불법입니다. 정가를 매기는 것은 상품의 수요-공급을 시장 자율에 맡겨 시장 참여자들에 의해 스스로 완전경쟁 하의 가격이 정해지는 것을 방해하기 때문입니다. 그래서 여러분께서 정가가 있다고 여기는 모든 제품이

사실은 정가가 없는 것입니다. 가끔 이런 표기를 보신 적이 있을 겁니다. '권장소비자가.' 그러니까 이것도 엄밀히 말하면 정가, 즉 정해진 가격이 아닙니다. 다만 소비자들이 이 정도 가격을 주고 사시라고 권해드리는 가격일 뿐입니다. 그 외에는 정가가 매겨진 제품은 거의 없습니다.

여러분께서 정해진 가격이라 여기는 모든 제품에 정해진 가격이 없다는 사실, 이제 아셨습니까? 아, 담배 가격이 정해져 있다고요? 그것도 파는 사람이 정한 것일 뿐입니다. 담배 어디를 살펴보십시오. 가격이 써 있나. 가격이 가장 변치 않는 제품, 즉 서울 한복판이나 제주도, 홍도, 어디를 가도 똑같은 가격이기 때문에 절대 정가를 고수한다고 여기는 차량조차도 정해진 정가는 없습니다. 정가를 매기는 행위 자체가 불법이기 때문입니다. 다만 그것 또한 권장소비자가대로 영업사원들이 담합해서 파는 것뿐입니다. 아, 영업사원들이 담합한 게 아니지요. 회사에서 그 가격에 팔라고 시켰으니까 회사가 불법을 자행하고 있는 셈이네요(앗! 혹시 제 표현이 잘못될 수도 있습니다. 제가 경제나 법에 문외한이라서. 그러니 혹시라도 자동차 회사에서는 저를 상대로 소송 같은 것은 걸지 말아 주십시오).

그런데 유독 도서만은 정가를 매기는 것이 법적으로 허용되어 있다는 점이 이른바 〈도서정가제〉 법의 핵심입니다. 그리고 이 법 때문에 〈도서정가제〉라는 제도가 우리나라에서 통용되고 있는 것으로 알려지게 된 것입니다. 즉, 많은 독자분들께서 "출판사들이 자기들 이익을 극대화하기 위해 도서정가제를 주장한다."고 오해하게 된 까닭이 바로 이 〈도서정가제〉라는 용어 때문입니다. 그런데 현실이 그렇지 않다면?

## 두 번째 중요한 점은 정가대로 사고팔아야 한다는 점입니다.

이 내용은 위 법 3항에 분명히 기재되어 있습니다. 그러니 이 법에 따르면 오늘날 출판문화산업진흥법 제22조를 지키는 사람, 출판사, 서점, 나아가 관청은 거의 없는 셈입니다.

솔직히 오늘날 책을 제 값 주고 사는 사람은 천연기념물에 속하니까요.

## 세 번째는 그러나, 단서가 있다는 점인데, 사실은 이 세 번째 단서 조항이 〈도서정가제〉의 핵심입니다.

앞에서 살펴본 두 가지, 즉 정가를 매길 수 있다는 점과 정가대로 사고팔아야 한다는 조항은, 말은 멋지지만 현실 속에서는 별 역할을 하지 못하니까요. 대신 고작 단서에 불과한 내용이 현실을 지배하거든요.
그럼 이 단서 조항이 어떻게 현실을 지배하는지 살펴볼까요.

첫 번째 단서는 이 법의 3항에 나오는 단서입니다. 내용은 '다만, 간행물을 판매하는 자는 독서 진흥과 소비자 보호를 위하여 스스로 제공하는 할인방법을 통하여 간행물을 정가의 10퍼센트 이내에서 할인하여 판매할 수 있다.' 오늘날 인터넷 서점에서 통상적으로 시행하는 정가의 10% 할인은 바로 이 내용에 따른 것입니다. 그런데 법에서 단서로 정한 10% 할인 외에 마일리지 10%가 추가로 제공된다는 사실 또한 여러분이 잘 알고 계실 것입니다. 이건 어디서 규정하고 있는 내용인지 잘 모르겠지만 여하튼 독자 여러분께서는 이 덕분에 정가의 10%를 할인받고 도서 구입가격의 10%(이는 정가×0.9×0.1)를 추가로 할인받는 효과를 갖게 됩니다. 결국 도서 정가의 19% 할인액이 우리나라 도서의 현실적 정가인 셈입니다. 물론 이에 해당되지 않는 도서도 상당히 많습니다. 예를 들면 교재나 참고서, 특별히 출고가를 낮추지 않는 출판사의 도서 등은 이런 할인율이 적용되지 않습니다. 그러나 대부분의 독자들께서 구입하시는 대부분의 교양도서는 이 할인율이 일반적입니다.

두 번째 단서 조항은 이 법 4항에 나오는 다양한 단서들인데, 우선 '발행일로부터 18개월, 즉 1년 6개월이 지난 책은 정가대로 사고파는 것, 또는 10%의 할인 등의 제한을 받지 않습니다. 그리하여 최근 어느 인터넷 서점에서는 책 한 권에 1천 원, 2천 원, 3천 원 균일가로 책을 판다는 광고를 하기도 하더군요. 그리고 우리나라에서 내로라하는 출판사의 책들이 그 명단에 실려 있었습니다. 결국 이 단서에 따르면, 출간 후 18개월이 지난 책의 할인율에는 제한이 없는 셈입니다. 그러니까 책 한 권에 천 원도 가능하고 극단적으로는 할인율 100%(무료)도 가능합니다. 그래서 시리즈물의 경우, 18개월 이전에 출간한 1권과 새로 출간한 2권을 합해 총 정가 200%의 81%에 제공할 수도 있습니다. 놀랍지 않습니까? 도서정가제라는 명칭에 들어 있는 '정가'라는 단어가 이토록 무색할 수 있다는 사실이 말입니다.

게다가 실용서로 분류된 경우 18개월이라는 기간 제한 없이 도서정가제 대상에서 제외됩니다. 요즘 실용서 아닌 책이 얼마나 됩니까? 그러니 이 대목에 이르러서는 도서정가제라는 단어는 "개나 줘버려!"라고 하는 편이 나을 듯합니다. '눈 가리고 아웅!' 하는 짓은 적어도 출판이라는 문화산업에서는 해서는 안 된다고 여기니까요.
그 외의 단서 조항, 즉 도서관에 판매하는 책도 도서정가제 대상이 아니라는 내용도 말이 안 됩니다만, 오늘날처럼 책이 안 팔리는 시대에는 도서관에서 책을 구입해 주는 것만 해도 감지덕지해야 할 일이니까 그냥 넘어갑니다.

## 도서정가제의 손익을 확인하자

이제 〈도서정가제〉가 독자 여러분께서 우려하듯이 출판사들의 폭리를 보장해 주지 않는다는 사실은 아셨을 것입니다. 또한 〈도서정가제〉 때문에 책값이 비싸서 대한민국 시민들이 책을 안 읽는 것은 아니라는 사실도 확인하셨을 것입니다.
그렇다면 '정가'라는 단어만 들어간 채 현실적으로는 '도서대폭할인제'인 〈도서정가제〉는 독자 여러분께는 얼마나 큰 이득, 또는 손실을 드리게 될까요?

책값이 어떻게 책정되는지는 앞서 상세히 설명해 드렸습니다. 그에 따르면 책은 일반적으로 초판을 팔아서는 저~얼~대 수익을 남길 수 없습니다. 결국 초판을 내기 위해서는 재판 이상 책이 팔려서 수익이 발생해야만 합니다.
다른 출판사의 사정은 잘 모르니 서해문집의 예를 들겠습니다.

저희 출판사에서는 1년에 50종에서 60종의 책을 출간합니다. 1년에 이만큼 책 출간하는 출판사 흔치 않습니다. 그것도 교재나 학습서가 아닌 경우는 아마 100여 곳에 불과할지 모릅니다.
그렇다면 서해문집은 엄청난 수익을 올리고 있을까요? 초판 이상을 팔아야만 수익을 남기고 수익이 남아야만 새로 책을 낼 수 있다고 했으니 그만큼 많은 책을 출간한다는 것은 그만큼 많은 수익을 남기는 것일 테니까요.
결론적으로 말씀드린다면 서해문집에서 출간하는 50-60종 가운데 20-30종 정도는 초판을 팔지 못합니다. 특히 서해문집의 경우 16년 동안 베스트셀러, 아니 모스트셀러 한 권 내지 못한 출판사라서 초판을 모스트셀러 내는

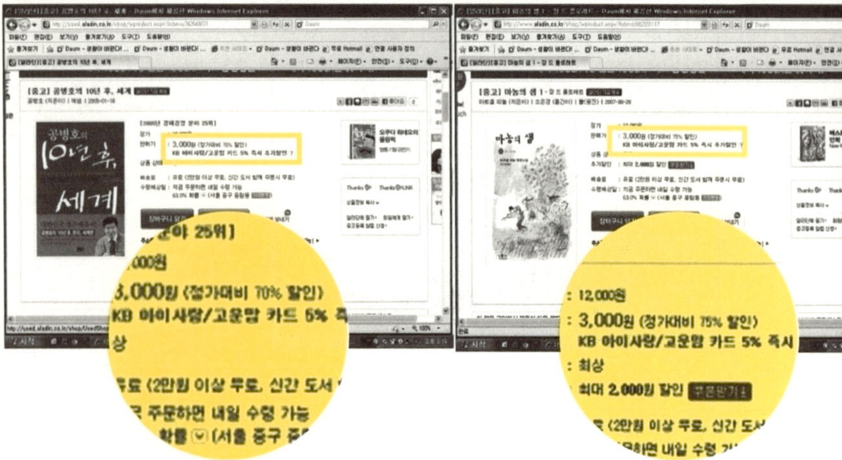


출판사와는 비교도 되지 않을 만큼 적은 부수를 출간합니다. 예를 들면 이번에 내는《우리는 너무 멀리 갔다》의 경우, 외서인데도 1천 부를 찍습니다. 그러니까 이미 2천만 원 가까운 적자를 예상하면서 책을 내는 것입니다. 재판再版을 찍지 않겠느냐고요? 재판의 가능성이 있는 책이면 1천 부를 찍지 않습니다, 2천 부는 찍지.

**"그렇게 뻔히 손해 볼 것을 알면서 왜 냅니까?"**

글쎄 말입니다. 저도 내지 않으면 좋겠습니다. 그런데 이 책을 쓴 유대인 출신 학자인 핀켈슈타인은 이스라엘과 팔레스타인 문제에 관한 한 세계적인 권위자인데다가, 이 책 또한 이 분야에서는 필독해야 할 책이라고 하더군요. 전문가들이. 그래서 저는 정말 내기 싫은데 내야 한다는 직원들과 외부 전문가 분들의 요청에 의해 내게 되었습니다.

이럴 때는 제가 독재자가 되어야 하는데.
아니, 독재자가 꼭 나쁩니까? 우리나라 역대 대통령 가운데 가장 지지율이 높은 대통령도 생전에는 독재자라고 불리던 사람인데.
여하튼 출판사는 손해 볼 것을 뻔히 알면서도 내야 하는 책은 내는 곳입니다.
**만일 손해 볼 것이 분명하니까 "절대 안 돼!"라고 외치는 출판사가 있다면 그건 출판사가 아니라 장사치에 불과하겠지요.**
그렇다면 그 책을 내는 데 필요한 자금은? 당연히 재판 이상을 판매하는 책에서 조달해야 합니다.
그런데 "절대 출판사 장사치들에게 수익을 안겨줄 수 없어. 나는 모든 책을 반드시 싸게 살 거야." 하고 다짐하는 독자만 있다면 어떻게 될까요?
결과는 이렇습니다.

가 출판사 : 팔리는 책, 그러니까 적어도 5천 부 이상 팔릴 거라고 예상하는 책만 내자고. 알았지?
나 출판사 : 우리는 어차피 3천 부 이상 되는 책을 거의 내지 못하니까 일단 쉬자고. 그러다가 팔릴 만한 책이 나타낼 때를 기다려야지.
다 출판사 : 우리가 내는 책이 천 부 이상 나간 적 있었냐? 그러니 천 부만 팔아도 남을 수 있도록 정가를 대폭 올려붙이라고.
라 출판사 : 우리는 어차피 할인판매로 먹고사는 출판사 아니냐? 그러니까 일단 정가를 적정가의 두 배 정도로 매기라고. 그런 다음 실용서라고 해서 반값할인 하라고. 조삼모사朝三暮四라는 고사성어도 있더라. 어차피 독자들은 합리적인 가격의 책보다 비합리적으로 비싼 책이라도 50% 할인해 준다면 싸다고 여긴다고.

마 출판사 : 지난번에 3만 부는 팔릴 거라고 예상한 책이 고작 3천 부 팔리고 말았다고? 그럼 할인율 50% 대박 행사에 참여한다고 해! 뭐? 그 책은 50%에 팔아도 안 나갈 거라고? 그럼 천 원에 판다고 해. 종이값이라도 건져야지 뭐.

바 서점 : 모든 독자들이 할인 판매하는 곳에서만 책을 사니 우리 서점은 더 이상 운영할 수가 없습니다. 그러니 직원 여러분, 그동안 이용해 주신 독자 여러분, 오늘로서 우리는 문을 닫습니다. 이제 싸게 파는 서점을 이용해 주십시오. 감사했습니다.

사 서점 : 드디어 정가대로 책을 파는 서점은 다 사라졌다. 이제 우리 세상이야. 출판사들한테 알아봐. 천 원, 2천 원, 3천 원에 팔 만한 책 있는지, 또 '할인율 50% 대박 행사'에 참여할 출판사 찾아봐!

아 서점 : 할인율 50% 대박 행사에 참여하는 출판사가 왜 이리 적어? 게다가 책들은 또 다 그 모양이냐? 좀 좋은 책 없대? 출판사들이 요즘 책을 내지 않아요. 게다가 좋은 책은 안 팔릴 것 같다고 아예 안 내고, 내도 고작 천 부만 찍어서 꼭 읽을 사람에게만 비싼 값에 팔고 말아요. 그러니 대폭 할인할 만한 책이 없대요. 그러니 모스트셀러 노리고 왕창 찍었다가 실패한 책들만 몰려들어요. 휴, 예전에는 안 그랬는데.

자 독자 : 거 이상하다. 옛날에는 반값에 파는 책들 가운데도 좋은 책들이 많았는데. 요즘에는 반값행사 한다고 해서 봐도 볼 만한 책은 없고 이상한 책만 있어.

차 독자 : 당연하지. '오늘만 반값' 행사가 막 시작할 무렵만 해도 그 이전에 냈던 책들 가운데 팔리지 않은 좋은 책들을 팔았지. 그래서 쓸 만한 책을 고를

수 있었다고. 그런데 이제는 모두들 팔리는 책만 내지. 게다가 좋은 책은 팔릴 부수만 조금 찍어서 비싼 값에 팔고 마니 할인행사에 나오는 책이란 게 대부분 대박을 노렸다가 쪽박 찬 책들이잖아. 그러니 읽을 만한 책이 없을 수밖에.

그래서 출판사는 팔릴 만한 책을 내서 할인을 미끼로 모스트셀러를 노리거나, 아예 책을 내지 않습니다. 이런 현상은 최근 일반화되고 있어서 수많은 출판사들이 개점휴업 상태입니다.
독자들은 당연히 모스트셀러만 읽습니다. 그런데 동네 서점, 소위 눈에 보이는 서점이 대부분 사라진 마당이라 인터넷 서점의 초기 화면, 또는 광고 화면에서 열심히 보여주는 책들이 모스트셀러가 됩니다. 그러니까 결국 독자 여러분은 자신이 책을 골라 읽는 게 아니라 서점이 권해주는 책을 읽는 셈입니다.
그리하여 책을 스스로 선택하지 못하는 사회, 이게 2012년 대한민국의 독서 현실입니다.
서점 또한 책이 안 팔리니 대폭 할인을 반복할 수밖에 없고, 그런 행사에 점차 면역이 생긴 독자들은 더 자극적인 문구, 더 극단적인 할인을 요구하게 됩니다. 그래서 천 원짜리 책을 파는 서점까지 생기게 된 것입니다. 그러나 이 또한 결국에는 독자들의 면역력만 높여줄 뿐입니다.

그리고 이 모든 현상의 밑바탕에는 책이란 존재를 라면과 동일한 상품으로 치부하여 "1+1 행사를 하면 더 잘 팔릴 거야."라는 장사치 사고가 자리하고 있습니다.
그러나 책은 라면과 다릅니다. 길에서 나누어준 '참라면'은 자기 입맛에 조금 안 맞아도 끓여 먹습니다. 그렇지만 아무리 싼 책이라 해도, 아니 거저 준다

해도 독자가 아닌 사람은 절대 책 안 읽습니다. 반면에 책으로 머릿속을 채워야 인간이라고 여기는 분들은 꼭 읽고 싶은 책이 있으면 그 값이 얼마라 해도 통장을 깨서 독자가 됩니다.

**도서 할인이 본격적으로 시작되어 동네 서점이 급감한 오늘날 대한민국 독서량은 최저치를 기록하고 있는 사실이 이러한 현상을 뒷받침해 줍니다.**

결국 도서정가제가 사라진 대한민국에서 이득을 보는 측은 없습니다. 아, 있군요. 시민들이 책을 안 읽어서 점차 능동적인 사고를 하지 못하는 존재가 되면 좋아할 사람들. 이를테면 사이비 정치꾼들, 그저 일확천금이나 노리면서 가진 재산 탕진하도록 유도하는 노름업자들, 자기들 말만이 옳다고 떠드는 사이비 언론인들, 시키면 시키는 대로 물건이나 사고 명품을 들면 머리가 텅 비어도 행복한 소비자를 보며 웃음짓는 재벌들, 세상 돌아가는 이치에는 관심 없이 그저 하루하루 연속극 보면서 즐거워하는 노동자를 고용한 자본가들, 실력 대신 연줄과 학벌로 교수입네 하면서 어깨에 힘주는 폴리페서들. 이들 모두는 시민이 지적으로 성숙하고 창조적이며 비판적인 사고를 소유하면 소유할수록 피곤해지지요. 그래서 그들은 우리 모두가 책을 읽는 대신 게임에 몰두하고 연속극에 몰두하기를 바랍니다.
그들을 제외하면 출판계와 연관을 맺고 있는 관계자들 모두가 피해자입니다.
그리고 바로 이런 이유 때문에 프랑스, 독일, 일본 같은 문화선진국들이 책값에 대해서는 모든 서점에서 같은 가격으로 팔도록 하는 까닭입니다.
미국은 안 그렇다고요? 그렇습니다. 영어권 나라들은 도서 할인이 일반적입니다. 그 까닭은 다음에 알아보기로 하지요.

## 프랑스 아마존. 모든 도서에 대해서는 5%의 할인만이 가능하다.

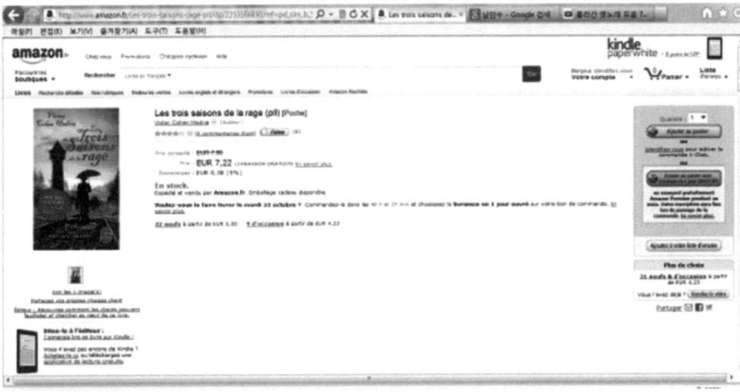

## 일본 아마존. 할인이 아예 없다.

## 스페인 아마존. 프랑스와 마찬가지로 5% 할인율이 적용되고 있다.

## 독일 아마존. 할인율 0%.

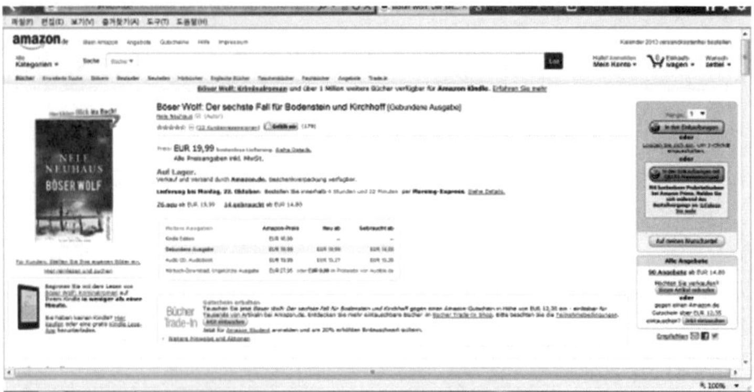


〈산책〉 3호

위 내용은 도서정가제가 시행되기 전에 쓴 글입니다. 그러니 감안해 읽어주십시오. 물론 본질은 예나 이제나 마찬가지이니 행간을 읽어주시면 감사!

# 30년 전 탔던 밤열차에서 문 열고 겨울바람 맞던 기억이 나를 시로 이끌었다

새벽 두 시
출입구 열린 기차에 매달린 채
소란역, 분주역, 공허역을 지나
눈송이를 찾아간다
아무 말 없이 찾아와
아무 말 없이 맞아주는
환한 그리움

숨 한 번 내쉬지 못한 채
어둠의 속으로 향하는 발걸음을
재촉하지 않는다
저기, 불 켠 집 한 채
또 저기, 고요하게 속삭이는 집 한 채
여기는?
막 열매 맺는 보리이삭의 사랑 이야기

막차가 어디 있으랴
세상 끝 어디서도 끝나지 않을 그리움 깊은 사랑
그 사랑의 깊이는 얼마나 깊은지
가도 가도 끝을 알 수 없으니
막차가 어디 있으랴

새벽 세 시
출입구에 매달려
맞는 겨울 찬 바람은 따스하다
그리움 피어나
아, 하고 발화하는 게 분명하다
아, 하고 응답한다
겨울 밤이 쩡 하고 깨진다.

## 비굴한 척 14

# 도서정가제 개정안의 국회 통과를 앞두고 독자 여러분께 드리는 글

장장 10년 가까운 세월 동안 이런저런 우여곡절迂餘曲折을 겪은 도서정가제법 개정안改正案이 출판계와 서점계, 관계기관 사이에 합의가 이루어져 통과를 앞두고 있다는 소식이 전해졌습니다.
그러자 무수히 많은 분들이 이에 대해 출판계가 담합해서 돈벌이에 나섰다, 앞으로 책 안 읽겠다 등등 온갖 원성怨聲을 쏟아내셨습니다.
과연 그럴까요?
이 법의 개정안을 대표발의한 최재천 의원은 정말 출판계와 서점업계의 로비를 받아 이런 담합에 앞장서고 독자들의 얇은 주머니마저 털어버리려고 나선 악덕 국회의원일까요. 그리고 도서정가제 개정안이 통과되면 대한민국 독자들은 더 이상 책을 안 읽게 될까요? 반대로 지금 그대로 유명무실有名無實한 도서정가제가 유지되면 대한민국은 세계 최고 수준의 독서율을 달성하게 될까요?
결론은 그 어느 것도 '아닙니다.'

이번 개정안의 핵심은 다음과 같습니다.

현재 〈출간 18개월 이내의 신간에 대해서 정가의 10%의 할인과 할인된 가격의 10% 마일리지 적립을 허용하고, 구간에 대해서는 무한정의 할인을 허용〉하는 내용을 〈신간과 구간을 구분하지 않고 가격 할인과 각종 마일리지 및 경품 제공 규모가 정가의 15%를 넘지 못한다〉로 바꾸는 것입니다.
그렇습니다. 2014년 현재, 대한민국 도서 시장에서는 말로만 존재하는 도서정가제 아래에서 무한無限의 할인이 이루어지고 있습니다. 책 한 권이 천 원 한 장에 팔리는 것이 오늘날 대한민국 도서 시장의 현실입니다.

**그런데 더욱 놀라운 사실은, 세계에서 유례가 없을 정도로 할인된 가격에 값싸게 공급되는 책이 넘쳐나는 대한민국의 독서율이 OECD 국가 가운데 창피할 정도일 뿐 아니라 날이 갈수록 저하低下하고 있다는 사실입니다.**

몇몇 독자분들 말씀대로라면 예전, 그러니까 모든 서점들이 정가대로 책을 팔 때보다 오늘날 독자가 엄청나게 증가하고 독서율 또한 세계 최고 수준을 유지해야 할 것입니다.
그러나 안타깝게도 도서정가제가 붕괴된 후 대한민국의 독서율은 갈수록 떨어지고 있습니다.
왜일까요?
이에 대해서 저는 〈산책〉 3호에서 자세히 살펴본 바가 있습니다.
(앞에 그 내용이 있다. 그리고 다음 내용은 그 내용에 추가한 부분이다.)

미국은 안 그렇다고요? 그렇습니다. 영어권 나라들은 도서 할인이 일반적입니다. 그 까닭은 간단합니다. 자기 나라에서 할인을 금지해도 다른 나라의 책이 유입流入되기 때문입니다. 그러나 반면에 그런 나라들은 그만큼 시장이 커서 할인된 가격으로 책이 판매되어도 절대 판매부수가 크지요. 그래서 별 문제가 되지 않습니다.
반대로 자신들의 문화와 역사, 지적 성과를 자신들만의 언어로 출판해야 하는 나라의 경우에는 도서만은 정가제를 지키도록 합니다. 그 길만이 자신들의 문화, 문학, 언어, 역사, 나아가 전통과 미래를 지키는 길임을 깨달았기 때문입니다.

아셨습니까?

## 할인율과 독서율 사이에는 아무런 연관성도 없습니다.

책 할인율이 높아지면 독서율도 높아진다면 저부터 그렇게 하겠습니다. 그러나 할인이 공공연하게 시행된 후 대한민국 독서율은 지속적으로 감소했습니다. 이에 대해서는 제 의견이 아니라 공공기관과 언론에서 발표한 내용들이 무수히 많으니 참고하시기 바랍니다.
그렇다면 우리나라에서 개정된 도서정가제 법안이 통과되면 어떤 결과가 나타날까요?

첫째, 인터넷 서점에 밀려 거의 사라져버린 동네 서점이 가까스로 숨을 쉬게 될 것입니다. 여러분 또한 동네 서점에서 책을 확인하고 인터넷 서점에서 싸게 사는 습관에서 차차 벗어나기 시작하실 것입니다. 그렇게 되면 동네 서점들은 용기를 가지고 매장을 늘리고 새로운 책을 더 많이 진열하면서 독자를 기다리게 될 것입니다.

둘째, 인터넷 서점들은 지금처럼 값으로 경쟁하는 비문화적非文化的 방식 대신 다양한 방식으로 독자 서비스를 확대할 것입니다. 사실 제가 가장 좋아하는 서비스 가운데 하나가 한 인터넷 서점에서 제공하는 특정 출판사 소개 메일입니다. 아무리 책을 좋아해도 모든 책을 다 볼 수는 없지요. 그런데 가끔 꽤 좋은 출판사의 많은 책을 일목요연하게 정리해서 소개해 주기 때문입니다. 게다가 출혈경쟁出血競爭을 하지 않아도 되니 다양한 서비스를 제공할 수 있는 여유도 생기지 않겠습니까?

셋째, 출판사들은 어떨까요? 독자 여러분께서 가장 궁금해 하실 곳이 바로 출판사겠지요. 되지도 않은 책을 내서 폭리暴利를 취할 곳이 바로 출판사일 테니까요.

그러나 그런 염려는 하지 않으셔도 됩니다. 오늘날 출판사들은 정가를 책정策定할 때 이미 20%의 정가 거품을 덧붙입니다. 출판사 담당자들이 바보가 아닌 한 대부분 독자들이 정가의 20% 정도를 할인해서 구입할 것을 번연히 아는데 왜 제대로 정가를 책정하겠습니까? 그러니 여러분은 이미 거품이 낀 정가표를 보고 계신 것입니다. 물론 이제까지 정가를 내고 책을 구입하신 분들께는 드릴 말씀이 없습니다. 그러나 현실이 그러했기에 어쩔 수가 없었던 것입니다. 그러니 그런 불합리不合理한 구조를 바꾸는 것이 당연한 일이겠지요.

개정된 법률안이 시행되면 몇몇 비윤리적非倫理的인 출판사를 제외하고 대부분의 출판사들은 합리적인 정가를 책정하게 될 것입니다. 저만 해도 오늘 아침 회의에서 도서정가제를 대비해서 향후에는 정가 책정에 새로운 기준을 세우도록 직원들에게 부탁했습니다. 물론 저희 출판사 책을 읽으시는 분들이 많지 않으셔서 정가 인하引下를 체감體感하기는 힘드실 것이지만 많은 출판사들이 그럴 것이니 기다려 보십시오.

그런데 더욱 중요한 것은 독자 여러분께서 출판사의 민낯을 바라보실 수 있을 거라는 사실입니다. 무슨 말이냐고요?

만일 지금까지 책의 질보다는 가격, 정상적인 유통 과정을 거쳐 독자 여러분을 만나기보다는 홈쇼핑을 비롯한 온갖 방식으로 엄청난 양의 책을 한꺼번에 대폭 할인된 가격에 밀어내는 등의 방식으로 영업을 하던 출판사들은 아마 도서정가제 개정으로 닥쳐올 환경에 당황하고 있을지 모릅니다.

반면에 1년에 십수 종의 책일지언정 혼을 담아 출판에 힘을 쏟던 강소强小 출판사들은 이제야 합리적인 과정을 거쳐 독자 여러분을 만날 기회를 얻었다며 더 좋은 책을 더 적극적으로 출간하겠다고 신발끈을 조이고 있을 것입니다.

책은 라면값과 다릅니다.

싸다고 먹고 비싸다고 안 먹는 라면이 아닙니다.

**책은 아무리 싸도 안 읽는 사람은 안 읽습니다. 공짜 책일수록 더 안 읽는다는 말이 생겨난 까닭입니다. 반면에 책 한 권이 얼마나 위대한 변화를 이끄는지 아는 분들은 일이천 원 비싸다고**

## 안 사고 100권 사면 50%에 준다고 사는 짓, 하지 않습니다.

처음에는 뭔가 손해를 보는 게 아닌가 의구심疑懼心을 가지실 수 있습니다. 그러나 약간의 진통을 겪은 후에는 우리 출판계가 제대로 된 길을 갈 것입니다. 잠시만 기다려 주십시오.

만일 시간이 지난 후에도 여러분 판단에 비합리적이라고 여기신다면 그때 가서 따끔히 회초리를 때리십시오. 기꺼이 종아리를 내밀겠습니다.

덧붙임 : 기존 도서 가운데 팔리지 않는 책들을 싼 값에 판매하는 경우가 있습니다. 제 판단에는 이런 경우가 도서정가제의 가장 큰 사각지대死角地帶가 될 것입니다. 개정된 도서정가제가 시행되면 이른바 반품재고도서(요즘은 리퍼브 도서라고 영어를 사용하는데 저는 반대합니다. 반품도서나 재고도서라고 하면 되는데 굳이 어려운 영어를 사용하는 까닭이 뭔지 모르겠습니다)를 출판사들이 활용할 수 있는 방안이 없습니다. 물론 반품도서와 재고도서를 대폭 할인한다고 해서 팔린다는 보장은 전혀 없습니다. 다만 그런 시도를 해볼 수 있는 것이지요. 그러나 이제는 그런 행위도 할 수 없습니다. 따라서 이는 출판사들로서는 상당한 고통을 안게 되는 대목입니다.

반면에 독자들로서도 이런 책을 할인된 가격에 구입할 수 있는 기회를 상실喪失하게 됩니다. 따라서 반품재고도서 해결 방안이 새롭게 마련되어야 할 것으로 생각됩니다.

제 생각에는 이런 경우를 대비해 출판사들은 서점과 연계해 도서정가의 조정調整을 통해 독자들에게 다양한 책의 구입 기회를 제공하는 것이 어떨까 생각해 봅니다. 물론 이러한 활동은 서점과 출판계가 합리적인 의사소통의 장을 마련할 때 가능하겠지만. 그래서 더더욱 서점과 출판계의 공생共生을 위한 합리적인 유통 질서 확립이 요구된다고 하겠습니다.

한 가지 덧붙인다면, 출판사들의 반품재고도서 문제, 그리고 극심한 출판경기 악화惡化를 틈타 요즘 출판사들로부터 책을 말 그대로 '종잇값' 정도만 받고 많은 양을 구입(이런 경우는 구입이라고 하기가 그렇죠. 트럭으로 구입해서 정상적인 유통망이 아닌, 길거리나 특이한 곳에서 파는 것이니까요)하겠다고 나서는 업체들이 있습니다. 정말 이런 업체를 이용하는 출판사는 사라져야 합니다. 물론 이런 경로를 통해 한푼이라도 건지려는 안간힘을 모르는 것은 아니지만 이는 곧 합리적인 가격을 치르고 책을 구입하는 독자를 우롱하는 것이며, 합리적인 가격에 책을 유통시키는 서점을 우롱하는 일이며, 유통기한이 지나 떨이로 팔고 남는 것은 쉽게 버리는 장사치의 태도이기 때문입니다. 물론 이러한 비합리적인 유통망 또한 개정된 도서정가제가 시행되면 사라지겠지만 말이지요.

**마지막 덧붙임**

이 글은 사실 전문가도 아닌 제가 생각나는 대로 적어나간 글입니다. 그러니 빈틈도 많고 허점투성이일 가능성이 높습니다. 그러니 읽으시는 분들께서는 글 안에 담고자 한 본질本質을 이해해 주신다면 더 없이 감사하겠습니다. 하고 싶은 말도 넘치고 해야 할 말도 넘치지만 이것으로 그치겠습니다.

도서정가제가 시행되면서 나는 내가 할 수 있는 범위 내에서
책정하고 책을 출간하고 판매행위를 하는 곳이 아니라는 사실
않을 수 없다. 그렇다고 늘, 언제나 그렇게는 살지 않는다는

ㅏ 여러분께 출판사라는 곳이 오직 돈을 벌기 위해 정가를
고 싶었다. 물론 먹고살려면 최소한의 경제적 활동을 하지
말이다. 그래서 다음과 같은 글을 썼다.

## 《징비록懲毖錄》에 대한 느낌!

2015년 2월 14일, 자칭 공영방송 KBS에서 사극 〈징비록〉 방영을 시작했다.

그런데 《징비록》이 드라마로 방영된다는 소문이 돌기 시작하면서 갑자기 《징비록》과 유성룡柳成龍(요즘은 류성룡으로 표기하고 있는데, 이는 선생의 종가인 풍산 류씨 가문에서 그렇게 쓰기로 했기 때문이다. 그런데 우리말 표기법에서는 두음법칙에 따라 '유'로 쓰기로 약속한 상태다. 성의 경우, '이'를 '리', '유'를 '류'로 표기하는 경우가 있는데, 국립국어원의 《표준국어대사전》에서는 '이', '유'로 표기하고 있다. 그래서 내가 번역한 책에서도 '유성룡'으로 표기하고 있음을 알려드린다. 하루 빨리 혼란을 바로잡을 수 있는 지침이 정해지기를 바란다.) 선생에 대한 책이 봇물처럼 쏟아져 나오기 시작했다.

이 광고는 그런 상황에서 독자 여러분께 드리는 글이었다.

# 한 느낌!



가요.

00년대 초반에 출간된 《징비록》은 수백 년 동안 잉 다가 차츰 고전의 반열에 오르기 시작하더니 이윽고 는 드라마로 제작되기에 이르렀습니다. 저로서는 참으 일입니다. 누가 뭐라고 해도 《징비록》이 이만큼 우리 전으로 우뚝 서게 된 데는 제 노력도 한몫했다고 자부 입니다.

록》을 출간할 때와는 달리 지금은 무수히 많은 판본 어 있습니다. 《징비록》을 각색해서 출간한 책들도 많 마 드라마가 시작되면 요즘 유행하는 '영상+책'이라는 드)를 이용해 새로운 책들이 대중용으로 출간될지도

자 여러분께서 잊지 않으셨으면 하는 게 있습니다. 길 때는 고전 자체의 즐거움, 내용, 철학을 즐기셨으면 지요.

그래서 무엇보다 중요한 것이 고전의 원서를 읽는 것입니다. 특히 《징비록》처럼 분명한 목적(유성룡 선생께서 말씀하셨죠. "내가 징계해서 후환을 경계한다'라는 뜻에서 《징비록》을 썼으니 이를 교훈삼아 다시는 외환外患을 잊지 않도록 하라!")을 후손들에게 전달하기 위해 쉬운 문체로 쓴 고전은 흔치 않습니다. 어떤 출판사의 어떤 판본이라도 괜찮습니다. 정성을 다해 출간한 책이라면 우리가 배우고 잊지 말아야 할 가르침이 담겨 있을 테니까요.

아래 목록은 《징비록》에 기울인 노력만큼, 아니 그보다 더한 노력을 기울여 펴낸 〈오래된책방〉 시리즈입니다. 게으른 데다가 여러 어려움이 겹쳐 10년이 넘었는데도 고작 17권밖에 출간하지 못했지만 잊지 말아 주십시오. 여러분의 관심이 더해진다면 아무리 어렵고 힘든 일일지라도 30권, 50권, 100권까지 나아갈 수 있는 힘을 얻을 테니까요.

〈오래된책방〉 기획자 겸 《징비록》 번역자 김홍식 드림

보낸 환란의 세월_ **간양록**
그리다_ **고려도경**
찾아서_ **발해고**
본 개화와 망국의 역사_ **매천야록**
13 당쟁의 상처를 딛고 조선 팔도를 누비다_ **택리지**
14 박학다식 조선 선비, 이야기로 세상을 담다_ **용재총화**
15 환국의 소용돌이에 휩쓸린 비운의 왕비_ **인현왕후전**
16 1619년 심하 전쟁과 포로수용소 일기_ **책중일록**
17 세계의 중심, 북경을 가다_ **조천일기**

◉ 〈오래된책방〉 시리즈는 계속 출간됩니다.

사실 중복重複 출판이 어제오늘의 일도 아니고, 나 또한 이미 출간된 《징비록》을 참고하여 번역했고, 내가 출판할 무렵에도 《징비록》이 판매되고 있었기 때문에 이에 대해 뭐라고 할 말이 없다.
그러나 안타까운 점은 없지 않다.
다음 글은 12년 전에 〈오래된 책방〉을 출간하면서 어쭙잖게 시리즈 책 앞에 붙인 너스레다.

십 년 동안 꾸어 온 꿈

벌써 10년이 지났습니다.

출판을 꾼꾼 것은 25년 전,
출판을 시작한 것은 12년 전,
그리고 첫 고전古典을 출간한 것은 10년 전이었습니다.
왜 고전을 좋아했는지는 잘 모르겠습니다. 다만 지리산을 오르면서 "내가 밟는 이 길을 백제·신라·조선의 누군가도 밟았겠구나." 하여 느꼈던 소박한 역사의식이 통했는지 모르겠습니다.

여전히 부족합니다.

출판의 길에 들어선 지 2년이 지나 처음으로 고전에 눈을 돌렸습니다. 제목은 《일연과 함께 떠나는 삼국여행》. 그럴듯하지 않습니까? 고전을 누구나 읽을 수 있도록 해야겠다는 제 소박한 출판철학은 그렇게 결실을 보았습니다. 물론 돌아보면 부족한 점 투성이의 자화상이지만 말입니다.

왜 다른 책은?

그 후로도 《실학산책 1, 2》, 《동국병감》, 《택리지》 같은 책을 계속 출간했습니다. 그러나 빠듯한 출판사 경제력으로는 한계가 있었습니다. 그럼에도 고전은 이제껏 네 출판의 화두話頭였습니다.
첫째, 고전을 읽지 않는 세태는 독자의 책임이 결코 아닙니다. 《그리스·로마 신화》를 다룬 책은 이루 다 셀 수가 없습니다. 그런데 우리 고전은 어떻습니까? 몇몇 분들과 사명의식을 가진 출판사들의 노력에도 불구하고 대부분의 고전은 교과서 속의 필독서로 남아 있습니다.
둘째, 내가 읽을 수 있어야 남도 읽는다는 평범한 진실입니다. 그럼, 어떻게 해야 나부터 고전을 읽을 수 있을까? 오직 이것을 생각했습니다. 그리고 제 나름의 해답을 얻었습니다.
〈오래된 책방〉, 이것이 제가 찾아낸 답입니다.

〈오래된 책방〉

작업에 참여하신 분들은 처음에 난색을 표명하셨습니다. 힘겹고 부담감과 책임이 뒤따르는 작업이니까요. 참여를 망설이시는 한 분 한 분을 만나 설득했습니다.
"아무도 읽지 않고 있습니다. 그러면서도 잘못했다는 비난이 두려워 모르쇠합니다. 비난받으면 어떻습니까? 우리 능력이 미치는 데까지 하고, 그 다음은 더 뛰어난 분들께 맡깁시다."
그 분들은 지금 한결같이 말씀하십니다.
"정말 재미있어요. 전공 분야인데도 읽지 않았거든요. 이제는 제가 좋아서 합니다."

이제 시작입니다.

지금 제 심경은 미뤄둔 숙제를 마친 느낌입니다. 최선을 다했으나 부족한 점이 많을 것입니다. 여러분들께서 보내주시는 질책이야말로 저희의 보람이 될 것입니다. 그리고 지금 이 순간에도 감춰진 우리 고전들을 찾아 밤을 지새우는 모든 분들께 감사를 드립니다.

〈오래된 책방〉 기획자
김 흥 식

십여 년이 지나 다시 읽어보니 가소可笑롭기도 하고 대견하기도 하다.
사실 〈오래된 책방〉 시리즈를 처음 낼 때만 해도 우리 고전에 그림과 일러스트, 사진 등을 삽입해 출간하는 일은 전혀 없었다. 그러다 보니 우리 고전! 하면 말 그대로 먼지 냄새 풀풀 풍기는 고전古典, 즉 '오래된 책'으로 치부置簿되었고, 전공자 외에는 거의 읽지 않는 상황이었다. 물론 삼국유사를 비롯해 몇몇 주요

도서는 널리 읽히고 있었지만.

그런 상황에서 나는 〈오래된 책방〉 시리즈에 출판의 마지막 힘을 다 투여投與하기로 결심했다.
그 무렵, 10년 가까운 출판 경력을 통해 얻은 지혜는 내게 "너는 모스트셀러를 낼 능력이 안 된다. 그러니 그런 우연은 기대하지 마라." 하고 알려주고 있었다.
게다가 출판에 투입할 경제적 기반 또한 거의 바닥을 드러내고 있었다.
그래서 내린 결론이 이것이었다.
"그래. 있는 것 다 동원해서 내가 내고 싶은 책이나 실컷 내자. 그리고 출판의 삶을 장렬히 마감하자. 그런 후에는 내가 좋아하는 우동집을 하자."
그러다 보니 고증考證을 통해 일러스트를 그리고, 그림과 사진 판권을 섭외涉外하며 번역의 충실성을 확인하는 과정을 통틀어 2년 가까이 걸리는 작업에 소요所要되는 비용도 무섭지 않았다. 원래 촛불도 마지막 꺼질 무렵에 가장 환히 타오른다고 하지 않는가.
그런데 놀라운 일이 일어났다.
〈오래된 책방〉 시리즈 1차분 3권이 출간되자 그 전에 출간한 책들과는 달리 꾸준히 판매가 되기 시작한 것이다.
'역시 좋은 책은 독자가 알아보는구나.'
그 후 우리 출판사에서는 회의 시간에 모스트셀러라는 단어를 언급言及하지 않는다. 그럴 능력도 없고 그럴 원고도 없을 뿐 아니라, 그런 책보다는 10년이 지나도 독자께서 찾는 책을 기획, 출간하자는 암묵적인 동의가 모든 구성원들 사이에 공유共有되기 때문일 것이다.

다시 《징비록》에 대한 느낌으로 돌아가자.
안타까운 점은 바로 이런 것이리라.
고전이라면 당연히 중복 출판이 될 수밖에 없을 것이다. 그러나 지금 출간되는 책들 가운데는 자신만의 색깔, 세상에 유일한 단 한 권의 책으로서 존재 의미를 갖지 못한 책들이 없지 않은 듯하다.
그러다 보니 정말 안타까운 일이 벌어지고 있는 게 현실이다.
그건 오래 전부터 《징비록》이라는 고전을 출간한 출판사들의 책은 뒷전으로 밀려나고 최근에 출간된 책들이 판매 상위권을 점령하고 있는 것이다.
지금 이 순간, 어떤 서점 누리집이라도 들어가 보시라. 판매 상위를 차지하고 있는 책들이 대부분 2015년에 출간된 책들임을 쉽게 확인할 수 있을 것이다.
물론 내가 번역한 책은 독특하게도 상위권에 위치해 있는데, 아마도 개정판을 내면서 320쪽 가까운 책의 정가를 12년 전 가격 그대로 유지했기 때문이 아닐까.
그렇다고 내가 비굴한 겸손만 떨 수는 없는 노릇이다. 왜 그런가?

〈오래된 책방〉 시리즈는 앞서 언급한 바와 같이 예전 고전과는 달리 우리나라에서 최초로 고전을 이해하는 데 필요한 일러스트와 그림, 사진 자료, 지도 등 다양한 자료를 삽입하여 독자분들께 그 시대를 직접 살아가는 느낌을 전달하고자 했다.
그러나 그 외에 한 가지 특징이 더 있으니, 그건 바로 부제副題를 붙인 것이다.
〈오래된 책방〉을 출간할 무렵, 비사秘史를 하나 공개하자면 이런 일이 있었다.
"《징비록》 저자 유성룡 선생 연락처 좀 알려주십시오."
책을 출간한 지 얼마 되지 않아 이런 전화가 출판사로 걸려온 것이다. 물론 책을 꼼꼼히 읽지 않은 독자분의 착오였겠지만 그만큼 《징비록》이라는 책은 2000년대 초반까지만 해도 대중들에게 낯선 고전이었다. 오죽하면 내가 이 책을 번역하고 있을 무렵 직원들이 "《징비록》은 출간하지 마세요. 아무도 몰라요." 하는 말을 했겠는가.

그때 내 답변은 이랬다.

"우리 책이 언제는 팔렸니? 이 책은 무슨 일이 있어도 낸다. 내가 읽으면서 눈물을 흘린 고전은 이 책이 유일하니까. 이런 책도 내지 않을 거라면 왜 출판을 한단 말이냐?"

그렇게 탄생한 책이 《징비록》이다. 그러다 보니 책을 출간하면서 약간 우려가 되었다.

'도대체 사람들이 이 책이 무슨 책인지는 알까?'

그래서 떠올린 생각이 부제副題를 붙이는 것이었다.

**〈오래된 책방〉 1. 《시대를 아파한 조선 선비의 청국 기행 – 북학의》**

**〈오래된 책방〉 2. 《지옥의 전쟁, 그리고 반성의 기록 – 징비록》**

**〈오래된 책방〉 3. 《낯선 조선 땅에서 보낸 13년 20일의 기록 – 하멜표류기》**

이 세 권이 〈오래된 책방〉 1차분 목록이다.

그런데 최근 드라마 붐을 타고 새로이 출간된 책들 또한 대부분 부제를 달고 출간되었다. 오죽하면 소설들마저 부제가 붙은 게 다수多數이다.

《비열한 역사와의 결별, 징비록》, 《징비록 : 부끄러운 역사를 이겨 낸 위대한 기록》, 《인문만화 징비록 : 임진왜란 7년 눈물과 회한으로 쓴 반성의 기록》, 《징비록 : 유성룡이 보고 겪은 참혹한 임진왜란》, 《징비록 : 대한민국 국보

132호, 반성을 위한 전쟁의 기록》 등이 그것인데, '지옥의 전쟁, 그리고 반성의 기록'이라는 부제를 12년 전에 붙인 나로서는 요즘 붙은 부제들을 어디서 본 듯한 느낌이 드는 것이 사실이다.

물론 《징비록》은 수많은 출판사에서 새롭게 출간할 만큼, 그리고 소설로, 다른 인문학 도서로 출간할 만한 가치가 충분한 책이다.
그러나 이 책 외에도 우리 고전 가운데는 참으로 뛰어난 가치와 의미를 지닌 것들이 많다. 《징비록》에 투여되는 노력과 자원의 절반만이라도 숨겨진 고전들에 투여되면 어떨까 하는 안타까움이 드는 것이 '내 책만 팔아야지' 하는 나의 속 좁은 심사心思 때문일까?

《징비록》에 대한 느낌은 이것으로 줄인다.
마지막으로 첨언할 것은 내가 번역해서 도서출판 서해문집에서 출간, 판매하고 있는 《징비록》의 가격이 8,700원이라는 사실이다. 320쪽의 2도 인쇄 책 가격으로는 턱없이 낮다.
당연히 이 책이 판매된다고 해서 큰 수익을 거둘 수는 없다. 정상적인 수익을 거두기 위해서는 적어도 정가를 12,000원 정도로 책정해야 할 테니까.
그러나 나는 마케팅을 담당하는 부서와 편집부, 제작부서의 의견을 거절했다. 그리고 12년 전 가격, 그것도 240쪽에 불과한 초판 가격 그대로 책정하도록 했다. 그 까닭은 다음 광고에 실려 있다.
가끔은 이런 만용이라도 부려야 독자 여러분께 뵐 낯이 있지 않겠는가. 그리고 '내 책만 팔아야지.' 하는 마음에서 이 글을 쓴 것이 아니라는 사실도 기억해 주실 분이 계시지 않을까?

사 기록, 명재상 유성룡이 눈물과 회한으로 쓴 반성의 기록

# 지켰습니다!

는 올리는 것이 당연하지 않아요?"

80쪽이 늘어났다면 제작비 또한 30% 이상 늘어납니다.

는 가격 인상에 반대했습니다. 이유는 다음과 같습니다.

**이 책의 저자가 아닙니다.** 유성룡 선생께서는 이 책을 집 얼마 지나지 않아 돌아가셨습니다. 결국 이 책을 유언처럼 , 다시는 이 땅을 다른 자들의 먹잇감이 되지 않도록 조심 하라고 하셨습니다. 그러나 우리는 그러지 못했습니다. 따라 큼은 경제적 논리에 휘둘려서는 안 된다고 판단했습니다.

**이 책을 제가 운영하는 출판사에서 출간했습니다.** 그러니 역자로서 받아야 할 인세를 받지 않아도 됩니다. 20%(인세 다 낮지만 인세는 정가를 기준으로 하는 반면 출판사의 판 가보다 훨씬 낮기 때문에 이 정도의 비중을 차지합니다) 이 낮출 수 있는 까닭입니다.

**곧 도서정가제가 출범합니다.** 많은 독자 여러분께서는 이 제도가 출판사의 배를 불리기 위한 것이라고 여기실 것입니다. 그러나 절대 그렇지 않습니다. 물론 과거의 허울뿐인 도서정가제를 이용해 돈 버는 데 여념이 없던 출판사들은 새로 개정된 도서정가제 또한 어떻게 이용해 돈을 벌까 고민할 것입니다. 그러나 대부분의 출판문화인들이 과거의 도서정가제 하에서 고통을 겪었고, 새로이 적용될 도서정가제 하에서도 역시 고통을 겪을 것입니다. 이러한 사실을 잘 모르시는 독자 여러분께서 모든 출판사를 같게 여기셔도 할 말이 없습니다. 그러나 조금만 기다려 주십시오. 여러분 두 눈으로 확인하실 수 있는 날이 올 것입니다. 이 책은 제 수준에서 여러분께 드릴 수 있는 최대한의 약속입니다.

도서출판 서해문집과 파란자전거는 새로이 적용되는 도서정가제가 좋은 책을 적정한 가격에 독자 여러분께 전해 드리는 역할을 수행할 수 있도록 최선을 다할 것입니다. 감사합니다.

김흥식 올림

중일기 08 서유견문 09 간양록 10 고려도경 11 발해고 12 매천야록 13 택리지 14 용재총화 15 인현왕후전 16 책중일록 17 조천일기

지금까지 살펴본 글은 〈산책〉에 등장하는 글들 가운데 자극적이고 선정적인 것들이다.

그러나 알고 보면 나는 그렇게 과격하고 선정적인 사람은 아니다. 그건 내가 출판사 운영자나 필자보다 강연자로 더 유명하다는 사실만 보아도 확인할 수 있지 않을까? 올해만 해도 무수히 많은 강연을 다녀왔다. 그 가운데 나 스스로 하겠다고 나선 경우는 단 한 번도 없다. 오히려 이러저러해서 가지 못하니 양해해 주십시오, 하고 정중히 거절한 경우가 있을 뿐이다.

그런데도 다른 사람 눈에 과격하게 보였다면 그건 우리 사회가 온건한 사람을 과격하게 만들기 때문일 것이다. 비단 나뿐이겠는가? 그래서 〈산책〉에는 나보다 더 온건한 사람이 어떻게 과격하게 변하는가를 보여주는 글 몇 편을 무단복제無斷複製한 적이 있다. 다음은 그런 글이다.

# 나는 서화숙이 좋다!

내가 좋아하는 사람이 적지 않지만 요즘 가장 좋아하는 사람은 서화숙이다. 서화숙은 한국일보 선임기자先任記者다.

품성론品性論

영화배우 김부선씨가 10년 넘게 아파트 난방비 비리를 바로잡기 위해 애써왔지만 해결책을 못 찾던 것이 도둑난방을 해온 전 부녀회장이 싸움을 걸고 김부선씨한테 뒤집어씌우려는 바람에 모든 문제가 바로잡혔다. 김부선씨네 아파트 비리가 드러난 것은 물론 전국에 유사한 사례까지 조사해서 바로잡는 계기가 됐다. 난방비를 도둑질해온 주민은 김부선씨가 반상회에서 문제를 제기하자 싸움을 걸었고 경찰에 고발해서 대중에 공개했다. 김부선씨는 '드세다'는 평가를 받아왔기에 행위보다는 태도를 문제 삼는 보수적保守的인 사회에서 폭력을 덧씌우면 매장하기 쉽다고 여겼을 것이다. 그러나 다행히도 한국 사회는 이제 더 이상 그렇게 낙후落後하지 않다. 그런데도 행위가 아니라 태도를 문제 삼아 상대방을 무력화無力化시키려는 시도는 여전히 곳곳에서 일어난다. 쌤앤파커스 출판사의 인사 담당 상무가 정규직 여부가 달려 있는 수습직원을 오피스텔로 불러 옷을 벗어보라고 했다는 문제로 그만두었다가 복직한 문제로 시끌벅적했다. 수습기간이 17개월이라는 사실까지 드러났다. 출판사는 18일 임직원 명의로 '드리는 말씀'에서 회사 분위기가 가족적이었고 수습기간은 6개월인데 성추행 당한 A씨가 정규직이 되는 기준에 약간 미달해서 기회를 한 번 더 주다 보니 그렇게 됐다고 변명을 했다. '자질 없는 이를 받아줬더니 사고 쳤다'는 뉘앙스이다. 역시 한국 사회가 행위보다 태도를 문제 삼는다고 자신하지 않는다면 나오지 않을 방식이다.

세월호 유족들이 새정치민주연합 김현 의원과 술을 마신 뒤 안산에 못 간다는 대리기사와 싸웠다는 기사도 그렇다. 유족이나 국회의원의 행위는 잘못이다. 그런데 국회의장을 지낸 박희태 새누리당 상임고문이 골프장에서 캐디에게 하도 지분거려서 참다못한 캐디가 경찰에 고소한 사건보다 큰 기사거리는 아니다. 공인公人의 권력형 비행非行보다는 사인私人끼리의 시비是非에 가깝다. 다섯 달 전 자식을 잃고 이유를 밝혀 달랬더니 흉악범이라도 되는 양 경찰의 모진 대접을 받고 일베들의 모욕까지 견뎌야 하는 이들이 어느 날 폭발한다고 해서 '공인이 그럴 수 있느냐'는 비난을 받는다면 가혹하다. 더구나 이들이 시비를 했다는 것이 세월호 진상 규명이라는 요구 사항에 대한 외면外面으로 이어져서는 절대 안 된다. '참사특별위원회에 유족遺族들이 들어가는데 왜 공인이 아니냐'고 비난을 쏟아 붓지만 세월호 특별법안 어디에도 참사특위에 유족이 들어간다는 내용이 없다. 이 법은 보수적인 대한변호사협회가 제시하는 안으로 진상 규명과 재발 방지 대책에 집중한다. 그런데도 '대리기사를 폭행하는 유족들의 주장은 받아들일 수 없다'는 이상한 논리가 기승을 부린다. 유족들이 세월호 특별법만을 주장하는 것도 아니다. 엄정한 수사와 기소를 바랄 뿐이다. 국정원 직원들이 선거에 개입했는데도 국정원장이 무죄라는 사법부에 대해서 항소를 미적거리는 수사와 기소 주체(검찰)가 아니라 성역 없이 사실을 밝힐 조사 기구를 바란다.

내용이나 본질이 아니라 태도 시비로 고비를 돌파하려는 것은 박근혜 대통령에게서도 분명히 드러난다. 대통령이 세월호 참사 당일 오전 10시 반부터 오후 다섯 시 반까지 7시간 동안 부재不在한 데 대해 시비하는 것을 '모독冒瀆'이라고 표현하고 단속하려 든다. '대통령한테 건방진 태도를 보이지 말라'는 어이없는 자세이다. 해경이 왜 구조를 하지 않았느냐는 의문을 7시간 부재론不在論으로 옮긴 것은 청와대 자신이다. 비서실장이 '대통령은 7시간 동안 몰랐다(그래서 책임 없다)'고 한 데서 시작됐다. 그동안 서면書面과 전화 보고만 받았다니 의혹은 증폭됐다. 노무현 대통령 때 대한민국 3면의 바다에 뜬 어떤 배와도 교신할 수 있는 위기상황실을 청와대에 만들어놓았는데 도대체 박 대통령은 무엇을 했기에 위기상황실을 가동하지 않고 해경의 구조 태만을 버려두었는가 궁금해진 것이다.

7시간 부재에 대한 의문을 '모독'이라고 피해가니 궁금증은 더 커진다. 과연 세월호 그날만 부재했나. 다른 날도 대통령이 부재하는 시간이 많은가. 그날 그 시간에 대통령이 무엇을 했든 상관이 없다. 연애를 잘하든 품성이 방탕放蕩하든 문제가 되지 않는다. 대통령으로 국가를 안전하게 이끌어갈 능력이 되느냐, 그날 그 위기의 시간에 그런 통치행위를 했느냐만 중요하다. 품성론이나 태도 논란으로 문제를 비껴갈 수 없다.

-2014. 9. 19일자 서화숙 칼럼에서 무단 복제.

나는 카피레프트주의자이기 때문에 특별한 경우가 아니면 내 글을 무단 복제하는 것에도 관심이 없고, 다른 사람의 글을 무단 복제하는 행위도 서슴지 않는다.

위 글을 내가 '무단 복제'한 행위 가운데 '무단無斷'에 방점을 찍는다면 그건 본질에서 어긋나도 한참 어긋난 것이다. 나는 '복제複製'라는 행동을 한 것이다.

이 글은 복제해서 널리 퍼뜨릴 만큼 가치가 있다고 여겼기 때문이다.

나는 이런 글을 좋아한다. 에둘러 말하거나, 우아하게 치장하는 글은 내 인식 능력으로는 이해하기 어렵기 때문이다. 그냥 할 말을 해주어야 내 부족한 머리가 이해할 수 있는 것이다.

덧붙임 : 언젠가 나는 서화숙 선임기자의 글을 출간할 것이다. 기대하시라!

예? 원고를 안 주실 거라고요? 음~. 이왕이면 책 잘 파는 ㅆ출판사에서 내실 거라고요?

이럴 때 나는 한없이 약해진다. 우리는 언제나 책을 잘 팔 수 있을까.

-〈산책〉8호

유진룡
전 문화부
장관께

7, 8년 전, 아니면 그보다 좀 더 오래 전 일이었던 것 같습니다.
출판出版 관련 단체에서 일할 때였지요. 출판사 사장이라는 명목 때
일이랄 것도 없었고, 제가 워낙 게으르고 불성실해서 더더욱 일을
그렇지만 여하튼 자리를 차고 앉아 있던 시절이었는데, 그때 장관님
생겼습니다. 제 기억이 맞다면 아마 출판계를 담당하던 문화부 국장
그래서 출판계 사람들과 연석회의連席會議 같은 것을 했던 것 같고,
자리를 갖게 되었겠지요.
모르시겠지만 저는 술을 한 잔도 못합니다. 그리고 유명 출판사 사
장관님께서 저를 기억하실 리는 만무萬無합니다.
그러나 저는 장관님을 기억하고 있지요. 왜냐고요?
음, 중앙부처 국장이라고 하면 대단한 자리지요. 물론 저라는 무례
대통령도 시답지 않게 보는 사람이지만, 그래도 세상 사람들이 모두
지위가 있는 분들은 겉으로라도 대우待遇를 해드리곤 했지요. 그래
조금은 압니다.
그런데 장관님은 조금 다르시더라고요. 우선 국장이란 분이 그런 

l 된 자리이니 특별히
지도 않았지요.
리를 함께할 기회가
계셨을 겁니다.
ㅏ 끝난 후 뒤풀이

기 때문에

는 국장은커녕
각이 아니라서
분들의 행태行態를

주집(이었던 것으로

기억합니다)에 참석하신 것도 남달랐고, 그 자리에서 출판계 사람들과 허심탄회하게 대화對話를 나누는 것 또한 달랐습니다. 그러다 보니 '아, 이 분은 기본적으로 예의와 상식을 갖춘 분이구나!' 하는 생각이 절로 떠올랐습니다.

그러던 분이 후에 문화부를 떠났다는 소식을 듣고는 조금 마음이 아팠지요.

그런데 갑자기 장관님께서 박근혜 1기 내각 인사에서 문화부 장관의 자리에 올랐다는 소식을 들었습니다. 그때 제 생각이 어땠는지 궁금하지 않으시겠지만 저로서는 참 복잡複雜했습니다.

'야, 이런 중구난방衆口難防의 인사人事 속에서 어떻게 문화부 장관 후보자만은 제대로 선발했지?' 하는 것이 처음 든 생각이었지요.

그러나 다음 생각은 썩 좋지 않았습니다. '이 분이 왜 이런 시기에 장관 자리에 앉으셨을까?' 이건 장관님을 탓하는 물음이 아니었습니다. 안타까움이었지요. 나이도 있고 관직을 그만둔 후 경력 단절斷絶 기간도 있기 때문에 그때가 아니면 다시 문화부 수장首長 자리를 맡을 기회는 오지 않았을 것입니다. 그러니 장관님으로서는 자신이 몸담고 있던 문화부에서 제대로 한 나라의 문화 정책을 펼치고 싶은 욕심, 조금 좋게 말하면 사명 같은 것을 느끼셨다고 해도 전혀 탐욕스러운 인간이라는 평판을 받으실 필요가 없습니다. 그런데 왜 그 시기에 박근혜 정부가 들어섰을까요? 아무리 생각해도 '문화文化'라는 단어와는 어울리지 않는

정부에서 문화부를 맡는
장관님을 아는 저로서는
'이 분이 이 자리를 언제
그러나 자리에 따라서 변
있었습니다.
'이 사람도 내가 모르는
있을지도 모르지.'
그랬다면 평탄한 관직 생
듯합니다.
들리는 소문을 종합해 보
이런 일이 거의 없었다네
일로 인해 청문회에 참석
지키는 것이 관례慣例인데
'참 별일도 다 있네. 그나
중간에 낙마했다고 저런
이게 제 생각이었습니다.
알게 되었지요.
혹시 세월호 참사가 난 후
사실 그런 참혹한 사태가
책임을 통감하며 물러나
대독代讀총리인지 모를 사
있으니 제 치매 직전의 가
그런 관료사회에서 장관

ᅣ아가 공식적인 '정부 대변인' 역할까지 해야 한다는 사실이
했습니다.
할 수 있을까?'
들을 하도 많이 봐왔기 때문에 한편으로는 이런 생각도

새로운 사람으로 변해서 권력을 탐하는 인간으로 변해

을지도 모르겠습니다. 그런데 역시 썩 변하지 않으신

장관이 결정되지도 않았는데 전격적으로 면직免職되셨더군요.
가 후임 장관에 임명될 뻔한 사람은 '차마 입에 담기도 부끄러운'
해 보고 낙마落馬했으니 후임자가 결정될 때까지는 그 자리를
요.
령이란 분의 그릇이 썩 크질 않구나. 임명하고자 한 사람이
풀이를 하다니!'
이런저런 언론을 접하면서 제 첫 판단이 얼마나 잘못된 것인지

로 내각 총사퇴를 국무회의 석상에서 주장하셨나요?
0일이 지난 후에도 단 한 사람의 고위 관료도 자발적으로
라가 대한민국입니다. 아, 한 사람 국무총리인지
만두었다는 소문이 있었지만 여전히 국무총리 노릇을 하고
는 단 한 사람도 기억하지 못하지요.
각 총사퇴를 주장하셨다는 소문이 있더군요. 만일 그렇다면

당연히 면직되셨어야지요.
혹시 장관님의 인사 안이 청와대 또는 그와 관계된 곳에서 거부
장관이라면 한 부서의 책임을 맡은 최고 수장인데 그 부서의 인
이미 수장 노릇을 할 수 없는 것이지요. 아무리 작은 조직을 이고
조직을 이끌어갈 동력動力을 얻는 것인데, 하물며 나라의 문화를
휘하 인물의 인사권을 갖지 못했다면, 그건 이미 "넌 허울만 장
큰 권한인 인사권人事權 따위에는 손대지 마!" 하는 통보를 받은
통보에 반발하지 않는 자가 있다면 그야말로 그런 비굴한 자에게
비극이겠지요.
그 외에도 장관님께서 무리한 상황에서 무리하게 면직 처리된 다
난무亂舞하고 있더군요.
그러나 어떤 경우에도 장관님의 행동에서 무리無理를 찾아보기
장관님의 면직 과정에서는 무리가 아닌 합당한 이유를 아무것도
정부친화적 언론이 주류를 이루는 시대에도 장관님의 면직과 관
것이겠지요.
비극의 시작은 바로 이 정부의 출범 시점에 장관님이 그 자리에
비롯된 것이겠지요.
그리고 비극의 종말은 이 정부와 너무나 어울리지 않는 장관님의
먹는 관리란 어떻게 처신해야 하는가 하는 철학에서 비롯되었을
그러나 장관님!
잘 아시다시피 역사는 증언하고 있습니다. 역사란 오뚜기인 경우
있음을.
더 이상 첨언添言하지 않겠습니다.

오신가요?
할 수 없다면 그는
국은 인사권을 통해
부서를 책임진 사람이
니 모든 일, 특히 가장
다르겠습니까? 그런
을 맡겨 놓은 국민의

가지 설說이

니다. 반면에
없더군요. 그러니 이
가 확대재생산되는

에 없는 상황에서

吏觀, 즉 나라의 녹을

래시계인 경우도

나라의 비극이 종결되지 못한 채 맞이한 더위는 더욱 삶을 힘들게 만들고 있습니다.
부디 몸조심, 마음조심하시기 바랍니다.

〈산책〉 8호

**아래 내용은 이진순 희망제작소 부소장이 은수미 의원을 인터뷰한 내용을 2014년 7월 26일자 한겨레신문에 실은 것으로, 제목은 〈이진순의 열림〉인데 이 내용을 무단 전재한 것이다.**

"목구멍에 더러운 걸레를 쑤셔 넣은 것 같은 느낌이야."

그에게 금배지는 긍지와 영광이 아니다. 국회의원으로 사는 것이 "죽고 싶을 정도로" 치욕적이고 부끄럽다고, 지금이 "일생에서 가장 불행한 시기"라고 그는 잘라 말한다.

"국회의원이라는 막강한 권력을 가지고 있으면서도 (현재의 상황을) 돌파조차 못하고 있다는 데 대한 좌절감, 무능력에 대한 자책감에 너무 힘들었어. 나 자신이 혐오스러울 정도로."

부쩍 수척해지고 퀭한 얼굴을 하고 그가 말했다. 그의 저런 얼굴을 본 적이 있다. 20여 년 전 강릉교도소 면회실에서 쇠창살 너머로.

나는 그를 오랫동안 알아왔다. 같은 대학 같은 과에, 우린 같은 해 입학했다. 광주학살로 전두환 정부가 들어서고 대학교 잔디밭에 전경이 상주하던 때였다. 두꺼운 경제학사전과 철학사전을 양옆에 펼쳐놓고 깨알 같은 글씨로 메모를 하며 사회과학 서적을 읽던 그는 매사 진지하고 성실했다. 긴 치마를 즐겨 입고 집에 일찍 들어가야 한다면서 늘 먼저 자리를 뜨던 그가 열변을 토하는 걸 처음 본 건, 사복경찰에 의한 "서울대 여학생 성폭행 사건"이 일어난 뒤 열린 학과 총회에서였다. 휘청거리는 몸을 가누느라 책상에 손을 짚은 채 그는 성폭행 사건의 전말과 성폭행당한 친구의 괴로움을 목멘 소리로 전했다. 대학 3학년 이후 그는 학교에 나타나지 않았다. 얼마 후 구로공단의 위장취업자로 구속되었다는 소식이 들렸고 다시 몇 년이 지나서 사노맹(남한사회주의노동자동맹) 중앙위원으로 검거되었다는 보도를 접했다. 29살부터 35살까지 다른 여자 동기들이 결혼하고 아이 낳고 가정을 꾸리는 동안 그는 6년을 감옥에서 보냈다. 그가 비례대표로 국회의원이 되었을 때, 그를 아는 동기들의 반응은 "수미가 드디어 제자리를 찾는구나"였지만 은수미에게는 또 다른 고행길의 시작이었는지 모른다. 정치권에 대한 불신과 제1야당에 대한 실망감이 극에 달해 있는 시대, 노동을 화두로 국회에 들어간 은수미의 고민과 꿈은 무엇일까? 그가 지닌 상처와 좌절, 그럼에도 버릴 수 없는 그의 희망은 우리 시대 최전선의 기록이다. 지난 7일 국회의원회관에서 은수미를 만났다.

**내가 〈열림〉을 시작한 지 1년이 넘었는데 지인知人을 인터뷰하는 건 이번이 처음이다.**

"정말 공교롭네. 너와 이런 이야길 하게 되다니…."

**네가 쓴 〈날아라 노동〉을 읽어봤어. 정치인 자서전이 아니고 완전히 노동에세이더군. 서점에서 "〈날아라 노동〉 주세요" 했더니 점원이 계속 못 알아듣고 "〈나라와 노동〉이요?" 하더라.**

"(웃음) 노동이 난다는 거는 상상을 못하는 거겠지. 청년유니온 같은 단체의 젊은 친구들이 필요하다고 해서 노동권에 대한 교과서처럼 쉽게 풀어쓴 글이야."

### 유복한 가정, 초등학생 때의 깨달음

은수미는 사노맹으로 복역을 마치고 출소한 뒤 1998년 서울대 사회학과에 복학해 노동문제를 연구하기 시작했다. 그의 박사학위 논문은 〈한국 노동운동의 정치세력화 유형 연구〉. 2005년 한국노동연구원에 입사해 청년실업과 비정규직 분야의 전문가로 노동정책을 연구했고, 전문성과

정책입안 능력을 인정받아 2012년 민주통합당의 비례대표 3번으로 국회에 들어왔다. 국회의원이 된 후에도 그는 자타가 공인하는 노동전문가다. 케이티(KT), 쌍용차, 유성기업, 삼성전자서비스 등 노조 탄압과 비정규직 문제가 터지는 곳이면 어디든 달려간다. 365일 동안 320개 노동현장을 주말도 없이 찾아다니며 중재하고 항의하고 의제화議題化했다.

**노동문제에 그렇게 몰입하는 이유가 뭐지? 노동문제 해결이 중요하다는 데는 이견이 없지만 노동으로 모든 문제를 환원할 수는 없는 것 아닐까. 세대갈등이나 지역문제, 남북대치와 환경문제 같은 다양한 이슈들을 노동문제의 틀로만 설명할 수는 없을 것 같은데.**

"내가 말하는 노동자는 일하는 모든 시민이야. 일하는 시민에게는 노동의 권리가 있고 시민적 권리가 있는데, 이 두 가지는 노동의 앞뒷면 같은 거지. 그런데 많은 사람들은 이 두 가지를 분리해서 봐. 내가 국정원 사태를 가지고 한동안 전국투어를 했더니 (노동)현장에 있는 사람이 '은 의원님, 그런 것 좀 안 하면 안 되냐'고 하더군. 자기네들은 죽겠는데 은 의원이 와서 해결을 해줘야 하는데 2주 동안 국정원 싸움을 하고 있으면 어떡하냐고…. 정치적 민주주의가 안 되면 일상의 민주주의도 안 되는 거잖아. 근데 이 사람들이 느끼는 건 '우리는 애당초 아무런 권리도 없다'는 거야. 투표할 권리가 있어? 투표하려면 연차 내야 하는데. 그게 일당이니까…. 이런 상황에서 난 팽목항에 갈까, 삼성전자서비스에 갈까. 이 두 가지가 맞닿아 있다는 걸 그들에게 어떻게 설득할 수 있을까 계속 고민중이지."

## 성장의 지표는 경제활동지수가 아니고 국민행복지수여야 한다고 주장해온 걸로 아는데.

"협동조합운동 같은 걸 보면 그걸 하는 사람들이 대부분 중산층이야. 내가 만나는 비정규직 노동자들은 그런 경험조차 할 수가 없잖아. 삶이 조각조각 나 있고 한곳에 제대로 거주할 수도 없어. 협동조합은 정착민을 위한 운동이야. 여전히 대다수의 국민들은 유목민들처럼 떠돌아다니는데, 이 사람들이 어떻게 공동의 유대, 새로운 사회를 경험하게 할 수 있을까. 근로조건이 좋아져야 하는 이유는, 단지 더 높은 지위에 올라가기 위해서가 아니라 '여가' 때문이야. 정치적으로 소통할 수 있는 여가, 고민하고 사색하고 새로운 희망을 꿈꿀 수 있는 여가. 자기 이웃은 어떻게 살고 우리 아이들은 어떻게 살아야 하는지, 주체가 돼서 고민해볼 수 있는 여가가 필요해. 그렇게 주체로서의 열망을 갖게 되면 그 사람들이 스스로 문제를 해결해 나갈 거라고 나는 믿어요."

## 유복한 가정에서 모범생으로 컸잖아. 노동문제에 대한 관심은 대학 이후부터인가?

"아니, 실은 초등학교 때부터인 것 같아. 아버지가 군인이셨어. 해군사관학교 나와서 해병대 중령으로 제대를 하셨지. 신림동 우리집은 100평이 넘는 담쟁이넝쿨집이었는데 내 친구들은 주로 판자촌에 살았고 고아들도 있었어. 하루는 친구 집에 가서 놀다가 장난으로 친구를 툭 밀쳤는데 벽이 부서진 거야. 판넬 같은 벽이었나 봐. 너무 미안하고 무서워서 도망을 나왔는데, 그때부터 나와 내 친구가 사는 처지가 너무 다르다, 그걸 어린 마음에 이해할 수가 없었어. 중학교 때는 짝꿍 아버지가 돌아가셔서 집에서 장례를 치른대서 찾아갔어. 근데 가보니 흙집에 세들어 살고 있더라고. 그런 집을 처음 본 거야. 너무 당황해서 엉겁결에 그 어머니한테 '안녕하세요' 인사를 하고는 돌아오는 길 내내 엉엉 울었지. 그러고 내 짝은 학교를 못 나왔어. 공장엘 갔겠지. 그게 참 용납이 안 되더라구. 같이 놀던 친구들인데 나는 흰 구두에 원피스 입고, 친구는 학교도 못 다니고 왜 그렇게 살아야 하는지…."

#### 나를 무너뜨린 짐승의 시간

엄하고 예의바른 집에서 얌전한 모범생으로 컸지만 가슴속에는 불의와 불평등에 대한 의문과 갈등이 소용돌이쳤다. 사회학과에 입학한 것도 그런 고민과 갈증 때문이었지만, 발레와 뮤지컬을 좋아하는 얌전한 여대생이 거친 학생운동에 선뜻 발을 들여놓긴 어려웠다.

## 학생운동에 뛰어든 게 언제부터지?

"지식인은 양심적이어야 한다고 알고 있는데 그 양심을 주장하기엔 너무 무서웠어. 입학하고 5월달에 시위가 있었는데, 아마 김상진 열사 기일이었던 걸로 기억해. 검은 상장을 달아야 하는데 난 (동아리 활동도 안 하고) 혼자 고립되어 있었기 때문에 고민하다가 과 사무실에 가서 상장을 가져다 달고 혼자서 집회에 참여를 했지. 근데 전경이 들어와서 최루탄을 쏘니까 너무 무서워서 혼자서 대운동장까지 도망을 간 거야. 어찌나 부끄럽던지… 그날 일기에 '내 평생 이 부끄러움과 치욕을 영원히 검은 상장으로 달고 다니겠다'고 썼어."

## 자기규율과 통제가 너무 엄격한 것 아냐?

"강하지. 어릴 때부터 그렇게 트레이닝 받았어. 아버지가 군인이셨잖아. 그것도 해병대! (웃음) 난 먹물이라면, 혜택을 받은 자라면 자기가 하는 말에 책임을 져야 한다고 믿었어. 운동을 못하면 괴로워서 죽을 것 같았는데 집안의 반대가 만만치 않았어. 우리 가족관계가 회복된 건 가족들이 내 재판의 전 과정을 지켜본 후부터야. 우리 오빠가 그러더라고. '내 동생이 참 정의롭구나' 하는 생각을 진심으로 하게 되었다고."

**학생운동을 했다고 해도 노동현장으로 가는 건 또 다른 결단인데. 공장으로 갈 때 두려움이나 고민은 없었어?**

"아니, (노동)현장을 가는 건 굉장히 자연스러웠어. 내 어릴 때 친구들이 간 곳. 그 친구들이 어떻게 사는지도 궁금했고 그들과 함께하고 싶다는 생각을 했어."

**사노맹 얘기를 좀 해볼까? 은수미 얘기가 나올 때마다 과거 사노맹이었고 좌빨이고… 이런 얘기가 나오는데. 사노맹 활동에 대해서 스스로 어떻게 평가하는지?**

"표현은 좀 과격했지만 사노맹이 정책적으로 꿈꿨던 게 실은 '노동 있는 복지국가' 수준이었다고 생각해. 나는 지금도 '복지국가의 핵심이 노동권이고, 평등을 원리로 하는 성장이 필요하다'고 믿는데 그런 생각을 자연스럽게 갖게 된 데는 사노맹의 경험이 클 거야."

**사노맹은 실패한 건가?**

"실패했지."

## 조직이 깨지는 과정에서 상처가 컸지?

"가장 힘들었던 게, 나 자신이 용서가 안 되는 거였어. 안기부에 끌려가 고문을 한 20일 받는데, 원래 우리가 약속한 게 묵비권을 행사하자는 거였어. 근데 일주일쯤 버티다 무너졌어."

## 고문이 심했구나.

"사람을 밟는 거지. 굴리면서 밟든가 가랑이 사이를 기게 하든가, 물고문에 손가락 꺾기… 그때 허리를 다쳐서 허리를 내내 못 썼어. 21명이 3교대로 잠을 안 재우면서 취조를 했어. 근데 어느 날 그 21명이 다 철수를 하는 거야. 그리고 세 명의 남자가 들어왔어."

## 정규 조에 없던 사람들이?

"모르는 얼굴들. 그때 우리한테 군복 같은 걸 입혀놨었는데 지하2층으로 끌고 가서는 머리채를 끌고 벽에다 치는데 단추가 뜯기고… 알몸이 드러났어. 세 남자는 술에 취해 있었고. 성폭행을 하겠다는 명백한 암시였지. 너무 무서웠어. 내가 거기서…무너졌어."

## 넌 지금껏 그런 얘길 한 적 없어.

"얘기 못했지. 그 일이 있고 타협을 한 게 뭐냐면 내가 스스로 불지는 않지만 다른 동료들이 얘기한 것에 '예스'는 한다…였지. 그게 두고두고 스스로 용납이 안 돼서 괴로웠어. '너, 민주주의를 위해 죽겠다고 하지 않았냐? 근데 성폭행이 두려워서 입을 여는구나….' 나와 친구들을 무너뜨린, 짐승의 시간이었어."

자책감과 회한, 고문후유증으로 그는 감옥에서도 줄곧 병마에 시달렸다. 강릉교도소에서 은수미는 결핵성 종양으로 소장과 대장 사이를 50센티미터나 잘라내는 대수술을 두 번이나 받았다. 죽을 고비를 넘기면서 그의 염원은 단 하나 "살아남는 것"이었다. "죽어도 저 담장 밖에 나가 죽자, 감옥에서 관을 짜는 건 너무 비참하다"는 생각 하나로 버텼다. 운동장도 운동시설도 없는 여사(女舍)에서 라디오에서 틀어주는 음악에 따라 하루 세 시간씩 되는대로 몸을 흔들며 막춤을 췄다. 생존을 위한 필사적인 몸짓이었다. 20대에 들어갔던 감옥에서 서른다섯이 돼서 출소했다.
그 뒤로 밀실공포증은 오래도록 후유증으로 남았지만 은수미는 결국 그 시간을 견뎌냈다.

## 지금 젊은이들한테는 아무리 얘기해도 실감 못할 거야.

"그렇지. 아니, 알면 안 되지. 미래세대들이 그런 경험을 다시 하지 않게 하려고 우리가 그런 건데…."

## 그렇게 혹독한 시절도 견뎌낸 은수미가 국회의원이 된 지금이 제일 불행하다는 건 무슨 말이야?

"처음 의원이 되었을 땐, 내가 생각해온 노동정책을 구현하겠다, 그 생각뿐이었어. 정당의 메커니즘 같은 건 생각도 못해봤지."

**지금 새정치민주연합 내부에 사회적 약자인 '을'을 위한 '을지로위원회'나 '더 좋은 미래' 같은 진보적 모임들이 있긴 하지만, 그리 친노동적인 정당으로 보이진 않는데.**

"이것에 대해선 내가 반성하고 책임져야 한다고 생각해. 변명의 여지가 없어. 노동현장엘 다니고 입법 발의도 열심히 한다고 했어. 하지만 정치의 본연은 현장에 가서 '여러분과 함께 있겠습니다' 약속하는 것을 넘어서서 실제로 국회의원의 신분에 맞게, 정당인의 위치에 맞게 그걸 실현시키는 거거든. 그러려면 당의 정체성이 바뀌어야지. 기존의 정치문법이 안 맞으면 기존 정치를 바꾸고, 기존의 리더십이 틀렸으면 리더십을 다시 세워야 하고. 당이 사회적 약자에 대한 간절함이 없다고 하면 간절한 정당을 만들어야 하는데. 지난 2년간 난 연습게임만 한 것 같아."

**본게임은 뭐지?**

"지금처럼 하면 괜찮겠거니 생각했다가 최근 6개월 정도 정말 생각을 많이 했어. 난 조직원이야. 정당이 그렇게 욕을 먹으면 정당을 고쳐야지. 그걸 고치지도 못하면서 '은수미는 괜찮은데 새정치(민주연합)가 문제다'라는 얘기를 듣는 것만큼 부끄럽고 치욕스러운 일은 없어. 정말로 당을 바꾸고 리더십을 교체하기 위해서, 칼을 뽑아야 할 때 뽑지 못했어. 링을 주변에 두고 관전평만 한 셈이지. 링에 올라 피 터지게 싸워서 승자가 되든 패자가 되든 해야 하는데."

### 사노맹 실패했어도 돌파는 해봤잖아

**정당을 개혁한다면 뭣부터 해야 할까?**

"첫째는 내년 3월 전당대회. 수면에 무거운 돌을 던지면 외연이 확대되잖아, 동심원이 커지면서. 지금까진 외연을 확대한다고 가벼운 돌만 던지거나 돌을 안 던진 거지. 난 그 무거운 돌이 노동과 복지라고 생각해. 깃발을 분명히 하는 리더십을 세워야지."

## 비례대표 초선이라 제약이 많을 텐데.

"나한테 '별 영양가 없는 초선의원'이라고 말한 사람도 있어. 근데 초선이든 재선, 삼선이든 세비 똑같고 주어진 권력 똑같아. 국민들은 초, 재선 그런 거 가리지 않아요. 우리가 80년대를 생각해보면 귀의하고 헌신하고 길을 닦는 게 중요하잖아. 그때 우린 연습게임이 아니라 본게임을 한 거야. 길이 막혔으면 뚫어야 하는데, 길을 뚫는 사람은 손해를 보겠지. 그래도 누군가 그 희생을 감내하면 거기 동의하고 힘을 모을 인물들은 우리 당에 있다고 믿어."

## 성공할까?

"실패할 가능성이 커. 그래도 시도는 해봐야지. 사노맹이 성공을 했든 실패를 했든 아무튼 돌파는 해본 거야. 그런데 국회의원이란 막강한 권력을 가지고 있으면서 돌파 시도조차 못했다? 거기서 오는 좌절감, 자책감은 더 못 견딜 거야. 난 그렇게 살아오지 않았어."

세 시간여에 걸친 인터뷰 동안 사적인 감정을 억제하고 인터뷰어로서 은수미를 대하려 애썼다. 마지막 질문 하나는 인터뷰어가 아니라 30년 지기 친구로서 물었다.

## 넌 평탄한 길을 놔두고 늘 힘든 길을 자초하는구나.

## 왜 조용히 풀 뜯어먹고 행복하지 못할까 아쉬운 적은 없었어?

"마음을 접었어. 내가 선택한 게 아니야. 애초부터 무슨 악마의 표지처럼 딱 찍혀 나온 운명 같은…(웃음) 난 그래도 행운의 별에서 온 사람이야. 시도할 수 있는 능력을 부여받았으니. 평생 그렇게 살아야지 뭐. 하지 않아서 후회하는 것보단, 해보고 실패하는 게 나아."

지금 은수미는 남윤인순, 유은혜 의원과 국회에서 세월호 유가족들과 단식농성을 함께 하고 있다. 가장 비정치적인 정치인, 우리가 바라는 정치란 애초 그런 것이 아니었을까.

녹취 김연지(세명대 저널리즘스쿨 대학원)

**〈산책〉을 낼 때마다 발간사 비슷한 글을 한 편씩 썼다. 그 호 〈산책〉을 관통하는 느낌이 실려 있는 셈이니 그런대로 의미가 있지 않겠는가. 시대가 고통을 받으면 시대를 그렸고, 출판계 고통을 받으면 고통을 드러냈다. 그 가운데 오늘날에도 의미가 있다고 여긴 몇 편을 싣는다.**

# 6호를 내며

5호를 낸 후 상당한 시간이 흘렀습니다.
그리고 세상도 상당한 정도로 바뀌었습니다. 나라를 이끄는 분들은 대부분 70대이시라 갑자기 제가 어린아이가 된 느낌입니다. 그러니 같잖은 게 세상일, 그리고 문화계 일에 뭐라 하기도 부담스러워졌습니다.
그러나 이제는 그런 부담도 짊어져야 하게 되었습니다.
얼마 전 꽤나 이름이 난 출판사가 또 부도를 맞았다는 소식을 들었습니다. 100만 부가 넘는 모스트셀러(산책 독자 분들은 제가 '베스트셀러'를 이렇게 부른다는 사실 정도는 아시지요?)를 내기도 하고 최근에도 모스트셀러 목록에서 이름을 확인할 만큼 '출판의 명가'였는데 출판계에 밀어 닥친 파고波高를 넘지 못한 듯합니다.
사실 이런 소식을 들으면 저는 당황합니다. 왜냐고요? 도서출판 서해문집과 파란자전거는 두 회사 합해서 천여 권의 책을 출간했지만, 모스트셀러는 고사하고 가장 많이 찍은 책이 3만 부쯤 되거든요. 그러니 저희 출판사 직원들과 제게 100만 부란 개념은 아예 없습니다. 10만 부도 없습니다. 저희 꿈은 1년에 3만 부를 찍는 책 한 권을 내는 것입니다.
거짓말 같으신가요? 출판사를 한다는 자가 이렇게 꿈이 작다니! 하고 혀를

끌끌 차시나요?

그럴지도 모릅니다. 그러나 제가 출판에 삶을 바치겠다고 다짐한 20대 중반, 제 꿈은 대여섯 명의 직원이 모여 오순도순 내고 싶은 책 내며 연탄난로에 도시락을 데워 먹는 것이었습니다. 그런데 오늘 이 순간 도서출판 서해문집과 파란자전거에서 일하는 이들은 모두 합해 스무 명 가깝습니다. 사실 이렇게 많은 이들과 함께 일하는 것도 제 계획에는 없었습니다. 그런데 어쩌다 보니 이렇게 많은 이들이 함께하고 있습니다. 그만큼 출간하는 책도 많고요.

그러나 모든 계획이 어그러진 오늘도 포기할 수 없는 계획이 있으니 그건 내고 싶은 책을 내겠다는 것입니다. 내고 싶지 않은 책을 팔릴 거라는 까닭만으로 낼 수 없다는 고집은 저보다 직원들이 더할지 모릅니다. 물론 그 대가로 얇은 지갑과 풍족하지 못한 근무 환경을 수용해야겠지만 말이지요.

2013년 출판계 상황을 한마디로 표현하면 "추락하는 매출에는 날개가 없다"입니다.

2012년을 결산하며 "이 정도면 이제 내려갈 대로 내려갔다. 2013년 상반기에 가장 어려울 것이고, 하반기부터는 시민들이 다시 책의 의미를 찾을 것이다." 하고 이야기했는데, 보기 좋게 어긋났습니다.

누군가는 말합니다. "2014년 상반기가 가장 어려울 것이고, 그 다음에는 조금씩 살아날 겁니다."

그러나 이제 그런 섣부른 예측은 하지 않기로 했습니다. 2012년에 60종 가까운 책을 출간했고, 2013년에도 비슷한 종의 책을 출간할 것입니다. 2014년이라고 다르겠습니까? 저희 일이 출판인데요. 출판사가 출판을 포기하는 순간 존재할 까닭이 없잖아요.

아, 팔리지 않으면 어떡하느냐고요? 그건 이순신 장군께서 말씀하셨고, 몸소 실천하셨지요.

“사즉생死卽生, 생즉사生卽死.-무릇 죽고자 하는 자는 살 것이요, 살고자 하는 자는 죽을 것이다.” 그리고 적과 싸우다 돌아가셨습니다.

출판에 삶을 건 이들이 가야 할 길도 마찬가지입니다. 뭐 특별히 위인偉人이라서도 아니요, 철학적哲學的이어서도 아닙니다. “배운 게 도둑질”이라는 속담처럼 이 일 외에는 삶을 걸 만한 일이 없기 때문입니다. 그러다가 결국 굶어 죽거나, 절망해서 죽거나, 늙어 죽거나 하겠지요.

## 세 종류 인간,
## 그리고 고故 나병식 선배를 위한
## 진혼곡鎭魂曲

인간 가운데는 딱 세 종류가 있다.
첫 번째. 자신이 노예인지 아닌지도 모르면서 노예로 기쁘게 살아가는 사람.
두 번째. 자신이 노예가 되는 것을 뻔히 알면서도 주인이 주는 따스한 밥이 탐나 기꺼이 노예의 길을 택한 사람.
세 번째. 노예로 살면 죽을 때까지 굶지 않고 편히 살 수 있는 걸 알면서도 노예가 되기 싫어 낭떠러지일지도 모르는 새 길을 가는 사람.

지금까지 산책 머리말을 쓸 때는 마음 내키는 대로 썼다. 하도 답답하기에 그렇게라도 해야 살 것 같았기 때문이다.
그런데 이번 호 산책 머리말은 참으로 고통스러운 시간을 보내고 난 후 깨달은 내용을 더 늙기 전에 이웃들에게 알리고자 썼다. 글 쓰는 재주가 부족해 목표를 달성할 수는 없겠지만, 단 한 사람이라도 이 사실을 깨닫고 노예의 길을 거부한다면 그걸로 만족할 것이다.

모두가 노예의 삶을 거부할 수 없다는 사실을 깨닫는 것은 참 괴롭다.

노예로 살아가는 것을 당연히 수용하고, 나아가 스스로 그 길을 택하고서도 주인이 주는 따뜻한 밥 먹는 자신이 성공했다고 여기는 이들을 바라보는 것은 잠을 잘 수 없을 만큼 고통스러웠다.
그러나 매일 밤마다 고통과 싸우는 것은 나 같은 범인凡人이 당해낼 수 있는 일이 아니었다. 결국 모든 사람을 노예의 길에서 해방시키고자 했던 무수히 많은 이들의 노력이 영원히 달성할 수 없는 헛수고였음을 깨달았다.
그리고 그 족쇄에서 벗어나기 위해 그 내용을 이번 머리말에 정리하기로 마음먹었다. 그런 다음 '노예론'은 잊을 것이다.
더 이상 누군가에게 새로운 삶을, 더 나은 삶을, 고독하고 위험할지언정 오로지 자신만이 홀로 가는 삶의 길을 제시하겠다는 만용蠻勇은 버릴 것이다.
어떤 삶을 선택하느냐는 오직 여러분의 몫이다.

그러나 다행히도 우리에게는 역사歷史가 있다.
아무리 무수한 인간들이 노예의 길을 택한 후, 그에 만족하지 않고 으뜸노예로 인정받기 위해 역사를 농락하는 일조차 서슴지 않지만 결국 그들은 역사에 쓰레기(사실 이 단어도 아깝다. 쓰레기는 재생이라도 된다. 그러나 이 ＊＊＊들은 재생도 안 될뿐더러 태우면 독소를 내뿜어 땔감으로도 쓸 수 없다)로 기록될 것, 아니 역사는 그냥 무시할 것이다.
물론 이 땅에 살아가는 수많은 이들이 과거와는 달라서 기꺼이 무지無知의 삶을 선택하고 있지만 100년, 천 년 후에는 제 길을 찾을 것이고, 그때 우리 역사는 노예의 길을 거부한 채 죽어간 사람들을 기록할 것이다.

얼마 전 풀빛출판사를 세우신 나병식 선배(이건 학교 선배라는 의미가 아니라 출판계 선배, 삶의 선배라는 뜻이다. 나는 공부를 못해서 나병식 선배처럼 서울대학교를 가지 못했다)께서 돌아가셨다. 그분과 나는 아무런 인연因緣도 없다. 그러나 그분이 돌아가셨다는 소식을 듣고 조문弔問을 가지 않을 수 없었다.

첫째, 그분은 무시무시한 박정희 독재정권 치하 유신시대維新時代에 이른바 '민청학련' 사건으로 사형 선고를 받아 무수한 고난을 겪으셨다. 그러니까 오늘날 우리가 아슬아슬하게 누리고 있는 민주주의를 하루라도 앞당기는 데 자신의 삶을 바치셨다.
둘째, 그 후 출판사를 차려 좋은 책을 출간함으로써 우리에게 새로운 문명과 지성의 지평地平을 열어주셨다.

이 두 가지 이유만으로도 빈소를 찾지 않으면 나는 인간이 아니라는 결론에 도달했다. 그래서 아는 사람 하나 없을 빈소를 일찌감치 찾았다. 그런데 그곳에서 우연히도 아는 분을 만났다. 한겨레신문 김효순 기자님이셨다. 이 분은 몇 권의 책을 우리 출판사에서 출간했기에 잘 알고 있었는데, 그곳에서 만날 줄은 꿈도 꾸지 못했다.
그러나 더욱 놀라운 사람을 만났다. 이름은 밝히지 않겠다. 그는 앞서 말한 것처럼 '자신이 노예가 되는 것을 뻔히 알면서도 주인이 주는 따스한 밥을 탐내 기꺼이 노예의 길을 택한 사람'이 분명하기 때문이다.
그러나 더욱 한심한 것은 그 유명했던 사람이 얼굴을 제대로 들지 못하며 걷는 것이었다. 당연하다. 노예의 길을 기꺼이 택한 후 주인 마음에 들어 커다란 상을 받을 줄 알았는데, 그만 그 과정에서 잘못되어 말단末端 노예조차 되지 못했으니 말이다. 그렇다고 노예가 아닌 것은 절대 아니다. 노예가 얻어먹을 음식을 얻어먹지 못한다는 말이지, 스스로 노예가 되기로 결심한 이상 그는 노예다.

반드시 기억할 일이다.
이 순간, 진수성찬珍羞盛饌이 어른거려 노예의 길을 가는 ＊＊＊들이 무수히 많지만 그들은 반드시 역사의 마지막 장에도 기록되지 못한 채 잊힐 것이라는 사실을 말이다.
그러하기에 우리는 이 절망스러운 대한민국 2014년 봄에도 희망을 가져야 한다.

〈산책〉 7호 머리말

# 8호를 내며

전호前號를 낸 게 지난 3월이었으니 〈산책〉 출간을 시작한 이래 가장 긴 간격을 갖고 이번 호를 내게 되었다.

가장 큰 까닭은 내 게으름이라고 겸손을 떨고 싶지만 사실은 더 이상 이 나라에서 이런저런 행동이 어떤 의미도 갖지 못한다는 사실을 2014년 4월 16일 확인했기 때문이다.

그러나 이도 변명거리에 지나지 않는다. 왜냐고?

3월에 낸 7호에 나는 〈이건 나라도 아니다〉라는 제목의 글을 실은 적이 있다. 그러니 이미 2014년 오늘의 대한민국은 '나라도 아니'라는 사실을 알고 있었다는 것이다. 따라서 4월 16일, 사람이라면 도저히 제대로 숨 쉬며 넘기기 힘든 사건이 발생했다고 해서 그때서야 대한민국의 민낯을 본 것은 아니라는 말이다.

결국 나는 오랜 시간 동안 무수히 많은 밤을 지새우며 이 나라에서 어떻게 살아갈 것인가, 살아갈 수 없다면 과감히 모든 사랑하는 것들을 버리고 어디로 떠날 것인가 고민하였다. 그러니 〈산책〉 따위를 내고 안 내는 게 어찌 머리에 떠올랐겠는가.

간간히 여기저기서 "산책, 언제 나와요?" 하고 질문을 받을 때마다 한귀로 듣고 한귀로 새버렸던 것은 바로 그런 까닭이다.

그런 내가 다시 자리에 앉아 〈산책〉을 쓰기 시작한 것은 유진룡 전 문화부장관의 면직 사태와, 은수미 새정치어쩌고당 국회의원의 인터뷰, 그리고 이제는 더 이상 볼 수 없을 만큼 가슴이 아픈 세월호 참사로 가족을 잃은 유가족遺家族분들이 고스란히 이 땅에 남아 계시다는 사실을 깨달았기 때문이다.
이분들은 인간이라고 부르기도 부끄러운 자들이 준 절망을 극복할 만큼 강력한 인간에 대한 신뢰를 심어주었다.
결국 사람이 살아갈 수 있는 힘과 뜻은 이웃 사람으로부터 나오는 것일 테니까 말이다.

그리고 그 어려운 과정을 극복할 수 있게 전국 방방곡곡에서 강연장에 불러주신 모든 분들께 감사드린다. 힘겨운 상황에서도 전국의 강연 현장을 누비다 보면 잠시라도 고통을 이길 수 있었다. 강연장에서 만난 초등학생부터 나이 지긋하신 이웃들은 호모사피엔스야말로 모든 동물動物 가운데 스펙트럼(성격부터 시작해 외모, 심리, 비굴성, 용기, 천박함, 진중함 등의 정도)이 가장 넓은 종種임을 확인시켜 주었다.
그래서 이참에 인간으로 인해 절망한 염통과 뇌에 새로운 생기를 불어넣어준 존재 또한 인간이었다.

책은 두말할 나위가 없다.

살기 위해 책을 읽는 것인지, 책을 읽기 위해 사는 건지 모를 만큼 책들은 내게 희망의 조각을 안겨주었다.

이제 나는 책을 만드는 사람으로서가 아니라 책 속에서 인간의 역동성力動性을 찾는 문명의 광부鑛夫로 살고자 한다.

〈산책〉은 그 과정을 기록하는 산물일 따름이다.

2014년 가을의 끝자락에서

## 이 무지한 사회여!

그리스에 한 과격한 노인이 있었으니 그의 이름을 디오게네스라고 했던가!

그가 속한 학파가 '키니코스학파'인데, '키니코스'는 '개와 같은'이라는 뜻이다. 그러니 그는 요즘 말로 하면 '개**'라고나 할까. 게다가 그는 "나는 내게 무언가를 준 사람을 향해서는 꼬리를 흔들고, 거부하는 이에게는 짖으며, 나쁜 사람은 물기 때문에 개라고 불린다."며 자신에 대한 정의를 분명히 내리고 있다. 스스로 개임을 자처하는 인간은 그러나 결코 개가 아니다. 스스로 '배부른 돼지'임을 자처하는 인간이야말로 '배고픈 소크라테스'를 꿈꾸는 사람임과 마찬가지로. 그런데 우리 사회에는 스스로 개가 아니라고 외치는 개**들과 스스로 '배고픈 소크라테스'라고 우기는 배부른 돼지로 가득하다.

2015년은 밝았으나 우리 사회에서 디오게네스처럼 등불을 켜는 사람은 찾기 힘들다. 대한민국 사람 모두가 워낙 정직하기 때문에 특별히 찾을 필요가 없기 때문일 것이다.
그 가운데서도 가장 정직한 사람이 최근에 자서전을 냈단다.

JL GEROME MDCCCLX

그림에서 보듯 그가 대낮에 등불을 켠 것은 "정직한 사람을 찾기 위해"서라니 진정 정신이 나간 인간임이 분명하다. 정직? 이런 단어가 사람의 세계에서 통할 거라고 믿다니!

"무엇보다 자화자찬을 경계했다. 지난 일을 되돌아보다 보면 굳이 다시 기억하고 싶지 않은 일도 있고 내 입으로 말하기 거북한 일도 있다. 특히 의도하지 않더라도 내가 한 일들이 미화되거나 과장되어 기억될 위험이 있다. 국정 철학을 공유하면서 함께 일했고 따라서 이해관계가 겹치는 참모들과 과거사를 돌아보다 보면 스스로 집단적 자아도취에 빠질 가능성이 없지 않다. 그러나 기우였다. 얘기가 한곳으로 흐른다 싶으면 참석자 가운데 누군가는 제동을 걸었다. 거의 예외가 없었다."

-알에이치코리아(출판사 이름도 어렵거니와 영어 단어도 아니고 글자 두 개로 자신들을 나타낼 만큼 자신만만하다면 왜 이 동양의 구석진 나라에 와서 출판을 하는지. 글로벌하게 월드와이드한 네이션에 가서 어닝 서프라이스를 꿈꾸며 펍비즈니스에 올인하시지. ㅉㅉ. 하기야 돈이 된다면 악마라도 모시는 것이 자본주의라니 "누가 내게 돌을 던질 것인가?" 하고 당당히 외쳐도 할 말이 없다만) 출간, 《＊＊＊의 시간》에서 가져온 글인데, 차마 저자라는 작자가 담당했던 지위를 내 손으로 쓰지 못하겠다. 그래서 ＊＊＊으로 표기했다. 그런 자가 이런 자리를 맡은 나라에 5년 동안 참고 살았다는 사실이 나를 부끄럽고 참담하게 만든다. 그런데 지금 이 순간도 마찬가지니, 내 참을성도 참 대단하다. 나도 예전에 "넌 왜 그리 참을성이 없어?" 하고 혼나던 시절이 있었는데.

이런 분, 아니 사람, 아니 쥐, 아니 키니코스, 아니 C&$發&#$世界를 나라의 지도자로 모신 대한민국은 참으로 축복받은 나라인가! &$, 글도 꼬이네.

그런데 왜 우리는 이토록 살기가 힘겨운 것일까?
우리 이웃들은 하루도 평안을 찾지 못하고 헤매는 것일까?

가는 곳마다 분노와 아우성이 판을 치는 것일까?

진실을 말하자면 2015년 오늘, 대한민국 사회는 무지無知가 주류主流를 이루고 있다. 무지한 자들은 넘치고 흘러 그들을 찾을 등불은 밝힐 필요도 없다. 입에 담기도 추잡하고 몰염치한 자들이 버젓이 소리 지르고 더 당당한 것이 오늘의 대한민국 현실이다. 부끄럽고 또 부끄럽다. 누구에게? 이 분에게.

"나는 우리나라가 세계에서 가장 아름다운 나라가 되길 원한다.
가장 부강한 나라가 되길 원하는 것은 아니다.
우리 부유함은 우리의 생활을 풍족히 할 만하고
우리 힘은 남의 침략을 막을 만하면 족하다
오직 한없이 가지고 싶은 것은 높은 문화의 힘이다.
문화의 힘은 우리 자신을 행복되게 하고 나아가서 남에게 행복을 주겠기 때문이다."
– 백범 김구

국민총생산은 오늘날에 비해 1%도 안 되고, 방위비 지출은 0.1%도 안 될(정확하지 않으니까 허위사실 유포 따위로 저를 괴롭히지 마세요) 것 같았던 그 시대에 돈이나 무력의 힘보다 문화의 힘을 가장 앞자리에 놓으신 분, 이 분의 사상에 동조同調하건 안 하건, 이런 분이 계시다는 것이 한민족의 힘을 보여주는 것 아니겠는가.
그러나 우리는 어떤가? 굶어죽는 것보다 배 터져 죽는 것이 더 쉬운 세상, 넘치고 버려지는 물질과 탐욕貪慾의 세상에 사는 우리는 자고나면 돈을 찾고 권력을 찾고 탐욕을 찾으니 어찌 된 일인가. 도대체 우리가 닿고자 하는 지점地點은 어디인가?

책을 읽는 행위는 등불을 밝히는 일이다.
2500년 전에 그랬듯 대낮에 정직한 사람을 찾아나서야 하는 오늘의 풍토가 안타깝지만 그리 비관만 할 일도 아니다. 호모 사피엔스가 탄생한 이래 수십만 년 동안 같은 생활을 반복한 것을 생각한다면, 인간이 2천여 년 만에 갑자기 무지無知의 동굴에서 벗어나 지혜롭게 되기를 바라는 것은 오만傲慢일 수 있으니까.
그래도 우리는 등불을 밝혀야 한다. 정직한 사람을 찾기 이전에 나 스스로 정직한지 확인하기 위해서라도.

〈산책〉 9호 머리말

이 책도 마무리할 때가 되었다.
사실 〈산책〉에서 가장 자주 등장하는 글은 내가 읽은 책들의 독후감이었다. 그러나 그 글들을 다시 싣는 것은 썩 건설적인 일이 아니라는 생각이 들었다. 내가 읽은 책이 무슨 의미가 있을까? 사람들은 각자 자신의 즐거움과 기쁨을 위해 자신이 선택한 책을 읽을 텐데. 그래서 그런 글들을 실을 까닭을 찾지 못했다.

다만 누구보다 책 읽기를 좋아하는 사람으로서 그런 아름다운 글들보다는 끊임없이 싸우고 도전하고 분노하는 글들만 쓰다 보니 나 스스로가 안쓰러웠다. 그래서 나를 위로하는 몇 편의 글을 싣는 것으로 마무리하고자 한다.

## 999권의 기적

도서정가제가 시행된 지 반 년이 넘어가는데도 책값이 인하된다는 느낌이 안 든다. 책값이 인하되지 않는다면 독자들로서는 당연히 인상되었다고 느낄 수밖에 없다. 예전에는 최소한 10% 정도에서 크게는 50%까지 할인을 하던 책들이 10% 할인밖에 받을 수 없으니 말이다.
그래서 나라도 도서정가제라는 것이 독자 여러분을 위한 것이라는 사실을 알리기 위해 온갖 짓을 다했다.

이번에 출간한 《세상의 모든 지식》 개정판 또한 그랬다.

그런데 우리나라 출판계에서 차지하는 비중이 0.000000000001%도 채 안 되는 나 혼자 이런 짓을 한다고 독자 여러분께서 "아, 책값이 싸졌구나. 역시 도서정가제는 바람직한 제도야." 하고 생각하시겠는가? 절대 그럴 일 없을 것이다. 이럴 때 나는 초라해진다. '내가 대한민국을 대표하는 출판사 가운데 하나라면 내 행동이 출판계 전체에 영향을 미칠 텐데.' 하고 자책한다.

그러나 어쩌랴!
현실이 그럴진대.
그러다가 갑자기 좋은 생각 하나가 떠올랐다.

'다중多衆의 힘으로 출판계에 희망을 불어넣자!'

이탈리아 출신 안토니오 네그리가 창조한 개념인 다중多衆은 '다양성을 통일성으로 환원하며 인구를 하나의 동일성으로 만든 민중民衆'과도 다르고, '본질적으로 무차별이며 스스로 사유하지 못하는 대중大衆'과도 다른 존재로, '하나의 통일성이나 단일한 동일성으로 결코 환원될 수 없는 수많은 내적 차이로 구성돼 있'는 존재다. 그래서 '다중은 집합이되, 차이가 소멸되지 않고 그대로 살아 있는 집합'이다.
-《즐거운 지식》, 고명섭, 47-48

이렇게 스스로 주체적인 한 사람이며 모이면 같은 목적을 향해 나아갈 수 있는 각성된 존재, 바로 그 다중의 힘으로 출판계에 희망을 불어넣자는 생각을 하게 된 것이다.
어떻게?

사실 아무리 발버둥 쳐도 자본의 논리가 지배하는 거대 출판사를 움직이기란 힘들다. 그들은 책과 지성의 힘을 믿고 나아가는 것이 아니라 자본과 이익을 향해 나아가기 때문이다. 그래서 나는 그런 곳을 출판사 목록에서 지워버렸다.
반면에 진정으로 책과 지성의 힘을 믿고 그를 향해 나아가는 매개자 역할을 하는 출판사들, 그리하여 책과 지성을 전달함으로써 새로운 세상의 도래到來를 앞당기고자 노력하는 출판사들은 다중과 함께 행동하고 희망을 향해 나아갈 수 있는 존재다. 아니, 존재라고 믿는다.
그 믿음의 바탕에는 다음과 같은 현실적 토대가 존재한다.
나는 그러한 현실적 토대를 잘 알고 있다. 왜냐하면 나도 출판을 하기

때문이다.

**1. 작은 출판사는 1,000권의 책이 반드시 팔릴 것임을 안다면 웬만한 책은 출간한다.**

그래서 이러한 사실을 꿰뚫고 있는 저자들 가운데는 "내가 천 권 팔아줄

테니까 내 책 출간해 줘." 하고 노골적으로 출판사를 유혹하는 이들도 있다. 나도 그런 유혹 받아봤다. 그러나 아무리 유혹이 강하다 해도 책이 될 수 없는 원고를 책으로, 그것도 평생의 삶과 철학이 담긴 출판사 명의를 걸고 출간할 수는 없다. 그래서 오디세우스가 그러했듯 세이렌의 유혹에 빠지지 않기 위해

밧줄로 몸을 꽁꽁 묶고 유혹에 넘어가지 않으려 애쓴다.
반면에 '이 책은 꼭 출간하고 싶은데, 아무리 생각해도 천 권을 팔 자신이 없네.' 하면 주저하다가 결국 출간을 포기하게 된다.
물론 그래도 출간하는 책이 있긴 하다.
예를 들면 이런 책이다.

**이 책을 출간한 까닭은 그 안의 그림이 워낙 좋아서 부제副題 〈그래픽 노블로 보는 세계산업노동자동맹의 역사〉와는 사뭇 다른 느낌을 주기도 하거니와 더 큰 목적은 다른 데 있었다.**
**'우리나라 노동자 관련 학자나 단체 같은 곳에서도 우리나라 노동운동의**

**역사를 이런 대중적인 방식으로 구성해서 시민들과 청소년들에게 전달한다면 침체된 대한민국 노동운동이 활기를 찾을 수 있지 않을까?' 그러니까 손해 볼 것을 뻔히 알면서도 대한민국 노동운동 활성화에 주춧돌을 놓겠다는 생각으로 출간했던 것이다. 그러나 결과는? 2석무조! 책도 안 팔리고 노동계의 관심도 전무全無하고!**

그러나 이런 만용은 1년에 20권 정도로 만족해야 한다. 더 이상 그랬다가는 출판을 계속할 수 없기 때문이다.
"너 용기가 가상하다. 금도끼, 은도끼, 돌도끼 다 주마!" 하는 산신령은 오늘날 존재하지 않는다.
그래서 천 권이 마지노선이 되는 것이다.
천 권만 확실히 팔릴 수 있다면 지금은 사장死藏되고 있는 무수히 많은 양서良書가 빛을 볼 것이다.
그래서 천 명의 독자를 모으기로 하였다.

## 2. 천 명의 독자가 모이면 도서 정가를 바꿀 수 있다.

이건 더욱 현실적인 이득을 출판사와 독자, 모두에게 전해줄 수 있다.
오늘날 도서정가제가 시행되고 있는데도 책값이 인하되지 않는 데는 크게 두 가지 이유가 있다.
첫 번째는 기존에 출간된 도서의 가격을 새로이 매기는 것이 현실적으로 어렵기 때문이다. 이미 많은 책들이 서점에 깔려 있는 상태에서 다시 정가를 바꾼 책을 제작해 공급하기에는 어려움이 많다. 물론 많이 팔리는 책의 경우에는 깔려 있는 책을 폐기하는 손해를 보더라도 새로 정가를 매긴 책을 제작, 배포하여 더 많이 팔면 된다. 그래서 어린이 전집류 같은 경우, 그렇게 한다는 이야기를 들었다.
그러나 그런 책들은 대부분 .......
반면에 고작해야 천 권 정도를 팔 목적으로 출간한 책의 경우에는 이미 손해를 보고 있는데, 다시 제작해서 전국 서점에 깔라고? 처음에 찍은 책도 안 나가는데 새로 더 공급한다?
도저히 있을 수 없는 일이다. 그래서 재정가, 즉 인하된 책값을 매겨 새로이 출간하는 책들은 대부분 기본적으로 많이 팔리는 책들이다.
나는 이런 책에는 관심이 없다. 그런 책은 내가 나서지 않아도 이미 많은

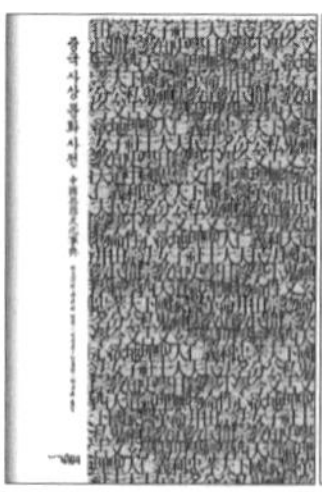

이익을 남긴 후이기 때문이다.

반면에 내가 관심을 갖는 책은 천 권도 채 나가지 않는 책들의 경우다.

이런 책의 경우 1,000명의 다중이 모이면 출판사를 움직일 수 있다. 어떻게?

"저희가 《생각의 역사 1, 2》를 천 질 구입하겠습니다."

"네? 천 질을 요?"

"맞습니다. 그런데 정가가 한 권에 45,000원, 한 질에 90,000원이더군요."

"그렇습니다. 저희가 드릴 수 있는 가격은 그래서 10% 할인된 81,000원입니다."

"저희는 그렇게 비싸게 구입할 수는 없습니다. 아시다시피 이런 책을 읽는 사람들은 자본가가 아니거든요."

"그래도 이 책을 쓰신 분은 몇 년, 아니 거의 평생을 걸고 2500쪽에 달하는 원고를 통해 인류 문명의 발자취를 관통하는 글을 쓰셨는데, 그렇게 보면 고작 8만 원에 인류 문명을 조감할 수 있다면 싸도 너무 싼 것 아닌가요?"

"당연하지요. 저희도 이 책에 담긴 내용을 개인적으로 습득하고자 한다면 적어도 수억 원의 대가를 치러야 한다는 사실은 알고 있습니다. 그러나 저희가 비정규직에 계약직에, 임시직에, 최저임금을 받는 사람들이라서 이런 책을 읽지 못하고, 그래서 결국 끊임없이 무지의 늪에서 빠져나오지 못함으로써 다시 자본가에게 휘둘린다는 사실을 깨닫게 되었습니다. 그래서 하루치 최저임금을 모두 투자해서라도 이 책을 읽기로 했습니다. 그런데도 책값이 부족하네요."

"아, 그렇군요. 그럼 저희가 어떻게 해 드릴까요? 도서정가제 때문에 더 이상의 할인을 했다가는 과태료를 물고 파렴치한으로 낙인이 찍혀서 어떻게 할 방도가 없는데요."

"저희가 해결책을 제시하겠습니다. 이런 방식으로요.
저희를 위해서 《생각의 역사 1, 2》 보급판을 출간해 주십시오. 양장을 보급판으로 바꾸고, 종이 질도 떨어져도 괜찮습니다. 대신 보급판이 출간되면 저희가 1,000질을 입도선매立稻先賣하겠습니다. 1,000권은 사전에 판매된 것과 마찬가지란 뜻이지요. 그 대신 보급판 가격은 권당 25,000원, 질당 50,000원으로 해주십시오."
"생각 좀 해보겠습니다."

사실 생각할 필요도 없다. 이 정도 되면 출판사는 무조건 보급판을 제작할 수밖에 없다. 적어도 도서출판 서해문집 정도 되면 그렇다는 말이다. 그리고 무수히 많은 출판사들이 1,000권의 벽에 막혀 가격 인하를 단행할 수 없는 것이다.
그러니 천 명의 다중多衆이 모이면 출판사의 숨통을 트이게 할 뿐 아니라 자본의 논리로 인해 죽어갈 책들을 살려낼 수 있다.

두 번째는 갈수록 책이 팔리지 않기 때문이다.
그래서 대중서가 아닌 교양서의 경우에는 1,000권은 고사하고 500권의 판매도 장담할 수 없는 지경에 이르렀다. 그러다 보니 어차피 팔리지 않을 것, 가격을 인하하는 대신 인상하는 길을 택한다. 읽을 사람은 비싸도 읽을 것이요, 읽지 않을 사람은 아무리 싸도 읽지 않을 것이라고 여기기 때문이다.
이 문제 또한 천 명의 다중이 모이면 해결할 수 있다. 출간 전부터 "우리가 이 책 1,000권을 사겠습니다. 돈을 입금하겠습니다. 대신 가격을 적정하게 산정해 주십시오." 하고 말하면 십중팔구 출판사는 그 제안을 수용하게 되어 있다.

이 얼마나 황홀한 이야기인가!

게다가 한 걸음 더 나아간다면 천 명의 다중이 반드시 읽고 싶은 책을 찾았는데, 우리나라에 번역이 되어 있지 않거나 출간되지 않았거나, 혹시 출간되었을지라도 시간이 지나고 시장성이 없다고 판단하여 절판絶版시킨 경우, 천 명의 힘으로 되살릴 수도 있다.

그렇게 된다면 우리 출판 생태계는 풍요로워질 것이 분명하다.

그래서 나는 내가 열었지만 다중多衆이 운영해 가고 있는

**인터넷 카페http://cafe.naver.com/tribook을 과감히 개방하기로 했다.**

한글 이름은 〈천 명이 사랑하는 책〉. 줄여서 '천사책.'

이 카페 회원이 1,000명이 되는 순간, 우리는 대한민국 출판 생태계에 놀라운 변화를 가져올 수 있을 것이다.

한 명의 회원이 한 달에 한 권의 책만 구입할 의지가 있다면.

나는 다중의 힘을 믿기에 그날이 언제가 될지 모르지만 반드시 도래할 것이라고 믿는다.

그런데
왜
999권이냐고?
나는 제외한다. 왜냐하면 내가
먼저 책을 구입해서 읽어본 후에
추천할 것이므로.
아, 나를 제외한 모든 분들도
추천할 수 있다. 그래도 역시
999권만 구입하게 될 것이니
마찬가지 아닌가?
여러 다중의 동참을 기대한다.

앞의 책들은 〈천사책〉에서 여러 독자들과 함께 읽고 싶은 책들이다. 그런데 하나같이 두껍고 비싸다.

당연하지. 누가 이 얄팍한 시대에 이런 책을 읽고자 하겠는가.

그러나 잊지 말아야 할 것이 있으니 얄팍한 시대를 이끌어가는 자, 얄팍한 시대에 휩쓸려가지 않는 자, 얄팍한 시대의 얄팍함을 간파하여 한 사람의 주체적 인간으로 살아가기 위해서는 두텁게 살아야 한다는 사실이다.

꽃이 진다고 말하지 말라, 피어 있는 고통 다음에는 쉬는 순간도 있어야 하지 않겠는가, 봉오리로 떠올라 온 몸을 피어 꽃으로 드러내는 순간을 얼마나 오래 지속해야 하는가, 바라보는 눈 또한 감았다 뜨고 떴다 감지 않는가, 꽃이 진다고 말하지 말라, 화려함 다음에는 소박함을 향해 눈 뜨는 황홀함도 느낄 만하지 않은가, 빛나는 것은 꽃뿐이 아니니 핏줄 선명한 잎이 돋는 소리를 들어보라, 물줄기 흐르는 천둥소리 품고 있는 잎사귀 한 잎의 선연함이 보이지 않는가, 꽃이 진다고 말하지 말라, 꽃 쉬고 잎 쉰 후에야 비로소 쉴 공간 찾아 걸음 옮기는 계절의 뒤를 따르는 고즈넉함이 없는 삶은 어떤가, 한 자리를 맴돌 뿐 세상 만물의 뒤편에 눈동자 한 번 돌리지 않는 외로움으로 어찌 살아갈 것인가, 계절 또한 돌고 돌아 붉은 계절에 닿는 유유함을 한 번쯤 누려야 하지 않겠는가, 꽃이 진다고 말하지 말라, 꽃 지고 잎 지고, 계절 지고, 삶 진 후 소리 없이 내리는 그 하얗고 빛나는 흔적으로 뒤덮인 세상의 평화 없이 어찌 웃음 뒤에 흐르는 눈물을 닦을 수 있겠는가, 어찌 발걸음 멈춘 후 비로소 걸음 떼는 보이지 않는 생명들의 분주함을 품을 수 있겠는가, 어찌 모두 떠난 후 그대는 다만 떠나지 않았음을 깨닫는 환희를 느낄 수 있겠는가.

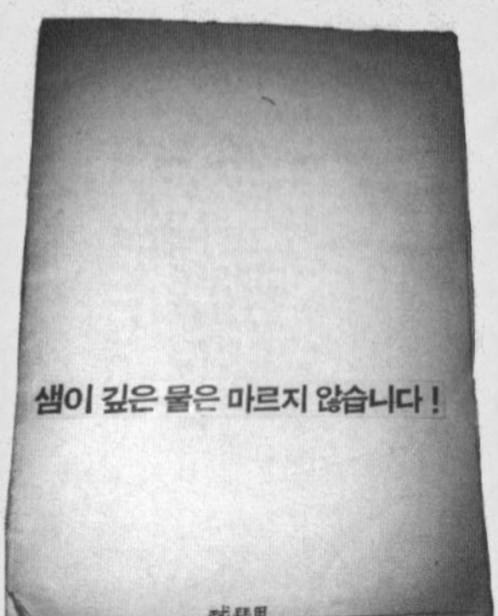


고고한 척 20

## 《가만히 좋아하는》과
## 오래된 시
## 전단지의 추억

김사인이라는 시인은 아주 오래 전부터 좋아하던 분이죠.
위 사진은 제가 대학 3학년 때 출판에 평생을 바치기로 결심하고 졸업한 후 출판에 필요한 돈을 모으기 위해 은행에 다닐 무렵 만든 전단지입니다.
은행을 다니다가 군대를 가게 되었는데, 함께 일하던 동료들에게 뭔가 선물을 주고 싶더라고요.
그래서 제 평생의 꿈인 출판 연습도 할 겸 제가 좋아하는 시들을 다른 사람들과 함께 읽기도 할 겸해서 그 무렵 첨단 제품인 IBM 볼타자기로 제가 직접 치고 중간에 호치키스로 찍어서 몇 쪽짜리 전단지 비슷한 책 비슷한 것을 만들었습니다. 그런 다음 그걸 복사해서 여러 사람들에게 나누어주었고 원본은 집에 두었는데, 그게 다행스럽게도 오늘까지 전해오고 있네요. 그러니 이 녀석 나이가 얼추 30년이 넘는 셈이죠.
이 전단지에 실린 시 목록이 궁금하시죠? 궁금하지 않으셔도 할 수 없습니다.

### 〈사평역에서〉 곽재구
### 〈엄경희〉 곽재구

**〈해 지는 곳으로 가서〉 강인한**
**〈축가〉 박누래**
**〈예언서 1〉 김사인**
**〈김대두에게〉 조성우**
**〈어릴 때 조국〉 신기선**
**〈울음이 타는 가을강〉 박재삼**
**〈약혼〉 김사인**
**〈석상의 노래〉 박봉우**
**〈눈〉 김동현**
**〈한 그리움이 다른 그리움에게〉 정희성**
**〈모닥불을 밟으며〉 정호승**
**〈나무를 심고〉 권영상**

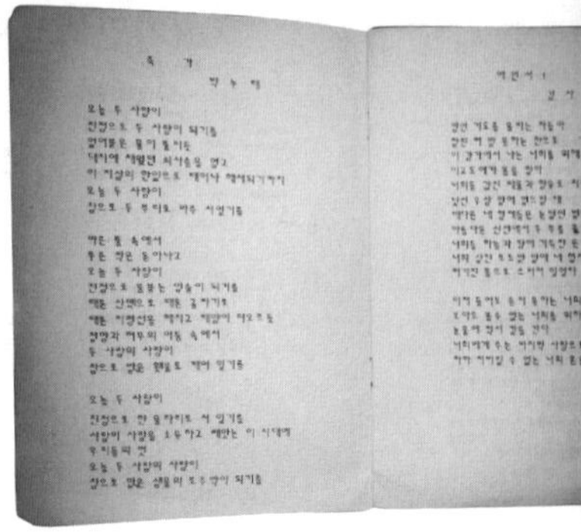

위 사진에도 나와 있듯이 김사인 시인의 작품이 두 편, 이 전단지에 들어 있지요.

그 무렵 김사인 시인은 〈시와 경제〉라는 명칭도 괴이한 시 동인으로 활동하고 있었는데, 제가 참 좋아했지요.

그러던 분이 훗날 – 제 기억이 틀릴지도 모르니까 이 부분은 그냥 웃어넘기시길 – 대단한 운동단체 활동을 하신 것으로 알고 있습니다. 그런데 이 분이 근 20년 만에 출간한 시집을 보니 동덕여대 문예창작과 교수로 재직중이시네요.

시집 제목은 《가만히 좋아하는》. 2006년에 출간되었으니 벌써 10년 가까이 된 구간舊刊이지요. 그렇지만 책에는 나이가 없으니 지금 읽으면 독자에게는 신간新刊입니다.

그런데 정말 놀라운 것은 이분의 사적私的 이력 말고 시가 대단하다는 사실입니다.

이 시집 뒤에는 이런 구절이 있습니다.

'이 책 내용의 전부 또는 일부를 재사용하려면 반드시 저작권자와 창비 양측의 동의를 받아야 합니다.'

그러나 저는 카피레프트주의자라서 당연히 누구의 동의도 결코 받지 않고 인용하고자 합니다.

코스모스

누구도 핍박해본 적 없는 자의
빈 호주머니여

언제나 우리는 고향에 돌아가
그간의 일들을
울며 아버님께 어쭐 것인가

어렵지요?

제목이 코스모스니 분명 코스모스를 노래할 듯한데, 내용에는 갑자기 아버님이 등장하고.

그래서 이럴 때 평론가가 필요한 겁니다.

저도 이 시를 이해하기는 했습니다만 에헴! 그래도 객관성을 유지하기 위해 평론가의 설명을 살펴보기로 하겠습니다.

시의 제목을 '코스모스'로 한 것도 힘없고 가난한 삶과 연결된 고도의 비유를 고려했기 때문일 것이고, 이는 형의 시인론의 시적 비유로서 적절합니다. 그러니까 형에게 시인은 길가에 하늘거리는 코스모스와 같은 존재인 것입니다. 그 코스모스 같은 시인이 더이상 박탈당할 것도 없는 빈 호주머니 신세로 귀향하여 울며 아버님께 그간 살아온 얘기를 여쭙는 것, 그 '여쭘' 속에서 시가 탄생하는 것이라고 형은 말하는 듯합니다.

.......

시인은 기존 가치체계와 규약으로서의 언어의 죽음을 시어의 조건으로 인정하고 기왕의 언어체계 바깥에서, 야생과 원시의 자연 속에서 새로운 의미들로 태어나는 언어를 내면화합니다. 다시 말해, 오래된 고향의 언어를 내면화한 시인이 도시의 똥과 오물과 욕망, 마침내 패배의 삶을 늙은 아버지께 고하는 '말씀', 그것이 바로 시어라고 형은 말하고 있습니다. 영광이 아니라 아픈 좌절을 자신 속에 창조적으로 내면화한 시원의 언어로 노래하는 존재가 시인인 것입니다.

이 평은 평론가 임우기가 쓴 글인데, 앞부분은 그래도 이해할 만한데, 뒷부분은 시보다 더 어려운 듯하지요. 물론 제가 생략한 부분이 많아서 그런데, 그 부분까지 다 읽어보면 이 짧은 시 한 편에 깃든 내용이 얼마나 많은지 알게 됩니다. 그리고 바로 그런 즐거움 때문에 시를 읽게 되고요.

사실 김사인의 시집 〈가만히 좋아하는〉에는 이 시보다 훨씬 황홀암을 안겨주는 시들이 많습니다. 그러니 언제 기회가 닿으면 한 번 읽어보시길.
마지막으로 참 아름다운 옛사랑의 노래를 역시 동의 없이 읽어보겠습니다.

## 옛 일

그 여름 밤길
수풀 헤치며 듣던
어질머리 풀냄새 벌레소리
발목에 와 서걱이던 이슬방울 그리워요
우리는 두 마리 철없는 노루새끼처럼
몸 달아, 하아 몸은 달아
비에 씻긴 산길만 헤저어 다니고요
단숨만 들여마시고요
안 그런 척 팔만 한 번씩 닿아보고요
안 그런 척 몸 가까이 냄새만 설핏 맡아보고요
캄캄 어둠 속에 올려 묶은 머리채 아래로
그대 목덜미 맨살은 투명하게 빛났어요
생채기투성이 내 손도 아름다웠지요

고개 넘고 넘어
그대네 동네 뒷산길
애가 타 기다리던 그대 오빠는 눈 부라렸지만
우리는 숫기 없이 꿈 덜 깬 두 산짐승
손도 한 번 못 잡아본걸요
되짚어오는 길엔
고래고래 소리 질러 노래만 불렀던 걸요

책 읽는 것만큼 즐거운 일은 찾기 힘들다.
책 속에는 없는 것이 없다. 사랑?

# 독후감
# 단
# 한 편

## 《율리시스》

제임스 조이스 지음 / 김성숙 옮김 / 동서문화사 / 상, 하 2권 / 각권 12,000원

책 읽는 것만큼 즐거운 일은 찾기 힘들다. 책 속에는 없는 것이 없다. 사랑? 말할 필요도 없다. 책 속에는 사랑이라는 이름 아래 가능한 모든 종류의 사랑이 존재한다. 여행旅行? 이 또한 말하면 입만 아프다. 우리가 살아서 누릴 수 있는 여행은 고작해야 이 시대, 지구상 여행이 전부다. 그러나 책속에서는 100억 년 전 우주로의 여행으로부터 시작해 100억 년 후의 미래 세계, 고조선 시대, 마늘이 가득한 동굴로의 여행에서 세종 임금 때 집현전集賢殿에서 밤을 새우던 성삼문도 만날 수 있고, 잉카 문명 시대에 종이 한 장 들어갈 수 없이 돌을 쌓아 만든 벽의 장인匠人들도 만난다. 파리 내장內臟 속으로 들어가기도 하고 바닷속 깊이 들어가 넙치와 이야기를 나눌 수도 있고 해삼의 눈(사실 해삼에는 눈이 없다)을 찾아 머나먼 남태평양을 떠다닐 수도 있다.

도대체 못 가볼 곳이 없는 게 책을 통한 여행이다.

그런데 《율리시스》는 왜 읽었지?

재미? 글쎄, 썩 있는 것 같지 않은데,

감동? 무슨 말씀을. 도대체 무슨 말인지도 모르는 글을 읽으면서 감동을 느낄 수는 없지.
지식? 절대 없다. 이 책에 지식이라고는 1900년대 아일랜드 수도인 더블린 거리 풍경뿐인데, 그거 알아서 무슨 도움이 되겠는가.

그러니까 왜 읽었느냐고.
사실 읽은 나도 궁금하다. 내가 왜 이 책을 읽었는지. 소설류 책이라면 하루에 7, 800쪽은 거뜬히 읽는 인간이 상, 하 두 권으로 된 이 책을 읽는데 두 달 걸렸으니까(물론 온종일 읽은 건 아니고 하루에 30분 정도씩 읽다가 말다가 한 듯) 참 역사에 남을 일인데, 왜 그렇게 힘겹게 읽었을까?
나도 잘 모르겠다.
그렇지만 오랜만에 독후감讀後感이란 걸 한 번 써보고 싶었다. 이 무슨 말인지도 모르는 소설을 읽고 말이다.

《율리시스》라는 소설에는 율리시스가 등장하지 않는다. 마치 붕어빵에 붕어가 없듯. 이 소설에 등장하지 않는 것은 율리시스라는 책 제목뿐이 아니다. 줄거리라고 할 것도 없다. 고작 하루, 24시간 동안 주인공이라고 할 수 있는 스티븐 디댈러스와 레오폴드 블룸의 행동과 생각을 기록한 것이니까.
그러니 이 책에서 재미난 이야기를 기대하시면 안 된다. 그렇다고 인간의 심리를 섬세하게 묘사한 것도 별로 없다.

"나는《율리시스》 안에 수많은 수수께끼와 퀴즈를 숨겨 놓았기 때문에 향후 수 세기 동안 대학교수들은 내가 뜻하는 바를 거론하기에 분주할 것이다. 이것이 자신의 불멸不滅을 보장하는 유일한 길이다."

《율리시스》의 작가 제임스 조이스(1882-1941)가 한 말이라는데, 그럴 듯하다. 내가 읽은 판본板本을 번역한 김성숙이란 분도 평생을《율리시스》 연구와 번역에 바치셨고, 결국 2011년에 완역한 후 출판하였다고 하니 말이다.

다시 묻는다, 스스로에게.

나는 왜 이 책을 읽었는가?

분명 읽은 까닭이 있다.

## 첫째, 이 천박한 현실에서 벗어나고 싶었다.

사실 인류 역사가 비롯된 이후 무수히 많은 현자賢者들이 '삶과 죽음'에 대해 이야기했다. 그만큼 삶이란, 현실이란, 죽음이란 복잡다단複雜多端한 것이리라. 그런데 최근 내가 살아가는 대한민국이라는 곳은 너무나 천박淺薄(얕고 엷다는 뜻이다)해서 그리 오래 고민할 필요도 없다. 한마디로 말하자면 '눈앞의 이익에 머리박고 사는 *같은 인간들과 그 ***들의 행태에 분노하는 인간' 외에는 특별한 존재가 없는 사회라서 세상을 바라보는 데서 어떠한 즐거움도 느낄 수 없었다.

그래서 택한 것이 책 속으로 숨는 일이었다. 그런데 웬만한 책은 숨기에 너무 좁았다. 결국 지은이 말대로 '수많은 수수께끼와 퀴즈를 숨겨 놓아'서 숨을 곳이 무척 많을 것 같은 이 책을 선택한 것이다.

## 둘째, 값싼 소재를 이용해 그럴 듯한 글로 치장하는 요즘 세태世態가 싫었다.

모든 작가들이 그러하지는 않지만 많은 작가들이 오늘날 글을 성공의 수단, 돈벌이 수단으로 여기는 것이 사실이다. 일반인들은 잘 모르시겠지만 출판계에 발을 들여놓은 지 몇 년 지나면 알 만한 사람은 다 안다. 그런 글을 읽는 것은 재미도 없고 즐겁지도 않다. 출제한 사람의 의도가 뻔히 드러나는 너무 쉬운 문제는 풀어도 보람이 없다. 그래서 뭔가 도전할 만한 글을 읽고 싶었다.
그렇다면 내 의도는 충족充足되었을까?
결론적으로 말하면 그렇다.
두 달이 넘어서 읽은 책도 드물지만(읽는 데 오래 걸리는 책은 두꺼운 책이 아니라 복잡한 책이다. 예를 들면 10권짜리 장길산을 읽는 데는 삼사일이면 족하지만 황동규의 시집은 100쪽 남짓이지만 1년 걸린다) 그렇게 드문드문 읽고 나서도 줄거리가 머릿속에 남아 있는 책도 드물었다. 아, 줄거리가 머릿속에 남아 있지만 무슨 소리인지 모르는 책 또한 드물다.
그러나 한 가지 분명한 것은 끊임없이 나를 붙드는 이 책의 묘한 매력이었다. 무슨 소리인지도 모르고 이야기도 없는데 끝없이 잡게 만드는 매력은 무엇인가. 나는 그걸 알고 싶지 않다. 그건 평생을 걸고 《율리시스》 속에 숨어 있는 요소들을 연구하는 학자들의 몫이리라.
나는 그저 이 소설을 읽고 내가 느낄 수 있는 만큼의 지적知的 경험을 하고 그 경험을 통해 새로운 세상으로 내 상상력과 창의력, 일상의 고통을 던져버리면 될 테니까.

**덧붙임**

동서문화사의 이 책은 정말 착하다. 우선 가격도 착하고 양장본 상, 하권이 각각 12,000원, 두 권에 24,000원이다. 나는 동네 서점에서 샀지만 혹시라도 인터넷 서점에서 사는 분들이라면 더 싸게 살 수 있을지도 모른다. 그러나 부탁한다. 이 책 번역하시는 분이 평생, 그러니까 약 50년 걸려서 번역하셨단다. 지은이 또한 10년 넘게 걸려서 이 책을 썼단다. 그런 책을 몇 천 원 아끼기 위해 동네 서점에서 확인만 하고 인터넷 서점에서 구입하는 것은 좀 그렇지 않은가?

번역飜譯이 어떠냐고? 나는 원문原文을 읽을 실력도 안 되고 다른 판본板本도 읽지 않아서 모르겠지만 읽는 동안에 문장 뜻이 어색하거나 이해하기 힘든 적은 없었다. 그러니까 우리말로 된 작품을 읽는 느낌이었던 것이다. 다만 그 문장을 이해하지 못했다면 그건 온전히 제임스 조이스가 문장 안에 감추어둔 문제를 풀지 못했기 때문이다.

여하튼 오랜만에 책속으로 드문 여행을 했다. 그러나 경고한다. 아무나 떠날 수 있는 여행이 아니다. 이건 독자 여러분을 무시해서가 아니다. 나도 읽고 났지만 아무것도 모르는 상태니까. 다만 어떤 활동에서 즐거움을 느끼기 위해서는 준비운동이 필수적이다. 그러니 이 책 속으로 여행을 떠나기 위해서는 이른바 고전이라고 알려진 몇 권의 책을 읽는 준비운동을 하시길.

마지막 덧붙임 : 이 책을 다 읽은 다음에 나도 제임스 조이스 흉내를 내보고 싶었다. 참 말도 안 되는 일인데, 이런 만용을 부리는 것을 보니 아직은 어린애같은 천진난만함이 남아 있나?

2014년 1월 12일 오전 11시 정각!

다음 정류장은 시청입니다, 턱뼈를 자연스럽게 깎는 성형외과는 어디? 로봇 성형외과가 시청앞에 있습니다, 이제 강남은 굿바이...... 이 자리에 모인 분들은 모두 애국자입니다. 지금 이 나라는 종북좌파 세력에 의해 좌지우지되어 집집마다 간첩이 암약하고... 다시보자 부모자식! 제가 방송 오래했지만 오늘 같은 구성은 처음입니다. 이런 파격구성을 만난 여러분은 새해 운수 대박입니다. 39,900원에 칼 다섯 자루, 칼 가는 숫돌 두

개, 시험삼아 잘러보라고 두부 열 모가 함께 가는 구성, 이제 5분밖에 남지 않았습니다.... 과거에 저는 아내에게 손찌검하고 도박하고, 그러다 보니 빚지고, 그런데도 아내는 연예인 남편 둔 까닭에 어디 가서 하소연도 하지 못하고, 정말 미안하죠. 그렇군요. 지금이라도 반성하시니 시청자 여러분께서 따스하게 맞이해 주실 거예요. 보세요, 철면피씨가 벌써 실시간 검색순위 1위에 오르셨어요, 파이팅!..... 거긴 좀 그렇지 않니? 뭐가요? 난 딱 우리 회사 체질이야. 대출금리가 고작 39%밖에 안 돼, 그것도 못 내면 그건 이 사회에 살 자격이 없는 거잖아, 그러니? 그런데 거기 괜찮은 손님은 없니? 엄마, 그런 손님 만났다가는 인생 내내 뻐꾸기 종소리 들어야 해. 오늘도 기업인들 여럿이 파업을 단행했습니다, 자신들의 재산은 고작 1조에 불과해 고통 받는 반면 귀족이 된 노조에 반발한 것입니다, 이상 한국천민기업인협회 현장에서 전해드렸습니다...... 묻지도 따지지도 않고 보험에 가입시켜 드립니다. 암에 걸리면 천만 원, 치료비로 매번 3천만 원, 두 번째 걸리면 또 천만 원, 세 번째 걸리면 또 천만 원, 평생 암에 걸렸다 나았다 걸렸다 나았다, 결국 병원에서 사망하면 대박, 수억 원을 받으실 수 있습니다, 그리하여 결국 저희 보험회사는 파산할 거라고 믿는 분들이 계십니다만...... 오늘 애국고등학교에서는 한국사 교과서 채택을 강행했습니다, 학교 관계자의 말을 들어보겠습니다, 저희는 편향되지 않은 국사 교육을 위해 국정교과서를 주장합니다만 아직은 검정교과서밖에 없기 때문에 가장 중립적이며 애국적인 교과서를 채택한 것입니다, 결정 주체요? 저는 모릅니다, 운영위원회도 모르지요, 아마 눈에 보이지 않는 손이 하지 않았을까요? 아담 스미스 말대로...... 초역세권 아파트가 듣도 보도 못한 가격에 선착순, 마감 임박! 오늘이 지나면 예전 가격으로 환원! 역에서 걸어서 단 10분, 홍길동 걸음으로, 대한민국 대표 승용차 C9이 크롬 격자 형상, LED 포지션 램프, 펜더 가니시, 리어 콤비네이션 램프 렌즈 커버, 틸트 엔 텔레스코픽 스티어링 휠, 템퍼러리 스페어 타이어, 파노라마 선루프, 센터페시아 개선을 통해 완전히 새로운 차로 거듭나면서도 가격은 대폭 낮추었습니다, 오늘의 베스트셀러, 당신의 영어는 왜 3초를 넘지 못하는가, 1일 3초 스트레칭으로 몸짱 프로젝트, 초보 재테크를 위한 100억 만들기, 내 생애 최고 몸매로 관에 들어가기, 이 모든 책을 반값에 드립니다, 지금 당장 클릭하세요! 다음 정류장은 매대쇼핑입니다, 세계 명품 가방이 한자리에, 매대쇼핑 명품관이 이번 정류장에 있습니다, 배춧잎을 넣으면 신사임당이 나오는 놀라운 가방, 남수단 분쟁 지역에서 온갖 역경을 이기고 탄생한 진정한 명품 가방, 천민을 귀족으로 만들어드립니다..... 아베총리는 오늘 야스쿠니 신사를 참배하며 애국자는 나라를 위해 목숨을 바친 분들을 잊지 않는다고 발표했습니다, 덧붙여 애국자들을 범죄인으로 여기는 이웃나라들과는 더 이상 관계를 맺지 않겠다고 천명했습니다. 이상 전 국민을 대상으로 방사능 치료를 시행하고 있는 일본 현지에서 우라늄 기자였습니다, 시청료 인상, 편파적 공영방송을 위한 첫걸음이요, 마지막 종착역입니다, 또 주식해? 일 좀 해라, 지금 팔아야 하는데, 짜증나! 이제 여러분의 걱정을 말끔히 제거해 드립니다. 언제 어디서나 간편한 주식거래 프로그램, '마이너스100'! 지금 당장 업데이트하십시오. 이제 상사 눈치 볼 필요 없습니다. 회사 일 따위는 제쳐두십시오. 오직 주식에 목숨 거는 당신을 위한 놀라운 프로그램, '마이너스100', 노숙증권이 함께합니다!

– 지금 시간은 11시 10분입니다. 편파 474메가헤르츠, HAHA!

# 어려운 책을 읽는 즐거움

하루에 마음먹고 책을 읽으면 700쪽 정도는 읽는다. 그래서 웬만하면 얇은 책은 잡지 않는데, 읽을 만하면 끝나기 때문이다.

물론 모든 책을 그렇게 읽을 수 있는 건 아니다. 어떤 책은 그보다 더 빨리 읽을 수 있는 반면에 어떤 책은 하루에 몇 쪽 못 읽는 경우도 있다.

어떤 책을 빨리 읽을 수 있느냐 하는 기준은 그 책이 좋다 나쁘다, 고전古典이다 아니다, 국내서國內書다 번역서飜譯書다, 소설이다 인문서人文書다, 전문서다 교양서다, 같은 내용과도 물론 관계가 된다. 그러나 그런 것은 경험상 오히려 부차적副次的이다.

하루에 몇 쪽 못 읽는 책은 일반적인 기준으로 보면 내용이 어렵다고 할 수 있다.

그러나 반드시 그런 것도 아니니 내용이 그리 어렵지 않은데도 진도가 잘 나가지 않기도 하고, 내용이 어렵지만 진도가 잘 나가는 경우도 있다.

그래서 내린 결론은 이렇다.

"빨리 읽을 수 있는 책은 익숙한 세계를 다루는 반면 빨리 읽을 수 없는 책은 익숙하지 않은 세계를 다루고 있다."

물론 이 결론도 보편적인 게 아니라 자의적恣意的인 것에 불과하다. 그러니 마음에 담아 두실 필요는 없다. 그냥 내 생각일 뿐이니까.

이때는 불로뉴 숲이 한데 모여 짜 맞춰지기 시작하면서 가장 다양한 특성을 드러내고, 또한 뚜렷한 부분을 가장 많이 보여주는 계절이었다. 시간도 그러했다. 나무들은 아직 잎이 달려 있는 곳에 아침 햇살이 거의 수평으로 닿아 있었는데, 그 부분에서 시작해 점점 변해가는 성싶었다. 이 햇살은 몇 시간 뒤 땅거미가 지기 시작하면 다시 수평이 되고, 해는 램프처럼 붉게 타올라 먼 거리에서 조명과도 같은 타는 저녁놀을 무성한 이파리 위에 던지며, 그 꼭대기가 불에 타더라도 아래는 타지 않는 가지 달린 큰 촛대처럼 그을린 색깔 그대로 남는 나무의 꼭대기 잎을 이글이글 불태우는 것이었다. 여기에서 햇살은 벽돌처럼 두꺼워, 마치 푸른 무늬가 그려진 황색 페르시아 벽처럼 마로니에 잎을 거칠게 시멘트로 하늘에 붙여놓고, 또 거기에서 햇살은 반대로 하늘을 향해 금빛 손가락을 딱딱하게 쳐들고 있는 그 잎들을 하늘에서부터 떼고 있었다. 햇살이 덩굴에 감싸인 어느 나무 중간쯤에 꽃다발을 접붙이고 있는 듯 보여, 눈부셔서 똑똑하게 구별할 순 없으나 마치 카네이션의 변종처럼 보이는 붉은 꽃다발을 꽃피우고 있었다.

아침 햇살이 숲에 새로운 선을 그으면서 나무들의 가지를 쳐내고, 가지각색의 줄기를 한 다발로 묶어 수많은 꽃다발을 꾸미고 있었다. 아침 햇살이 나무 두 그루를 자기 쪽으로 솜씨 좋게 끌어당기고 있었다. 빛과 그늘의 힘찬 끌을 쓰면서 햇살은 나무마다 줄기와 가지를 반으로 쪼개 떼어버리고 남은 두 개의 반 동강이를 한데 엮으면서, 어떤 때는 주위의 반짝이닌 빛과 뚜렷이 구분되는 그림자 기둥 하나를 만들기도 하고, 또 어떤 때는 검은 그늘의 그물에 붙잡혀 부자연스럽게 흔들리는 윤곽을 지닌 빛의 환영幻影 하나를 만들기도 했다.
-《잃어버린 시간을 찾아서》, 마르셀 푸르스트, 민희식 옮김, 동서문화사, 1권 496-497에서 발췌.

위 내용을 읽다 보면 소설이란 것이 무엇인지에 대해 다시 생각하게 된다. 물론 이 책만이 아니겠지만.
〈산책〉 7호에 제임스 조이스의 《율리시스》를 읽고 난 후 독후감을 쓴 적이 있는데, 그 작품도 마찬가지였다. 이 풍진 세월에서 벗어나 소설 속으로 숨고 싶어 손에 잡은 소설 《율리시즈》는 기대를 저버리지 않았다. 그러나 숨을 곳이 너무 많아 결국 나 스스로도 길을 잃은 게 흠이긴 하지만.

그런 소설을 읽을 때 줄거리는 아무런 의미도 없다. 그리고 《잃어버린 시간을 찾아서》도 마찬가지다. 물론 탁월한 평론가들과 전문가들, 학자들에게는 이 소설의 줄거리와 그 줄거리가 품고 있는 의미 등이 무척 중요할 것이다. 그렇지만 나같은 그저 그런 독자 입장에서는 위 문장이 주는 낯선 시각을 느끼는 것만으로도 한껏 황홀경에 빠질 수 있다. 소설의 의미는 그 다음일 뿐이다.

그렇다면 위와 같은 문장이 지속적으로 이어지는 이 소설을 읽는 속도는 어떨까?

당연히 느릴 수밖에 없다. 특별히 어려운 내용을 전해주는 학술서도 아니요, 독자가 낯설어할 소재를 다루는 것도 아니지만 빨리 읽기가 어렵다. 번역? 글쎄, 내가 이 책을 천천히 읽는 까닭은 번역 때문도 아니요, 갑자기 노안老眼이 와서도 아니다.

그냥 빨리 읽기 힘들기도 하고 빨리 읽기 싫기도 하기 때문이다.

《율리시스》를 다 읽는 데 두 달 정도 걸린 듯하다. 그런데 이 소설은 그보다 훨씬 오래 걸릴 듯하다.

## 어려운 책을 읽는 즐거움!

이런 제목을 붙인 까닭은 많은 분들이 잘 읽히지 않는 책에 대한 막연한 부담감을 가지고 계신 듯해서다. 지난해 세종도서관에서 인문학 강연을 오래도록 했는데, 그때 참가자들과 함께 읽은 책 대부분이 이른바 '어려운' 책들이었다. 그런 까닭에 많은 분들이 처음에는 부담스러우셨을 것이다. 그러나 강연이 끝나갈 무렵에는 많은 분들께서 오히려 즐거워하셨던 듯하다.

그때 참가자들께 다음과 같은 말씀을 드린 기억이 난다(늙어서 기억이 가물가물하니까 틀렸을 수도 있음을 양해 바란다).

"어려운 책을 읽을 때 절대 모두 이해하려고 하지 마십시오. 우리가 어렵다고 하는 책은 대부분 전문가도 어렵다고 여기는 책입니다. 그런 책을 단 한 번 읽고 다 이해하지 못한다고 해서 '내 지적 능력이 부족하구나.' 하고 자책하지 마십시오. 전문가도 쉽지 않은 일을 우리가 못하는 것은 오히려 당연한 것입니다.
그렇다면 왜 읽어야 하느냐고요?"

글쎄, 이에 대한 대답은 내가 내릴 수 있는 성질이 아닐 것이다.
다만 내 개인적인 취향은 이렇다.

**1. 책이란 게 기본적으로 지적知的 성취를 위한 수단이다.**

'지知'란 '세상 만물의 근원에 대한 의문을 풀고자 하는 욕구'다. 그러니 독서는 당연히 내가 가지 않은 세계, 가지 못한 세계, 앞으로도 가지 못할 세계에 대한 의문을 풀고자 하는 행위다. 그런데 그런 세계를 향해 가는 길이 어찌 쉽겠는가?
그래서 조금 어려운 책을 읽는 것이 참된 지적 성취감을 안겨 준다. 새로운 세상, 미지의 세상으로 들어가는 문의 열쇠를 여는 일은 그래서 안방 문을 여는 것에 비해 훨씬 황홀하다.

**2. 독서는 어떤 면에서 등산과 매우 흡사하다. 어떤 면에서?**

여러 번 오른 산을 다시 오르는 것은 수월하다. 반면에 처음 가는 산은 그 산이 아무리 낮다 해도 긴장되고 어렵게 여겨진다. 게다가 그 산이 이제껏 접한 산보다 더 험하다면 오르는 일 또한 당연히 어렵다.

그러나 그런 산을 한 번 등반하고 나면 그보다 낮은 산은 심리적, 육체적으로 쉽게 오를 수 있다.

나의 지적 수준보다 조금 높은 책을 읽는 일은 힘겹지만 그 책을 읽고 나면 그보다 낮은 수준의 책은 쉽게 읽히기 시작한다. 세상의 모든 책을 읽을 수 없다면 새로운 세상을 보여주는 높은 산에 오르는 편이 행복하지 않겠는가!

**3. 그렇다고 늘 어려운 책만 읽을 수는 없는 노릇이다. 우리 머리도 휴식이 필요하니 말이다.**

그래서 나는 머리가 아플 때 쉬운 책을 읽는다. 그렇다고 아무 책이나 읽는 것은 아니지만.

머리가 휴식을 필요로 할 때는 적어도 하루에 읽어낼 만한 분량과 수준의 책을 고르는 편이 낫다. 그래야 머릿속이 한 권의 책으로 정리가 되어 말끔해질 테니까.

지금 수준에서 '왜 어려운 책을 읽느냐?' 하는 질문에 답할 수 있는 내용은 이 정도다. 앞으로 더 많은 책을 읽고 그 속에서 더 깊은 해답을 퍼 올리면 그때 다시 말씀드리겠다.

〈산책〉 9호

# 엽편 소감

도서출판 서해문집과 아동도서 출판사 파란자전거에서 출간한
책들에 대한 선전용 소감

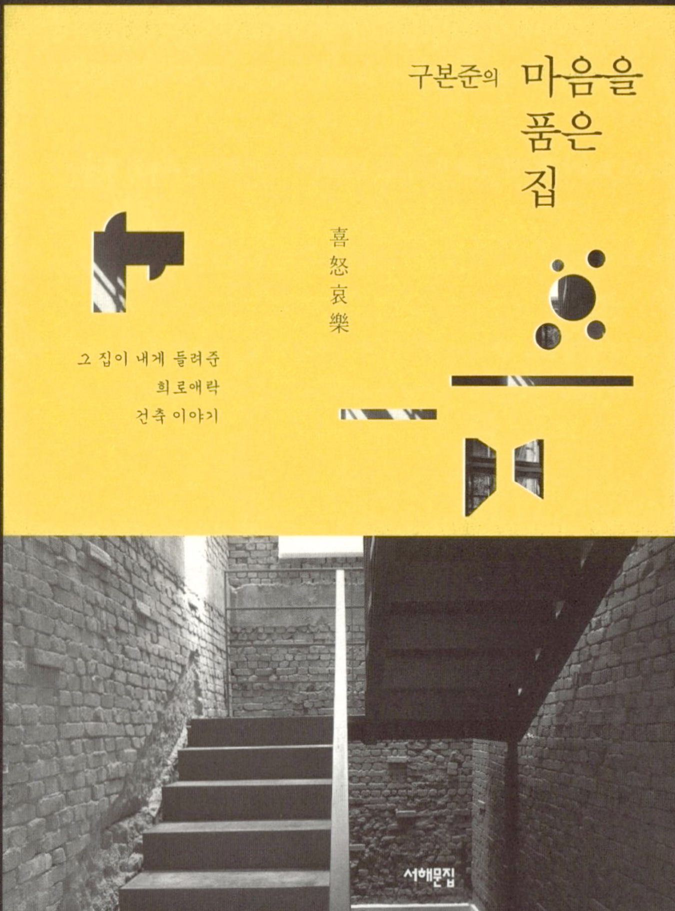


구본준 기자는 2014년, 황망하게도 세상을 뜨고 말았다. 해야 할 일이 태산같은데, 어찌 무거운 발걸음을 떼었는지. 이 책은 그리하여 본의 아니게 유작遺作이 되고 말았다. 그럴 줄 알았다면 더욱 정성을 쏟았어야 하는데……

구본준 지음
352쪽
16,000원

## 구본준의 마음을 품은 집

**그 집이 내게 들려준 희로애락**喜怒哀樂 **건축 이야기**

땅콩집으로 유명한 구본준 기자의 독특한 건축 순례기인 이 책이 어쩌다 우리 출판사에서 출간하게 되었는지 나도 잘 모르겠다. 유명 출판사들이 줄을 서 있는 필자인데, 그러고 보면 우리 출판사도 무시당하지 않을 정도라는 말인지. 그런 것은 아닐 게다. 1년에 60종 가까운 책을 출간하지만 제대로 팔리는 책은 거의 내지 못하는 서해문집이 그런 위상을 가지지 못했음은 누구보다 내가 잘 아니까 말이다. 그렇다면? 듣기로는 편집부터 디자인까지 모두 출판사 내부에서 하는 것이 마음에 들어서였다는데, 그런 측면에서 보면 원고에 비해 책은 참 부족함이 많다. 그래서 더욱 얼굴을 들기가 어렵다. 게다가 필자의 고정 독자가 있어서 모든 책이 기본 판매부수를 유지한다는데, 걱정이 태산이다. 얼추 그 수준에는 가야 할 텐데……

아, 내용은 참 좋다. 그 가운데서도 서대문구립 이진아도서관 순례기는 마음을 흔들어놓기에 부족함이 없다. 그 가운데서도 특히 잊을 수 없는 구절이 있다.

"우리 동네에 도서관이 생겨 너무 좋지만 그래도 진아 양이 살고 도서관이 없는 것이 더 좋았을 것"

에르베 켐프 지음
정혜용 옮김
224쪽
9,500원

## 지구를 구하려면 자본주의에서 벗어나라

도대체 요즘 만 원도 안 되는 책이 어디 있는가? 솔직히 말하자면 특별한 책을 제외한다면 만 원 이하 책은 찾아보기 힘들다. 그러나 서해문집은 그렇지 않다. 이 책도 장담컨대 웬만한 출판사에서 출간했으면 12,000원 내외에서 정가가 결정되었을 것이다. 그러나 우리는 9,500원이라는 착한 가격으로 출간했다. 왜?

지구를 구해야 하니까. 지구를 구하려면 더 많은 사람들이 참여해야 하니까.

그러나 사람들은 지구를 구하는 데는 관심이 있는지 모르겠지만 자본주의에서 벗어나는 것은 원치 않는 듯하다. 출간된 지 4개월 가까이 지나는데 판매부수는? 500부 내외. ㅠㅠ.

역시 이런 책 낼 시간 있으면《망한 지구에서 상위 1%가 되어 살아남는 법》같은 책을 내야 하는데!

이 책의 정가가 싸다고 해서 우습게 보는 분들이 계실 듯해서 한 대목 싣는다.

가장 발달된, 가장 실험적인 형태의 자본주의는 교환과정에서 말을 배제한다. 포르노그래피를 보면 아무 말도 없이 다짜고짜 성행위가 시작된다. 성매매 역시 말을 필요로 하지 않는다. 여성 인신매매를 살펴보면, 거래된 여성들 상당수가 자신이 모르는 언어를 사용하는 나라로 팔려간다. 슈퍼마켓에 무인 계산대가 늘어나면서 차츰차츰 계산원들이 사라져가고 있다. 텔레비전에서는 아직 말을 할 줄 모르는 아이들을 상대로 광고 메시지를 주입한다. 자본주의의 이상이 무엇인지 이제 여실히 드러난다. 수단이 목적에

완벽하게 부합될 세계로서, 이 세계로부터 부정확함, 불분명함, 망설임, 시, 유희 등의 요소들은 제거될 것이다.
만약 언어가 인간에게서 떼어놓을 수 없는 인간의 일부라는 사실을 받아들인다면, 자본주의는 언어를 제거함으로써 인간을 제거하는 것이다.
– 121쪽에서 발췌

## 북유럽 신화 여행

**인간보다 더 인간적인 신들의 이야기**

최순욱 지음
512쪽
20,000원

북유럽 신화는 그 내용이 매우 아름답고 풍성함에도 그리스 신화에 비해 한국에서는 상대적으로 덜 알려져 있다. 이 점이 못내 아쉬웠던 나는 무모하게도 《북유럽 신화 여행》을 쓰겠다는 결심을 하게 되었다. 이 책에서 나는 '북유럽 신화'의 특징과 내용을 일반 독자에게 쉽고 친근하게 전달하기 위해 주의를 기울였다. 일반 독자가 알면 좋을 만한, 재미있을 것 같은 내용을 가급적 많이 담아내려 노력한 건 그 때문이다. 그러므로 누구라도 이 책을 통해 북유럽 신화에 대해 이전보다 조금이라도 흥미를 더 느낀다면 나의 목적은 충분히 달성된 것이라고 생각한다.
– 머리말 가운데

그런데 솔직히 말해서 '북유럽 신화에 대해 이전보다 조금이라도 흥미를 더' 느끼기에는 북유럽 신화에 대해 아는 게 너무 없다. 아니 하나도 없는 듯하다. 그런 흥미를 더 느끼는 것이 아니라, 그냥 흥미를 느끼기에 부족함이 없는 책이다. 그래서 그런지, 사실 이 책 판매 측면에서는 썩 기대를 하지 않았는데, 불과 두 달 만에 재판을 찍었다. 야호!

## 삶의 길목에서 만난, 신화

**신들이 건네는 위로와 공감의 목소리**

김용희 지음
304쪽
14,900원

합리적으로 잘 교육된 우리에게 신화는, 도대체 잘 들어보면 말도 안 되는 판타지에 불과하다. 그럼에도 신화 없이 인간을 이해하고 역사를 이해하며 문명과 예술, 인간 심리와 세상, 나아가 우주를 이해하는 것은 불가능하다.
왜 그럴까? 왜 우리는 신화에 열광하는 것일까?
신화 속에 깃든 목소리는 오래전 모든 자연 속에 깃들어 있던 신성한 생명의 소리다. 가만히 귀를 기울여 보면 우리의 내면 속에서 아주 작고 미미한 소리로 울리는 영혼의 울림 같은 것이다. 길을 잃고 헤맬 때 우리는 어느 때보다 그 소리를 잘 들을 수 있다. 밖이 어둡고 혼란스러울 때 우리 안의 빛은 그 어느 때보다 강해진다. 아주 오래전 우리가 동물과 가까이 지내고 숲과 바다와 가까이 지낼 때 우리를 이끌던 이 오래된 생명에 대한 이야기다. 그 오래된 생명은 사람과 동물, 나무와 풀, 바다와 산, 숲과 사막에 깃들어 있으므로 신화 속에서 사람은 동물이 되기도 하고 나무가 되기도 하며 바다와 숲의 말을 하기도 한다.

어떤가? 신화의 바다에 빠질 만하지 않은가?

– 프롤로그 중에서 발췌

안세홍 글, 사진
192쪽
16,000원

## 겹겹

**중국에 남겨진 일본군 '위안부' 이야기**

이 책을 출간한 것은 순전히 화가 나서였다. 도대체 우리 겨레인 위안부 할머니들 가운데 중국 땅에 버려진 채 죽음만을 기다리고 계신 분들을 다룬 책이 일본에서 먼저 출간되었다는 소식을 듣고는 즉시 출간하기로 결정한 것이다.
그런데 책에서 사진이 차지하는 비중이 워낙 크다 보니 좋은 종이를 써야 했다. 사실 나는 책에 좋은 종이 쓰는 걸 마땅치 않게 생각하는 사람이다. 읽으면 되는 책에 뭐 그리 좋은 종이를 써서 책값을 올리는가 해서 그렇다. 그런데 이 책은 예외였다. 편집자와 디자이너의 합리적 설득에 넘어가 꽤 비싼 종이를 사용하게 되었다. 그래서 책값이 같은 두께의 책에 비해 좀 비싸다. 그래도 출간되고 나서 여러 언론에서 호평을 해 주신 덕분에 손익분기점損益分岐點은 맞춘 듯하다. 뿌듯하다. 손해 볼 것을 확신하고도 화가 나서 출간한 책이었는데.

## 우리들은 갈릴레오

**과학 4총사, 실험실에서 갈릴레오의 두뇌를 훔치다**

이타쿠라 키요노부 지음
한상미 옮김
정성헌 감수
11,900원

그런데 이 책은 왜 안 팔리지?

이 책이야말로 참 좋은 책인데. 과학을 탁상공론이 아니라 청소년들이 직접 실험해보면서 확인하는 과정을 그린 생동감 넘치는 이야기이자 토론책인데 말이다. 그래서 이 책을 감수하신 전국과학교사모임 회장이자 중학교 교사이신 정성헌 선생님은 이렇게 말씀하셨다.

미래의 교육은 '집어넣는 교육'이 아니라 '끄집어내는 교육', 학생들의 잠재력과 바람직한 가치관을 '찾고 키워주는 교육'이 핵심이 되어야 합니다. 《우리들은 갈릴레오》는 그런 점에서 아주 바람직한 책이라 할 수 있습니다. 낙하운동과 단진자 등 물리학의 가장 기본적인 내용들을 네 학생이 풀어가는 모습은 과학적 탐구 과정 이전에 정말로 바람직한 교육의 방향을 제시해줍니다. 특별히 과학에 관심이 없어도, 재기발랄하고 자유로운 생각과 토론을 통해 색다른 과학의 묘미를 맛보실 수 있을 것입니다.

이 말씀을 믿고 기다려봐야지.

## 갈라파고스로 간 철학자

**녹색 철학에세이**

신승철 지음
464쪽
17,000원

갈라파고스는 다윈이 진화론의 단초를 발견한 섬이라는 사실 정도는 다 아실 것이다. 그래서 늘 가보고 싶었는데, 이런 제목의 책을 내게 되어 단숨에 읽었다. 사실 우리 출판사 책을 나는 썩 좋아하지 않는데, 이 책은 매우 재미있었다. 아마 내가 철학 분야에 워낙 무식해서 신기했나보다. 그러니 혹시 저와 같이 온갖 것에 흥미를 가지고 있으나 철학 분야에 약간 부족하다고 느끼시는 분은 꼭 읽어보시길. 재미도 재미지만 철학이란 이름을 단 책들과 달리 무척 쉽거든요. 역시 책은 번역서보다 모국어 저자가 쓴 것이어야 한다는 사실을 다시 한 번 일깨워준 책!

## 사람을 닮은 집, 세상을 담은 집

**사회를 비추는 거울, 집의 역사를 말하다**

서윤영 지음
308쪽
11,900원

신사임당, 허난설헌의 공통점은? 정답은 자기가 사는 집이 자신의 이름 대신 쓰인다는것. 요즘 식으로 하면 '래미안 김씨', '타워팰리스 박씨'가 되려나? 집과 인간의 관계를 인간의 욕망과 시대의 변화를 관점으로 정말 재미있게 설명한 책인데 개정증보판이라 얼마만큼 팔릴지는 예상이……

이일훈, 송승훈 지음
320쪽
18,000원

## 제가 살고 싶은 집은

**건축가 이일훈과 국어선생 송승훈이 e-메일로 지은 집, 잔서완석루**

결혼하기 전, 선을 본 적이 있는데, 그분이 내게 물었다.

"꿈이 무어세요?"

나는 분명한 꿈을 가지고 있었기 때문에 서슴없이 대답했다.

"한옥 마루에서 빗소리를 들으며 음악을 틀어 놓고 책 읽는 것입니다."

그 분의 대답 왈,

"그렇게 거창한 꿈을 어찌 이루시려고요?"

결국 그 분과의 인연은 끝이 났다. 그리고 역시 그 꿈은 너무 커서 아직도 이루지 못하고 있다. 그러나 이 책을 읽으면서, 어린 시절 꿈을 이룰 수 있지 않을까 하는 바람을 갖게 되었다.

정말 좋은 건축주와 사려 깊은 건축가, 두 사람의 편지를 통해 좋은 한옥이 어떻게 탄생하는가, 예산에 맞는 집은 어떻게 지을 수 있는가, 유명한 건축가라고 해서 작은 건축주를 결코 소홀히 대하지 않는다는 사실을 깨닫게 되었으니 말이다.

건축가 이일훈과 국어선생 송승훈이 편지를 주고 받으며 상상한 집의 모습
《제가 살고 싶은 집은》에서

2010. 8. 10

## 모든 이의 집

**건축가 1년생의 첫 작업**

고시마 유스케 지음
박성준 옮김
304쪽
15,000원

그(고시마 유스케)에 대한 이야기는 우치다 선생의 〈청년의 문장〉이란 글에서 읽어서 알고 있던 터였다. 우치다 선생은 그 글에서 "청년이 사라진 지 반세기 만에 청년이 나타났다"는 말로 그의 사람됨을 높이 칭찬하고 있었다. "이미 멸종해버렸다고 생각한 '청년'을 살아있는 동안 다시 만나게 되었다는 것을 나 자신은 개인적으로 무척 기쁘게 생각한다"라고도 했다. 그래서 나는 한국을 찾아오는 그 '청년'을 만나보고 싶은 마음이 들었다.

길담서원에서 열린 그의 강연에는 추석 연휴 기간이었는데도 사람들이 꽤 모여 성황을 이뤘다. 내가 그의 책《모든 이의 집》을 번역하면, 그는 길담서원의 미래의 집을 위해 저자 몫의 인세를 기부하겠다는 약속이 즉흥적으로 이뤄진 것은 강연에 이은 뒤풀이 자리에서였다. 일흔이 넘은 노인 주제에, 제 글도 정리해 낼 시간 여유를 얻지 못해 노심초사인데, 남의 나라 젊은이의 책을 번역해 내게 된 것은 그날 뒤풀이 자리의 분위기 탓이 없지 않았다. 그렇다고는 해도, 이 책을 읽어본 사람은 누구나 동의하리라 생각하지만, 서른을 갓 넘긴 젊은 건축가 고시마 유스케의 활달한 문장과 사람됨의 매력에는 번역의 노고와 시간을 보상해주는 어떤 보람이 있음을 인정할 수밖에 없다.

## 사물과 사람 사이

**건축가 이일훈, 카메라로 세상을 읽다**

이일훈 지음
320쪽
15,000원

연전에 국어교사 송승훈 선생님의 집을 그리고 지으며 주고받은 편지를 담은《제가 살고 싶은 집은》으로 우리 출판사와 인연을 맺으신 이일훈 선생께서 감사하게도 또 원고를 주셨다. 이런 맛으로 출판한다. 한 번 인연을 맺은 저자가 잊지 않고 찾아오실 때 뿌듯하다. 적어도 책 가지고 장난 - 그것이 인세라는 명칭의 돈이 되었건, 책을 만드는 과정이 되었건, 파는 행위와 관련된 것이건 - 치지 않았다는 자부는 할 수 있으니 말이다.

그런데 이 책은 촌철살인의 연속이다. 세상의 부조리, 거짓, 기만, 상술, 정치, 그리고 "같은 것들의" 같은 행위가 숨기고 싶은 그것들을 어쩌면 이리도 콕 집어서 지적할 수 있는지. 책을 펴자마자 단숨에 읽었다. 그러나 그 과정에서 내 머리는 수도 없이 깨지며 새로운 시각을 획득한다.

책 읽는 재미는 이런 것이다. 15,000원? 커피 세 잔 값? 너무 싸다. 아, 세상에서 가장 싼 것은 리모콘이다. 만 원짜리 리모콘 없어 봐라. 우리가 얼마나 큰 고통을 평생 감수해야 하는지. 그러나 결과적으로는 리모콘 없는 게 나을 뻔했다. 그럼 요즘처럼 쓸모없는 채널 수백 개 가진 텔레비전은 안 태어났을 테니 말이다.

애니트라 넬슨,
란스 티머만 엮음
유나영 옮김
225쪽
14,900원

## 화폐 없는 세계는 가능하다

**공정하고 지속 가능한 경제 만들기**

"정말 '돈'이란 말은 듣기만 해도 지긋지긋하다. 도대체 우리는 얼마나 많은 돈을 가져야 더 이상 돈에 연연하지 않게 될까?"
사실 이런 말을 달고 사는 나조차도 돈은 다다익선多多益善이라고 여기니 두말할 필요도 없다. 그런데 이 책을 읽고 나면 생각이 바뀔 것이다. 돈이란 것이 존재하는 한 우리 삶은 돈의 노예가 될 수밖에 없음을 깨닫게 되니까.
보이는 돈, 즉 수단으로서의 돈과 보이지 않는 돈, 즉 목적으로서의 돈을 구분할 줄 알게 될 때 비로소 우리는 돈을 부리는 주인으로 거듭날 것이다.
그렇지만 나도 모스트셀러 한 권 내서 돈 많이 벌고 싶다. 그럼 평생의 꿈인 좋은 학교 하나 세울 수 있을 텐데.

권화섭 지음
400쪽
15,000원

## 분노의 경제학

**글로벌 경제 위기와 치명적 정책 실패, 새로운 경제학의 모색**

서해문집에서 경제학 관련 책은 드물게 내는 편인데 이 책도 그 드문 책 가운데 한 권. 요즘의 머리 어지러운 세계 경제 상황을 하나하나 예를 들어가며 쉽게 설명하면서 마지막에 한국 경제가 나아갈 방향까지 제시는 하는데, 설명은 쉽지만 결론의 그 방향이 너무 두루뭉술해서 사실 약간 불만.

도중등독서토론교
육연구회,
송승훈 외 지음
383쪽
17,000원

## 함께 읽기는 힘이 세다

**지치지 않는 독서교육을 꿈꾸는 보통 교사들의 교실 이야기**

요즘 중, 고등학교 선생님 노릇하기란 참으로 어렵다. 공교육이 무너졌다는 말은 더 이상 뉴스거리도 아니다. 그런 상황에서 교실 현장을 지키기, 그것도 성실히 교사로서의 직분을 다하며 지키기란 불가능할지도 모른다. 그러나 나라를 무너뜨리는 인간들이 비일비재한 순간에도 불가능한 일에 묵묵히 최선을 다하는 분들이 계시다는 사실이 우리에게 작은 행복을 준다.
힘든 교사 생활 속에서도 어떻게 하면 더 나은 교육, 우리 아이들을 바람직한 시민으로 키울 것인지 고민하는 선생님들이 모여 만든 독서교육 체험담, 추진담, 개선담이다.
고작 이곳저곳 강연을 다니면서도 "힘들어 죽겠다."라고 외치는 나로서는 그저 존경의 마음을 품는 것으로 놀라움을 대신한다.

★ 뉴턴은 이 입자들을 '소체'라고 불렀다.

플릿크로프트 저
브릿 스펜서 그림
김명주 역
이명현 감수
11,900원

## 아인슈타인과 별빛여행

### 만화로 보는 우주물리학의 모든 것

"이제 그만 내시지요?"

이 책을 내자고 제안했을 때 편집자들의 반응은 이러했다.

솔직히 말하자면 나는 우리나라에서 출간되는 학습만화들의 단편적 지식 제공 방식에 넌더리가 나 있었다. 모두 합치면 천만 부는 조이 판매되었을 초등학생용 학습만화들이 진정으로 과학과 역사, 사회에 대한 지식을 전달했다면 지금쯤 우리나라 초등학생들은 세계 최고의 창의적 인재가 되어 있을 것이다. 그러나 그런 만화로는 절대, 결코 창의적이고 논리적이며 적극적인 인재로 성장하지 못한다. 왜냐하면 그런 만화들의 목표는 합리적 사고의 배양이 아니라 돈이기 때문이다.

반면에 〈먼나라 이웃나라〉, 〈로지코믹스〉, 〈맨발의 겐〉 같은 만화들은 다양한 지식뿐 아니라 그 지식을 전달하는 과정에서 종합적 사고를 하도록 유인한다. 그런 만화를 출간하고 싶었는데, 우리 출판사의 마케팅력이나 능력이 부족한 관계로 그런 만화 원고가 투고되지 않는다. 그래서 우리는 출판사 스스로 기획해서 〈지슬〉 같은 만화를 출간한다.

이 만화도 내용은 무척 어렵고 깊다. 그러나 어렵고 깊기만 하다면 왜 만화로 만들었겠는가? 그래서 무척 재미있다. 그리고 이런 만화에 대한 나의 집요한 관심은 이전에 《유인원을 사랑한 세 여자》(짐 오타비오니 지음, 메리 윅스 그림, 박영록 옮김), 《눈썹진드기 우상탈출 프로젝트》(제이 호슬러 지름, 김기협 옮김), 《파인만FEYNMAN》(짐 오타비아니 지음, 릴랜드 마이릭 그림, 이상국 옮김) 같은 과학 만화의 출간으로 이어졌는데, 이 가운데 손익분기점을 넘은 책은……. 그래도 나는 과학만화에 관심이 많다. 과학만화의 본질은 어렵다는 것이다. 누구나 아는 지식을 만화로 만드는 것은 질소포장 과자와 같다. 누구도 모르는 과학지식은 당연히 어렵고 생소할 수밖에 없다. 그래서 그런 지식을 만화라고 하는 미디어를 이용해 전달하는 것이 가치 있지 않겠는가.

아인슈타인과 함께 별빛 속으로 떠나는 여행! 생각만 해도 환상적인데 함께 떠날 사람이 없어 패키지 여행은 포기하고 자유여행을 택해야 하다니!

이이다 데쓰나리,
가마나카 히토미
송제훈 옮김
김종철 보론
144쪽
9,500원

## 안젠데스가 안전합니까

### 원자력과 자연에너지와 우리들의 삶

도서전 때문에 일본에 갔는데 원자력(일본에서는 원발原發이라고 부른다) 관련 책이 서점에 어마어마하게 많았다. 뉴스로 보니 일본의 원자력발전소를 전부 가동 중지했다는 이야기도 들리던데 우리나라에서는 이 문제에 대해 왜 이렇게들 관심이 없는지. 핵 문제는 너무 심한 공포라 생각 자체를 하기 싫은 걸까? 그런데 다시 생각해보면 북한

핵에는 관심들이 참 많은데 말이야. 원자력발전소는 그것 자체가 수십 발의 핵폭탄 보관소나 마찬가지. 우리들은 정말 안전할까요?

## 어크로스 고전 읽기

**문학+인문사회를 가로지르는 고전 겹쳐읽기 프로젝트**

박홍순 지음
344쪽
14,900원

《미술관 옆 인문학》의 저자 박홍순 선생의 또 다른 작품이다. 문학과 인문학 책을 겹쳐 읽는다는 것은 웬만한 내공이 없으면 힘들다. 그렇지만 그렇게 읽을 때 말 그대로 人+文學, 즉 사람의 문학이 가능하다.

안타깝게도 인문학 열풍 속에서 짜깁기식 인문학 도서, 단편적斷片的 내용을 요약해 놓은 인문학 도서가 인문학의 이름을 걸고 널리 퍼지고 있다. 그러나 인문학은 단편적 짜깁기를 거부하는 종합적 사고, 융합적 사고로부터 시작함을 떠올린다면 요즘 세태는 어불성설語不成說이다. 그러나 어쩌랴? 세상이 어불성설인 것을.

## 시장, 종교, 욕망

**해방신학의 눈으로 본 오늘의 세계**

성정모 지음
홍인식 옮김
304쪽
15,000원

자신들이 필요할 때는 종교를 내세워 빨갱이 사냥에 나서고, 필요 없을 때는 정교분리政教分離를 내세우며 헌금 장사에 나섰던 대한민국 기독교가 얼마 전 방한訪韓하신 프란체스코 교황 충격으로 요즘은 잠잠한 듯하다. 그러나 대한민국 기독교에서 예수 그리스도의 모습을 찾기란 낙타가 바늘구멍에 들어가기보다 어려운 것이 현실이다. 나는 불가지론자不可知論者이지만, 대한민국 일부 개신교 목사들의 행태를 보면서, '저들이야말로 신이 없다는 사실을 누구보다 잘 알고 있는 것 아닌가?' 하는 생각을 지울 수 없다. 이에 대해서는 설명이 필요 없을 것이다.

성정모 교수는 우리나라 사람으로는 드물게 남아메리카에서 해방신학을 정통으로 공부한 인물로, 브라질 상파울루감신대 인문법대 학장으로 재직중이다. 잘 알려져 있다시피 프란체스코 교황은 해방신학의 세례를 받은 대표적인 성직자이다. 그러니 해방신학을 빨갱이들의 수단으로 왜곡하는 일은 21세기에 더 이상 통하지 않을 것이다. 이 책은 인간의 존엄을 말살시키고 돈을 숭배하는 신자유주의적 자본주의에 대한 통렬한 비판을 통해 기독교가 나아가야 할 길을 제시하는 역작力作이다.

성정모 교수는 2007년 브라질 아파레시다에서 현재 교황이신 프란치스코 신부가 '교회의 가난한 자들에 대한 우선적 선택'을 승인할 때, 옵서버로 초청받아 강연했을 만큼 라틴아메리카 주교들에게 지대한 영향을 끼친 학자임을 밝혀둔다.

김종대, 정욱식 지음
295쪽
13,700원

## 김종대 정욱식의 진짜 안보

**행복한 안보를 향한 거침없는 질주!**

안보에 진짜, 가짜가 어디 있단 말인가? 하는 의문을 품어야만 상식을 갖춘 사람일 것이다. 그러니 이런 제목의 책이 받아들여지는 사회라면 분명 비상식, 아니 몰상식한 사회일 것이다.

맞다. 2014년 대한민국은 몰상식한 사회다. 안보安保, 즉 나라를 편안하게 지킨다는 뜻에서는 더욱 그러하다. 이 나라에서는 모든 시민이 자신의 몸과 재산을 스스로 지켜야 한다. 나라를 지키라고 만든 군대에서는 하루가 멀다 하고 사고가 나 안전을 장담할 수 없다. 게다가 수십 년째 주적主敵보다 많은 듯한(많은 게 분명해 보이는데, 그러다가 허위사실 유포 및 군에 대한 명예훼손에 걸릴 것이 두려워 이렇게 말할 수밖에 없는 나야말로 참으로 소심하고 한심하다) 국방비를 쓰면서도 아직은 우리 힘으로 이길 수 없으니 제발 지켜주세요, 하며 다른 나라에 전시작전권을 넘겨주려고 애쓰는 자들이 다스리는 나라에 사는 것은 더더욱 불안하다. '전 세계에서 자국의 주력군을 지휘통제하지 않는 나라는 한국뿐이다.'라고 전 외교부장관 송민순은 한 신문 시론時論에 썼다.

진짜 안보가 궁금하신가?

박남범, 박정희, 이두현, 전혜인, 채지원, 한정범 공저
전국사회과교과 연구회 기획감수
280쪽
14,900원

## 경제 선생님, 스크린에 풍덩!

**영화와 경제를 맛있게 버무린 야심찬 교양서**

청소년을 위한 경제 교양서. 이전에 출간된《지리 선생님, 스크린에 풍덩!》에 이어 나온 책으로, 전국 초중고등학교에서 지리, 역사, 일반사회, 윤리 및 창의적 체험 활동을 담당하는 선생님들께서 자발적으로 활동하는 교과연구모임인 전국사회과교과연구회에서 기획, 감수하여 출간한 책이다. 청소년 교육을 담당하고 계신 선생님들 또는 경제의 실질적인 내용이 궁금한 중고등학교 친구들에게 큰 도움이 될 것이라는 데는 의심할 여지가 없지 않을까.

김태형 지음
400쪽
16,500원

## 싸우는 심리학

**자본주의를 읽는 키워드 에리히 프롬, 병든 사회를 변혁하고 '인간의 시대'를 열다**

《불안증폭사회》,《트라우마 한국사회》 등을 통해 우리 사회의 병리적病理的 현상을 파헤친 심리학자 김태형의 새로운 책이다. 그런데 이번에는 독특하게도 미국의 사회심리학자 에리히 프롬을 통해 오늘 우리 사회, 이웃들이 겪는 고통을 해석하고 있다. 에리히 프롬은《사랑의 기술》과《자유로부터의 도피》 등으로 일세一世를 풍미風靡한 바

있는데, 김태형 선생에 의해 부활하였다.

40대 이상 독자들이야 에리히 프롬을 대부분 아실 테지만 그 아랫세대는 잘 모르실지 모른다. 그렇기에 이 책이 탄생한 것이다. 에리히 프롬을 모르는 분들께 꼭 일독一讀을 권한다. 프롬의 사상을 경험하는 것만으로 삶의 지평이 넓어질 뿐 아니라 사랑의 본질까지 깨닫게 될 테니 말이다. 누가 아는가? 사랑의 본질을 깨닫게 되면…

## 유인원을 사랑한 세 여자

**유인원 연구에 평생을 바친 두려움 없는 세 과학자의 흥미진진한 이야기!**

짐 오타비아니 지음
메리스 윅스 그림
박영록 옮김
139쪽
11,900원

짐 오타비아니는 앞서 출간한《파인만》이라는 만화로 우리나라 독자를 만난 바 있는데, 이번에는 인간과 DNA 구조가 가장 흡사한 유인원(침팬지, 고릴라, 오랑우탄) 연구에 한평생을 바친, 그리하여 유인원뿐 아니라 동물과 인간에 대해, 그리고 자연과 환경에 대해 완전히 새로운 인식을 갖게 한 세 여성 과학자의 삶을 그린 그래픽 노블(이건 서양에서 그럴 듯한 만화를 일컫는 표현이다)이다.

침팬지를 연구한 세계적인 동물학자 제인 구달을 모르는 분은 안 계실 것이다. 그러나 고릴라를 연구한 다이앤 포시, 오랑우탄을 연구한 비루테 갈디카스를 아는 분 또한 거의 안 계실 것이다. 그래서 이 책이 의미가 있다고 여기고 출간했는데, 역시 세간의 주목을 받지 못했다. 우리가 하는 일이 그렇지 뭐!

## 책중일록

**1619년 심하 전쟁과 포로수용소 일기**

이민환 지음
중세사료강독회 옮김
208쪽
11,900원

〈오래된책방〉 시리즈는 이제 대한민국 고전을 대표하는 시리즈가 된 듯하다. 그래서 나는 늘 말한다.

"내가 출판인으로서 해야 할 최소한의 사명은 이 시리즈를 기획하고 출간한 것으로 다했다."

그렇다. 〈오래된책방〉만 생각하면 기쁘기 그지없다. 출판사 이름부터 고리타분한 느낌이 나도록 지은 것은 우리 고전에 대한 한없는 관심 때문이었는데, 결국 우리 고전을 대중적으로 확산시키는 데 일조했으니 더 이상 바랄 것이 무엇이겠는가.

책중일록은 한자로 栅中日錄(목책 책, 가운데 중, 날 일, 기록할 록)이다. 그러니까 책에 관한 책이 아니라 목책이 둘러쳐진 옛날 포로수용소에서 기록한 일기라는 말이다.

이민환[1573(선조 6)~1649(인조 27)]은 1618년(광해군 10) 명나라에서 지원을 요청하자, 원수 강홍립姜弘立의 막하로 출전하여 부차富車 싸움에서 패하고 청군의 포로가 된다.

# 1부 : "하지만 꿈속에선, 보다 의미 있는 일들을 했어요."

* 《닥터 두리틀》은 미국의 아동문학가 휴 로프팅의 소설로, 동물과 의사소통이 가능한 의사가 주인공으로 나오는 이야기다.

광해군의 등거리 외교 현장 한복판에 서 있던 셈이다. 이 책은 포로가 된 후 수용소에서 기록한 일기이다. 우리나라 역사상 최초의 해외 파견 군인의 기록인 셈이다. 그러니 어찌 그 의의가 작다 하겠는가.

## 조천일기

**세계의 중심, 북경을 가다**

조헌 지음
동아시아비교
문화연구회 옮김
224쪽
11,900원

조헌趙憲(1544~1592)은 임진왜란이 일어나자 옥천에서 의병을 일으켜 청주성을 수복하고 금산에서 다시 700여 명의 의병과 함께 왜적을 맞서 싸우다 전사하였다.
700의총義塚이 조헌과 함께 싸우다 전사한 의병들의 유해를 모아 만든 묘역임은 유명하다.
이 책은 1574년 조헌이 북경으로 가는 사절단의 일원으로 활동하면서 기록한 일기체 기행문이다. 조헌은 이때 얻은 특별한 경험을 조선의 제도 개혁을 위한 근거삼아 《동환봉사東還封事》로 구체화시켰다.

## 예술가의 지도

**예술가의 초상, 그리고 그들의 네트워크**

김미라 지음
138×210
384쪽
18,000원

KBS Classic FM의 방송작가로 활동중인 김미라 씨는 탁월한 글솜씨와 기획력, 나아가 엄청난 독서편력을 통해 청취자와 독자에게 깊은 즐거움을 전해주고 있는데, 안타깝게도 우리 출판사에서 책을 출간한 탓에 판매 면에서 큰 손실을 보고 계신다.
ㅆ, ㄱ, ㅁ 출판사 같은 곳에서 출간했으면 지금보다 열 배는 더 판매되었을 텐데.
《예술가의 지도》 또한 KBS Classic FM 한가위 특집으로 방송될 만큼 내용이 충실한데도 아직 초판도 쌓여 있으니 얼굴을 들 수가 없다.
"죄송해요, 작가님."
그러나 우리는 포기하지 않는다. 우리 출판사에서 출간한 책 가운데는 몇 년이 지나서 갑자기 독자분들이 찾는 경우가 더러 있기 때문이다. 좋은 책은 언젠가 빛을 본다는 격언을 믿어볼 수밖에.

## 비핵무기지대

**핵 없는 세계로 가는 길**

우메바야시
히로미치 지음
김마리아 옮김
280쪽
12,900원

도대체 핵무기를 없애자는 데 무슨 말이 그렇게 많은지 모르겠다. 북한 김정은이 되었건

이스라엘에 거주, 아니(거주는 사람에게 하는 단어라 쓸 수 없다) 서식하는 살인동물들이 되었건 핵무기를 없애라는 말이다. 이 말에 이의異議를 제기하는 사람들이 있나? 당연히 없을 거라 여기지만 분명 있을 것이다. 어떻게? 내가 갖고 있는 핵무기는 방어용이자 평화를 유지하기 위한 수단이요, 상대방이 가지고 있는 핵무기는 공격용이자 인류를 멸망에 이르게 하는 위험한 수단이라고 주장하면서.

나는 그런 사람들을 가리켜 '바보'라고 말한다. 사무라이의 칼로 찌르나 김장용 칼로 찌르나 사람은 죽는다. 아직 그런 사실도 모르면 그만 사는 편이 스스로에게, 그리고 이웃들을 위해 낫다.

당신이 평화를 원한다면 이 책 한 권쯤은 읽는 게 어떤가? 일본인이 쓴 게 걸린다고? 평화에 국경이 있는가?

라우스 뉘첼 지음
유영미 옮김
256쪽
11,900원

## 다리를 잃은 걸 기념합니다

**평범한 사람들의 제1차 세계대전 이야기**

이 충격적인 제목의 책은 전쟁을 어떤 의미에서건 필요하다고 여기거나 애국심이 어쩌고저쩌고 하는 모든 판타지스트들에게 바치는 현실주의적 책이다. 현실주의적이란 말은 우선 전쟁이 벌어지면 정치인들이 주장하는 애국심 따위는 쓰레기통에 버려진 채 오직 비극과 죽음뿐이라는 정직한 현실을 100여 컷에 달하는 생생한 이미지로 보여준다는 의미, 그리고 이 책의 저자가 진짜 전쟁(제1차 세계대전)에 참여하여 다리를 잃은 할아버지를 통해 사실을 다루고 있다는 의미에서 사용한 단어다.

이런 책(꼭 이 책이 아니라도 좋다. 전쟁의 속내를 알려주는 책이라면 모두 좋다)을 읽기 전에는 애국심에 대해 말하지 말자.

이옥순 지음
288쪽
15,000원

## 인도, 아름다움은 신과 같아

**인도 여성의 미, 어제와 오늘**

인도를 다녀온 분들이 하시는 한결같은 표현이 "인도는 들어갈수록 잘 모르겠어."인 듯하다. 나는 인도를 겉으로도 본 적이 없지만 이런 말을 들을 때마다 가보고 싶은 마음이 굴뚝같다. 그러나 이제 늙고 지쳐 그 꿈을 이룰 수 있을지 자신이 없다.

인도라는 신비의 나라, 그 가운데서도 여성의 아름다움이라는 보일 듯 보이지 않는 대상을 다룬 이 책은 진짜 아름답다. 아름다움을 담는 그릇이 아름다워야 할 것은 당연한 것 아닌가.

## 인류사를 가로지른 스마트한 발명들 50

알프리트 슈미츠
송소민 옮김
288쪽
14,900원

르네상스맨, 그러니까 한 분야의 전문가가 아니라 인류 문명 전체에 대한 호기심을 천박淺薄하게 드러내는 인간이 되고 싶은 나는 박사博士가 되기보다는 독서가讀書家가 꿈이다.
그러다 보니 이런 책도 읽고 싶어서 출간했는데, 직원들에게 호된 꾸지람을 들었다.
"앞으로는 사장님이 읽고 싶은 책은 혼자만 읽으세요. 출간하지 말고."
할 말이 없다. 고스란히 쌓여 있다.

## 도시의 로빈후드

**뉴욕에서 몬드라곤까지, 지구를 바꾸는 도시혁명가들**

박용남 지음
280쪽
17,000원

《꿈의 도시 꾸리찌바》《작은 실험들이 도시를 바꾼다》《꾸리찌바 에필로그》 등을 통해 우리 사회에 사람을 위한 도시계획과 지속가능한 삶의 방식을 꾸준히 제안해온 박용남 지속가능도시연구센터 소장이 그간 세계 곳곳에서 벌어진 생생한 도시 실험 사례들을 묶어 출간한 책이다.
특히 자넷 사딕-칸, 베르트랑 들라노에, 엔리케 페냐로사 등 다양한 실험을 주도하는 리더들을 통해 도시를 뜯어고치는 데 있어 필요한 모험과 도전정신, 창조적인 상상력과 결단력의 중요성을 조명하고, 최근 들어 우리 사회에서도 논의가 활발해지고 있는 '대중교통 공공성'을 비롯한 교통개혁 방안과 세계의 교통실험 사례들을 분석한다.
그 외에도 최근 몇 년간 자본주의와 신자유주의의 대안으로 주목을 받고 있는 협동조합, 공동체 은행, 사회적 기업들의 시도들을 집중적으로 소개하고 있어서 정말 대단한 책인데......
박용남 선생님, 지난번 출간한《꾸리찌바 에필로그》에 이어 연이어 죄송합니다.

## 마르크스와 나의 여친

블레이크 넬슨 지음
홍한별 옮김
10,900원

강연 다닐 때마다 하는 이야기가 있다.
"책에는 나이가 없습니다. 대상도 없습니다."
그런데 우리나라에서는 책에 나이와 대상을 쉽게 부여한다. 청소년 소설, 초등 4~6학년, 초등 1~3학년 등으로.
그러나 초등학교 4학년 아이들 30명만 모아놓아도 그들의 독서 수준은 천차만별이다.
그런데 어떻게 한 권의 책을 전국의 초등학교 4학년이 다 읽을 수 있단 말인가. 그래서 나는 책은 읽을 사람이 선택하는 것뿐이라고 확신한다.

우리에게도 꽤나 알려진 독일 출신 철학자 한나 아렌트(1906~1975)는 열네 살 때 칸트의 《순수이성비판》을 읽었다고 한다. 그런 아렌트가 "중학생 필독서" 따위가 판을 치는 대한민국에서 태어났다면 그는 고뇌하는 철학자 대신 행복한 검사가 되어 살았을 텐데..... 아렌트에게는 비극이요, 인류에게는 축복이다.

《마르크스와 나의 여친》은 청소년 대상 책이지만 나도 잡자마자 놓을 수가 없을 만큼 재미있게 읽었다. 진짜 재미있다. 게다가 내용까지 독창적이어서 독자들의 사고 체계를 성층권으로 밀어 올린다.

그렇게 재미있는 책이 전혀 안 팔린다.

아마 제목 때문이리라.

본래 제목은 《Destroy all cars!》, 즉 《차들을 싸그리 부숴버려!》인데, 웬 마르크스가 등장하고 덧붙여 여친까지?

그러니 독자들이 이 책의 정체성을 의심할 수밖에.

그러나 내용은 참으로 건설적이며 친환경적이요, 창의적이다. 혹시라도 자녀가 이 책을 읽으면 마르크스와 친구 맺거나 여자에 빠질 거라는 걱정은 하지 마시고 함께 읽으시길!

질 라보 지음
권지현 옮김
8,000원
120쪽

## 경제학자들은 왜 싸우는가

이 얇은 책의 부제副題는 '세상을 움직이는 4가지 경제이론에 대한 가장 명쾌하고 간결한 입문서!'다.

이 책에 대해 내가 왈가왈부하는 것은 옳지 않다. 실력도 부족하고 전공도 아니며 경제적이지도 않기 때문이다. 그래서 책을 조망眺望할 수 있는 본문을 소개한다.

이런 책! 드물다.

**경제를 바라보는 여러 방식 중에서 우리는 네 가지를 살펴볼 것이다. 그 네 가지 방식은 많은 경제현상을 이해하고 다양한 경제 이론으로 나아가게 해주는 입문 역할을 할 것이다.**

**경제를 바라보는 첫 번째 방식은 애덤 스미스(1723~1790)의 영향을 받았다. 그것은 경제를 시장으로 보는 관점이다. 석유를 예로 들어보자. 경제가 발전하려면 항상 더 많은 석유가 필요하다. 그러나 석유는 한정적인 자원이다. 이럴 때 시장을 중심으로 한 분석은 유가가 올라가야 한다고 설명한다.**

**반면 존 메이너드 케인스(1883~1946)의 사상을 따르는 경제학자들은 자유주의적 접근으로는 경제를 전반적으로 이해할 수 없다고 주장한다. 경제는 재화와 서비스가 거래되는 시장이 아니라, 화폐라는 매우 특이한 재화로 돌아가는 순환이기 때문이다. 화폐가 있기 때문에 임금을 받을 수 있고, 은행에서 대출을 받고 갚을 수 있으며, 소비를 할 수 있다. 그렇게 해서 순환이 이루어진다. 이때 가장 중요한 문제는 순환의 일관성이다. 분배된 소득은 모든 생산을 흡수할 정도로 충분한가?**

**유가 상승은 소비자의 구매력을 감소시켜 재화의 소비와 생산 감소를 불러오고 결국 실업을 낳게 된다. 자본주의 경제에서 실업은 큰 문제가 된다. 반복적인 실업을 막기 위해서는 경제 순환이 잘 이루어질 수 있는**

정책을 세울 필요가 있다.
한편 칼 마르크스(1818~1883)는 경제를 지배관계로 보았다. 경제 영역에서 맺어지는 지배관계는 자본주의의 발전에 필수적이다. 그의 접근법은 경제에 서열이 있다는 사실을 강조한다. 유가 상승은 원유 생산국과 기업이 그들의 이익에 따라 모두에게 필요한 재화인 석유의 가격을 '자유롭게' 책정할 수 있는 능력이 있기 때문에 발생한다. 마르크스주의 경제학자들은 자본가에 의한 노동자 착취에 근간을 두고 있는 자본주의가 시대에 따라 다른 형태를 띠었다는 점을 지적한다. 국가의 개입으로 자본주의가 길들여졌던 시대에 이어 오늘날의 자본주의가 갖는 특징은 금융의 지배가 두드러진다는 점이다. 마르크스주의 경제학자들은 불평등 해소와 민주주의 발전을 위해 자본주의를 제어하고, 더 나아가 자본주의를 전복시켜야 한다고 주장한다.
마지막으로 경제를 환경과 인간의 차원에서 접근한 칼 폴라니(1886~1964)가 있다. 그는 인간의 삶이 시장의 요구아 순응해야 하는 세계의 '상품화'를 비난했다.
유가가 상승하는 것은 석유가 희소한 자원이기 때문이다. 따라서 석유를 아껴야 한다. 그렇다면 지속가능한 경제체제, 다시 말해서 환경을 해치지 않는 경제체제를 구상해야 한다.
칼 폴라니에 따르면 시장은 사회관계를 해체하고 이기주의, 불행, 건강 문제를 부추긴다. 개인을 병적인 과소비에 빠뜨리고 가장 기본적인 보건, 교육, 연대를 저해한다. 따라서 개인뿐 아니라 사회 전체에도 필수적인 이 활동들의 가치를 높이는 일이 시급하다. 상품으로서의 가치만 따질 일이 아니다.

경제학의 역사를 이렇게 간단명료하면서도 구체적인 사례에 접목시켜 설명하는 게 쉬운가? 그래서 이 얇은 책의 가치는 8천 원, 커피 한 잔 반값으로 매길 수 없을 만큼 크다.
그런데도 왜 우리는 5천 원짜리 커피에는 열광하면서 지성에는 그토록 무관심한가? 과연 인간은 생각하는 동물인가?

## 지도 밖으로 꺼낸 한국사

### 서양 지리학자의 눈으로 본 한반도

존 레니 쇼트 지음
김영진 옮김
13,900원
272쪽

책이 의미 있다고 많은 독자들이 찾는 것은 아니라는 사실 정도를 모르지 않는다. 그렇다고 책을 출간하지 않는다면 그건 더 이상 출판사가 아니다.
그래서 도서출판 서해문집과 파란자전거는 1년에 60종 이상의 책을 출간한다.
그 가운데 20종정도는 출간할 때부터 손실이 날 것이라는 사실을 알고 있다. 하늘이 두 쪽 나도 손해가 분명한데도 출간해야 할 때는 그만한 까닭이 있기 때문이다. 만일 손해 보지 않는 책만 출간한다면 그건 출판을 하는 게 아니라 장사를 하는 것이리라.
또 20종 정도는 운이 좋아 손해가 나지 않는다 해도 이익을 내지는 못한다는 사실 또한 알고 있다. 그러니 이들은 경계인들인 셈이다.
나머지 20종은 이익을 낼 것을 기대하면서 출간한다. 그래서 이 20종 책의 사명이 매우 크다. 이들이 이익을 내지 못하면 나머지 40종의 책을 출간할 여력이 사라질 테니까.
이 책《지도 밖으로 꺼낸 한국사》는 경계에 서 있는 책이다. 지도 자료도 풍부하고

5. 7 천하도, 1800년대 중반, 미국지리학협회도서관 소장.

우리나라와 연관된 고지도가 이렇게 많으며, 그 안에 이런 의미가 내포되어 있다는 사실을 알려주는 책도 드물어서 잘하면 손해는 안 볼 거라고 믿었다. 그러나 그 기대는 보기 좋게 무너졌다. 메르스 때문인지, 도서정가제 때문인지. 책보다는 음식에 열광하도록 젊은이들을 세뇌시키는 먹방, 쿡방 같은 쓰레기 공영방송, 케이블 방송 때문인지, 책을 읽어서 시민들이 똑똑해지는 것이 극단적으로 불쾌한 사람들이 조장하는 놀고먹는 사회 분위기 때문인지 모르겠지만 고스란히 창고에 쌓이게 되었다.
그러나 나는 살아 있는 한 책을 출간할 것이다. 그리고 그렇게 죽어갈 것이다.

함혜리 저
18,000원

## 아틀리에 풍경

**우리 시대를 대표하는 예술가 14인의 작업실을 가다**

나는 방에 관심이 많다. 길을 다니다 보면 수시로 눈에 띄는 모텔 방이 아니라 문화적 작업이 이루어지는 방 말이다. 그래서 서해문집에서는 과거에도 《작가의 방》, 《예술가의 방》 같은 책을 출간한 바가 있다.
이 책 또한 그런 책인데 〈우리 시대를 대표하는 예술가 14인의 작업실을 가다〉라는 부제가 말하듯이 서울과 파리, 파주 헤이리 등 다양한 공간에서 다양한 작업에 몰두하는 예술가들의 현장을 꾸밈없이 보여주고 있다.

## 작은 인도

**한 소설가의 색다른 여행기**

마노즈 다스 지음
이옥순 옮김
17,000원
376쪽

우리는 진짜 여행을 하고 싶어 하는 걸까?
연휴가 시작되기만 하면 들과 산으로, 공항과 항만으로 쏟아져 나가는 대한민국 시민들은 과연 진짜 여행을 하고 싶어 하는 걸까?
그게 아니라면 도대체 우리는 왜 그리도 먼 곳, 먼 나라로 향하는 것일까?
새로운 음식을 먹으러? 물밀 듯이 쏟아져 들어오는(요즘은 메르스인지 뭔지 때문에 급격히 줄었지만, 회복되면 내가 사는 동네 길을 그들이 타고 온 관광버스가 다시 점령할 것이다) 중국 관광객들처럼 무언가를 사기 위해서?
그것도 아니라면 인증샷을 찍어 블로그에 남기기 위해?
인도 여행을 다녀오는 무수히 많은 여행객들이 진정으로 인도라는 나라의 전통과 역사를 이해하고 오늘의 인도를 바라보고 있는 것일까?
그 나라의 전통과 역사는 방치한 채 지금 이 순간 눈에 들어오는 모습만 바라보는 것을 과연 여행이라고 해야 할까? 아마도 그것은 관광觀光일 것이다. '빛나는 곳만 바라보는 것.' 반면에 여행旅行은 국어사전에 설명했듯이 '일이나 유람을 목적으로 다른 고장이나 외국에 가는 일'이 아니다.
'여旅'라는 글자는 본래 군기를 앞세우고 행진하는 군인 집단으로부터 비롯된 글자다. '행行'은 '양쪽 발을 옮기며 걷는다'라는 뜻에서 비롯된 글자인데, 무엇보다 중요한 것은 이 글자에 '간다'는 뜻보다 '실천한다, 행동한다, 관찰한다'라는 깊은 뜻이 담겨 있다는 사실이다.
따라서 여행은 우리가 생각하는 관광과는 달라도 너무 다르다.
세계에서 가장 깊고 넓은 문화를 가진 나라 가운데 하나인 인도를 여행하는 것은 그래서 어렵고 힘든 과정이다. 그러니 관광 안내서 한 권을 이용해 이곳저곳을 돌아다닌 끝에 돌아와 "난 인도의 속살을 이해했어."라고 말하는 것처럼 오만한 일도 없을 것이다.
이 책 제목은 《작은 인도》지만 내용을 보면 코끼리처럼 커다란

인도의 발뒤꿈치만 만지고 온 것은 아닐까 하는 겸손을 바탕으로 인도의 역사를 통해 새로운 인도 모습을 보여주고 있다. 그러니 좋은 여행기 아닌가?
출간된 지 한 달여가 지나도록 20부도 채 안 나갔다만.

N. 보라, 사바사찌 바따짜랴 공편
백좌흠, 신진영, 김영진 공역
(사)법인 인도연구원 기획
20,000원

## 인도, 100년을 돌아보다

나는 이런 책을 출간할 때 "출판인이 되겠다. 출판인이 되어 인류 문명의 자취를 이웃들과 함께하고 나아가 후대에 전하는 일에 삶을 걸겠다."라고 다짐한 스물세 살 때의 결심이 틀리지 않았음을 확인하며 기뻐한다.
21세기 들어 우리나라에서 가장 많이 출판되는 분야 가운데 하나가 여행 관련 책들이다. 여행 안내서부터 여행 경험담을 담은 책에 이르기까지 참 많은 여행서가 출간되고 있다. 우리 출판사의 경우에도 무수히 많은 여행담이나 여행기 원고가 투고된다.
그런데 그런 원고를 읽다 보면 대부분이 사진첩寫眞帖이라는 느낌을 지울 수 없다. 아, 사진 찍는 일이 밥 먹는 일보다 더 흔한 세상이 되었으니 어찌 보면 당연한 것이겠지만, 물리적 사진 외에도 심리적心理的 사진, 즉 새로운 세상을 피상적皮相的으로 바라본 내용들이 대부분을 차지한다는 사실을 알고 나면 허탈하기까지 하다.
평생 처음 가본 유럽 미술관 기행에서 루브르 박물관 관람을 마치고 나올 무렵(이것도 늙어서 기억력이 가물가물하니 꼭 루브르인지 다른 박물관인지 명확하지 않지만 내 기억으로는 분명 루브르다), 출구 근처에 전시된 모형물 하나가 눈에 띄었다. 나는 깜짝 놀랐는데, 같이 간 일행뿐 아니라 대부분의 관람객이 그 모형물에는 눈길 한 번 주지 않고 나가기 바빴다. 그 모형물은 고대古代 중국에서 천자국天子國으로 인정받은 나라가 소유한 구정九鼎이었는데, 구정이란 중국 아홉 지역(중국에서 아홉 지역은 곧 전국을 뜻한다)에서 모은 청동 무기를 녹여 모아 만든 그릇으로, 하夏나라(이 나라는 아직 존재가 확인되지 않아 신화시대로 인정되고 있다) 우禹왕이 만든 후 은나라를 거쳐 주나라에 전해졌고, 그때부터 명실상부한 왕권의 상징이 되었다고 한다.
사실 구정九鼎 하나만 가지고도 고대 중국 역사에 대해 한두 시간 정도는 이야기할 수 있을 만큼 무수한 문명의 흔적이 담긴 물건인데, 우리는 너무 쉽게 지나치는 것이 아닌가 아쉬웠던 것이다.
솔직히 말하자면 나는 루브르에서 만난 모나리자라는, 달력 크기만한 데다 높이 전시(아마 도난 방지를 위해서거나 파손 우려 때문이겠지만)되어 있을 뿐 아니라 하도 많은 사람들이 둘러싸고 있어 잘 보이지도 않는 그림보다 이 구정九鼎이 훨씬 인상에 남았다. 물론 더 인상에 남은 전시물이 많았지만, 그냥 그렇다는 말이다.

문명의 흔적은 모두 귀한 것이다. 우리나라 것이건 다른 나라 것이건. 특히 그 문명이 우리 겨레에게 영향을 미쳤다면 더더욱 귀한 존재 아닐까.
지금 이 순간에도 인도에 관한 무수히 많은 여행담, 여행기, 여행 안내서가 쏟아지고 있다. 그러나 우리는 과연 인도의 속살을 얼마나 알고 있을까? 방글라데시와 인도의 관계에 대해서는 또 얼마나 알고 있을까? 혹시 미국 글로벌기업의 소프트웨어 개발 중심지라거나 소비자 상담을 위한 콜센터를 가장 많이 운영하는 곳 정도로 알고 있는 것은 아닐까.
이 책은 오늘날 인도가 탄생하기까지 걸어왔던 역사적 흐름을 정치, 경제, 사회, 문화 등 종합적 시각에서 집약한 귀한 존재다.
많이 팔리기를 원치는 않는다. 그러나 다만 몇 분의 귀한 독자라도 사진작가가 아닌, 동굴 탐사대가 되어 인도 깊숙이 함께한다면 더 바랄 것이 없다.
없어 패키지 여행은 포기하고 자유여행을 택해야 하다니!

## 세계의 진실을 가리는 50가지 고정관념

파스칼 보니파스 저
이명은 역
10,900원

**국제뉴스를 의심해야 세계가 보인다**

요즘 뉴스 보는 사람이 별로 없다. 게다가 국제뉴스를 보는 사람은 더더욱 없다.
그래서 인터넷 실시간實時間 검색어檢索語를 보면 참 참담하다. 대부분의 인터넷 사용자가 나 같은 늙은이보다는 젊은이들일 텐데 그들이 관심을 갖는 것이 이런 것이라니!

1위 최지우
2위 고속도로 교통상황
3위 아육대
4위 썸남썸녀
5위 백예린
6위 엠버허드
7위 킬미힐미
8위 복면가왕
9위 박은혜
10위 설연휴병원안내

위 내용은 내가 이 글을 쓰는 순간 다음 포털 실시간 검색어 순위다. 내가 아는 것이라고는 고속도로 교통상황과 설연휴병원안내뿐이니 이제 이 나라에서 내가 설 자리는 거의 없는 듯하다. 그런데 최지우가 내가 아는 그 최지우라는 탤런트인가? 옛날 분.

이 책은 드물지만 국제뉴스를 보는 분들에게 뉴스, 특히 국제뉴스를 생산하는 세계의 보이지 않는 의도에 대해 생각하게 만든다.
사실 우리가 접하는 뉴스에는 모두 뉴스 작성자의 의도가 담겨 있다.

"여론은 기껏해야 술 취한 밤 격정에 싸여 휘갈겨 쓴 연애편지 같은 것이어서 아침이 되면 얼굴을 붉히고 찢어버리게 된다. 여론을 최소화하는 것이 바로 제도정치의 출발점이다."
"노무현 전 대통령이 '참여'를 말했을 때, 그것은 대중의 직접통치를 의미하면서 민주주의의 심각한 퇴행退行을 의미할 뿐이었다. 김무성 새누리당 대표가 노무현 묘소를 찾아 서민대통령을 말했다고 하지만 그는 서민이 아니라 화난 군중의 대통령이 되고자 했던 것이다."

이 글은 〈한국경제신문〉이라는 참으로 탁월한 신문의 정규재 논설위원실장이 쓴 글에서 발췌한 것인데, 이 신문이 탁월한 까닭은 대학생에게는 구독료를 50% 할인해주기 때문이다. 이 신문사의 솔직한 심경心境은 대학생에게는 그냥 나누어주고 싶을 것이다. 그래야 이 신문을 발행하는 전국경제인연합회全國經濟人聯合會(대기업 연합회, 좀 더 간략히 말하자면 재벌財閥 연합회)의 이념과 가치관을 젊은이들에게 심어줄 수 있을 테니까.
그런데 위 글을 보면 '여론은 기껏해야 술 취한 밤 격정에 싸여 휘갈겨 쓴 연애편지 같은 것이어서 아침이 되면 얼굴을 붉히고 찢어버'려야 할, 아니면 찢어 버리고 싶은 것에 불과하단다. 참으로 맞는 말이다. 그래서 지난 선거, 지지난 선거에서 짝사랑하는 분에게 도장을 곱게 찍은 무수히 많은 사람들이 지금 이 순간 그 투표용지를 짝짝 찢어버리고 싶어 한다(제발 되돌려주세요. 그 무지의 흔적을!!!).
그리고 노무현 대통령 또한 말 그대로 서민의 대통령이 되고 싶었던 게 아니라 화난 군중의 대통령이 되고자 했다. 이 체제의 부조리, 불의, 부패, 도둑놈, 1363억 원의 재산을 8조 9164억 원으로 쉽게 늘리는 재벌에게 분노하는, 최소한의 합리적 시민을 대변代辯하는 대통령이 되고자 했다. 그러나 온건하고 평화로우며 자비로우신 사회의 지배계층은 그러한 분노하는 이들의 '분노憤怒'를 이해하지 못했다.
한 가지 이해하기 힘든 것은 대중의 직접통치를 민주주의의 심각한 퇴행이라고 규정한 그의 주장이다. 대의민주주의代議民主主義라는 게 직접민주주의가 현실적으로 어려워서 차선次善으로 채택한 방식 아니었던가? 그런데 대중의 직접통치가 민주주의의 심각한 퇴행이라니! 그렇다면 역사적으로 민주주의를 훼손시킨 최초의 나라가 아테네(민주주의라는 제도를 최초로 탄생시킨 곳이지만 대중의 직접통치가 이루어진 최초의 나라이기도 하니까)라는 말인데, 참으로 창조적인 역사읽기가 아닐 수 없다. 이런 분이 고작 한 신문사의 논설위원으로 활동하다니! 나라의 손실, 나아가 세계의 손실이 아닐 수 없다. 이런 분을 세계역사학회장으로 모시고 유엔사무총장으로 옹립해서 새로운 세계 질서를 창조하면 좋을 텐데.

여하튼 노무현, 결국 그가 가야 할 길은 분노 없는 세상이었으니, 정규채 같은 인간들은 만에 하나라도 다시 그런 대통령, 지도자가 나타날까 오늘도 노심초사하고 있는 것이다. 그러하기에 죽은 자를 다시 살려내 부관참시剖棺斬屍하는 짓을 서슴지 않고 있는 것 아니겠는가.

드넓은 책의 바다 서해문집 www.booksea.co.kr

# 를 기록하는가?

저가 장공莊公을 시살하다." 그러자 최저가 그 사관을 죽였다.
애아우가 다시 기록했다. "최저가 장공을 시살하다." 최저는 어쩔 수 없다고 여겨 막내를 살려두었다.

면에 눈에 보이는 물질의 양이 얼마인지에 대해서만 관심을 쏟는 인간들은 자신이 속한 나라와 문화 그리고 문명의 줄기가 어떻게 려가는지에 대해서 아무런 관심도 갖지 않을 것입니다. 아니면 정의와 불의, 애국과 매국, 참과 거짓을 기록한 역사는 오히려 사라 는 편이 낫다고 여길지도 모릅니다.
실 오늘날 대한민국 지배계층에 속하는 수많은 친일의 후손들은 독립과 저항을 기록한 대한민국 근현대사가 불쾌하기 그지없다 표현을 공공연히 하고 있습니다.

사를 배우지 않은 인간은 당연히 영혼 속 나라가 없는 것이요, 그가 살고 있는 공간은 말 그대로 지리적 공간일 뿐입니다.
억합시다. 그 어떤 물질적 손실보다 역사라는 의식의 손실이 가져올 결과가 훨씬 냉혹할 것임을.
리고 영혼을 혼란에 빠뜨리고자 하는 자들이 향후 어떤 짓을 통해 그들이 궁극적으로 지향하는 성과를 거두려고 하는지 눈 부릅뜨 지켜보아야 합니다.
렇지 않으면 우리의 미래, 아니 우리 후손은 없습니다.

**뉴라이트 위험한 교과서, 바로 읽기**
역사교육연대회의 지음 | 332쪽 | 14,900원

**함께 보는 한국근현대사**
역사학연구소 지음 | 552쪽 | 16,900원

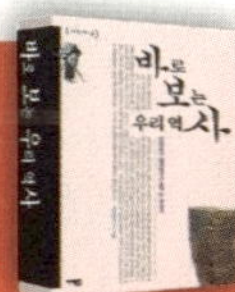

**바로 보는 우리 역사**
역사학연구소 지음 | 512쪽 | 14,900원

이 광고를 왜 싣는지 궁금하지 않으시죠?

오늘도 저는 길거리를 걷다가 구토를 할 뻔했습니다. 우리 역사 교과서 왜곡을 일삼는 자들의 뻔뻔함을 보고 견딜 수 없었기 때문이지요. 권력과 돈이 그리 좋은지, 씨#@$% 같은 "낳은 지 얼마 되지 않은 어린 동물" 들에게 묻고 싶었습니다. 아무리 그렇다고 해도 그렇지 이렇게 역사를 농단해도 벌받지 않을까요? 저는 그렇게 생각하지 않습니다. 반드시, 반드시 천벌이 내릴 거라 믿습니다. 만일 천벌이 내리지 않으면 제가 천벌만이 존재하는 종교를 창시할 겁니다.

그래서 뉴스를 제대로 보아야 하는 것이다. 뉴스를 쓰는 자는 반드시 자신의 의도를 팩트(사실이라는 단어인데 왜 기자들은 '사실'이라는 말 대신 '팩트fact'라는 단어를 쓰는지 알다가도 모를 일이다. 아무리 영어 단어 써도 나보다 똑똑하지 않다는 사실을 감추지 못할 텐데.)로 치장하여 기사랍시고 쓴다.
국제뉴스는 거대한 국제적 지배층의 의도를 담고 있을 뿐 아니라 우리가 체험할 수 없는 광범위한 사건을 다루고 있기 때문에 그 속에 감추어진 진실을 깨닫기 훨씬 어렵다.
그래서 국제뉴스를 읽을 때는 국내뉴스를 볼 때보다 훨씬 치밀하고 비판적으로 보아야 한다. 그렇지 않으면 이원론적 우를 범하기 쉽다. 이 편은 좋은 편, 저 편은 나쁜 편!
이 책은 그러한 우를 범하지 않기 위해서 해체해야 할 50가지 고정관념에 대해 이야기하고 있다. 하기야 이만큼의 고정관념을 해소할 수 있다면 국내뉴스의 거짓 또한 쉽게 이해할 수 있지 않을까.

## 위베르 씨, 내일의 지구를 말해주세요

위베르 리브스,
크리스토프 오벨 공
세실 레나 그림
권지현 역
11,900원

위베르 리브스는 프랑스에서 유명한 천체물리학자이자 과학책 저술가란다. NASA에서 고문으로 활동하기도 했고 프랑스 국립과학연구센터 책임연구원도 지냈다고 하니 과학 분야에서는 탁월한 분이 분명해 보인다. 그런데 그런 분이 80세가 다 되어서 환경운동가로 활동을 시작했다니 지구 환경이 정말 심각한가 보다.
그 가운데서도 숲이 사라지는 현상이야말로 참으로 심각한데, 이에 대해서는 두말할 나위가 없을 것이다. 그런데 숲은 농작물을 재배하기 위해 숲을 없애버리거나 가축을 기르기 위해, 도시를 만들어 경제적 성장을 이루기 위한 인간의 탐욕 때문에 사라진단다.
나도 여기까지는 알았는데, 하나가 더 있다. 옛날 아메리카 대륙에서는 원주민, 즉 우리가 인디언이라고 부르는 사람들과 전쟁을 벌이기 위해서 나무를 베어냈단다. "나무 한 그루 한 그루마다 너의 목을 따러 올 원주민이 숨어 있다."라는 말이 나돌 정도였으니 마을 숲을 송두리째 베어내는 일이야 다반사로 일어났을 것이다.
2015년 대한민국에서는 2017년인가 언제인가 열리는 동계올림픽이라는 놀이에서 고작 3일 동안 놀기 위해 수천 년, 아니 수만 년 동안 이어져 온 가리왕산 숲을 베어내고 있다.
그 숲을 베어내는 이들, 아니 그분들이 무슨 죄가 있을까, 숲을 베어내라고 명령을 내린 정치인들은 밤마다 이런 기도를 올려야 할 것이다.
"제발 숲에 정령들이 살고 있지 않기를 비나이다."
숲에 정령들이 살고 있다면 그이들에게 반드시 벌을 내릴 테니까. 그것도 수만 년에 걸친 영혼이.

박홍순 지음
808쪽
45,000원

## 사유와 매혹 1

**원시공동체 사회~중세**

박홍순 지음
864쪽
45,000원

## 사유와 매혹 2

**근대~현대**

4만 5,000원은 정말 큰돈이다. 라면이 한 상자요, 유명 커피전문점의 커피 10잔 가까이를 마실 수 있다. 아, 그 돈으로 친구들에게 한 끼 밥을 사면 또 얼마나 큰 찬사를 들을 것인가.

그런데, 그런데 말이다. 4만 5,000원으로 철학과 예술의 5,000년 줄기를 타고 흐르는 래프팅을 즐길 수 있다면 어떨까? 그것도 고작 반나절 만에 끝나는 말초적 즐거움이 아니라 한 번 새겨놓으면 평생 지워지지 않는 조각품으로!

인문학人文學이 현실을 벗어나는 순간 화석화化石化된다고 굳게 믿는 예술 철학자 박홍순이 일생을 걸고 써내려간 〈사유와 매혹-서양철학과 미술의 역사〉는 그런 래프팅을 즐기기 위해 필수적인 노다. 배를 젓는 기구.

그런데 이 래프팅은 누구나 즐길 수 있으나, 아무나 즐길 수는 없다. 밥 한 끼가 짐승의 배를 불려준다면, 지성 한 끼는 인간의 가슴을 채워준다는 믿음을 가진 자만이 즐길 수 있다. 배고픔은 참을 수 있어도 무지無知는 견딜 수 없는 자부심自負心을 가진 자만이 즐길 수 있다.

그러나 2012년, 무지無知의 제국帝國 대한민국은 머릿속이 텅 빈 자는 희희낙락하고, 지성을 갖춘 자는 고뇌하다가 절망하고 스러져가는 고담의 세상이다.

800쪽이 넘는 데다 수많은 예술작품과 철학자들의 발걸음을 뒤따라가는 여행 안내서인 이 책이 채 500부도 안 나갔다고 누가 절망하겠는가.

서양철학과 미술을 아우르면서 인류의 지성이 어떻게 진보해 왔는가를 아는 것은, 사실 지갑을 채우는 데 아무 도움도 주지 못한다. 그런 사실을 아는 우리가 창고에 가득 쌓인 책 때문에 절망하겠는가?

그 가치조차 매기기 힘들 만큼 소중한 이웃들이 고작 한 끼 배를 채우며 만족하는 이 현실에 절망하는 것이다. 그런 현실이 결국 어떤 세상을 가져올지 분명히 알기에, 그리고 그 암담함과 우울의 세상이 눈을 부릅뜨고 우리를 기다리고 있기에.

### 추신

원시공동체 사회에서 중세까지를 다룬 〈사유와 매혹〉 1권은 500부도 채 안 나갔다. 그리고 근대에서 현대를 다룰 2권이 출간을 기다린다. 분명 300부 정도 나갈 것이다. 1, 2권 각각 제작비 5,000만 원. 도서출판 서해문집은 어디로 가고자 하는가, 스스로 묻는다."

위 글은 2012년에 주간 〈시사인〉에서 '아까운 걸작' 면에 소개할 책이 있으면 소개하라는 말을 듣고 쓴 것이다. 그리고 위 글이 나간 후 놀랍게도 300여 부가 나갔던 것으로 기억한다. 그때 이 글을 보시고 책을 구입하신 300여 분께 얼마나 감동했는지 모른다. 사실 이런 뜻하지 않은 즐거움 때문에 출판을 그만두지 못한다. 이런 예는 참 많지만 지금 이 순간 기억나는 전화 한 통이 있다. 《절창絶唱》이라는 책을 출간한 적이 있다. 중국 고전, 특히 한시漢詩를 재미있고 쉽게 접할 수 있도록 소개한 책이 별로 없는 듯해서 열심히 준비해서 출간했는데 당연히 500부도 안 나갔다. 그런데 어느 날 나이 지긋하신 독자 한 분이 전화를 주셔서 이렇게 말씀해 주셨다.

"내가 올해 읽은 책 가운데 단연 최고의 책입니다. 감사를 표하려고 전화했습니다."

이 전화 한 통으로 우리는 출판의 대가를 모두 받았다.

이번에 《사유와 매혹 2》가 출간되었다. 저자가 기울인 각고刻苦의 노력에 비하면 우리 출판사가 기울인 노력은 너무나 작은 것이리라. 그래서 늘 저자의 마음이 아프지 않을 만큼만 책이 판매되었으면 하는 것이 우리 바람이다.

그런데 정말 놀라운 일이 벌어졌다. 여러 언론에서 저자 인터뷰 등을 하셨고, 그 덕분인지 모르겠지만 1권에 비해 월등히 많은 부수가 출고出庫되었다. 아직 시간이 얼마 지나지 않아 판매부수는 잘 모르겠지만.

저자 분께 얼굴을 들지 못하는 부끄러움만 면할 수 있으면 좋으련만.

*혹시 이 책과 저자에 대해 궁금하신 분이 계시면 서울신문 2014년 2월 15일자 인터뷰를 참조하시길. http://www.seoul.co.kr/news/newsView.php?id=20140215020003

## 트리니티

**신의 불을 훔친 인류 최초의 핵실험**

조너선 페터봄 글, 그림
이상국 옮김
160쪽
12,000원

이 만화책을 처음 보았을 때 충격이어서 즉시 출간을 결정했다. 그런데 직원들은 안 나갈 거라고 하는 거다. 하기야 누가 이런 복잡한 만화를 볼 것인가? 나도 의구심이 들어서 초판 1,000부를 찍었다. 그런데 역시 내 눈은 틀리지 않았다. 재판을 찍었으니 말이다. 총 2,000부를 찍었는데, 다 나가면 손해는 안 볼 것이다.

이 책을 읽은 느낌은? 간단하다. 핵실험의 시작은 미약했으나 그 끝은 창대하구나!

## 간도특설대

김효순 기자는 이번 호 〈산책〉 머리말에도 등장하는데, 대단하신 분이다. 기자이면서 역사학자들이 해야 할 일까지 해서 이 놀라운 성과물을 탄생시켰으니 말이다. 이 책에 대해서는 나같은 문외한門外漢이 이런저런 말을 덧붙이는 것이 오히려 책에 흠집을 남기는 일이 될 것이다. 여러 신문에서 대단한 찬사와 더불어 큼지막하게 기사화해 주었으니 출판사로서는 참으로 감격스럽고 보람찬 일일 뿐이다.

다만 지난 5천 년을 지나왔듯이 앞으로도 수천 년 이어갈 우리 역사에서 다시는 간도특설대 같은 부끄러운 역사의 찌꺼기가 등장하지 않았으면 하는 바람뿐이다. 바로 그런 바람 때문에 김기자께서도 이 나라 저 나라, 이 골목 저 골목을 누비며 수많은 사람을 만나고 자료를 모아 이런 책을 출간하지 않았겠는가.

김효순 지음
382쪽
15,000원

## 파인만

짐 오타비아니 글
릴런드 마이릭 그림
이상국 옮김
276쪽
13,700원

우리나라에서는 만화는 책이 아니다. 강연을 다닐 때마다 부모님들께서 주시는 질문 가운데 빠지지 않는 게 "우리 아이는 만화만 읽는데……"다. 그러니까 우리나라 부모님들께 만화는 책이 아니라는 말이다.

솔직히 내가 봐도 책 아닌 만화가 너무 많다. 그래서 서해문집에서 텍스트로 가는 징검다리로서 만화의 역할에 관심을 가지고 시작한 시리즈가 '카툰클래식'이란 것이다. 그런데 이 시리즈에 포함된 책들의 질質이 천차만별이다. 내가 봐도 낯이 뜨거워지는 책이 있는가 하면 '음, 이건 정말 잘 만들었군.' 하고 자부심을 느끼는 책도 있다.

이 생기발랄한 물리학자의 삶을 다룬 만화책도 그런 작업의 일환으로 출간했다. 물론 우리나라 작가가 만든 것은 아니지만. 그러나 나는 오늘도 꿈꾼다. 우리가 만든 만화(영어로는 graphic novel에 해당하는)가 세계 각국으로 뻗어나가는 것을. 그리고 그런 만화를 우리 출판사에서 만들 수 있기를.

도현신 지음
304쪽
12,900원

## 지도에서 사라진 사람들

**사라진 민족 사라진 나라의 살아 숨 쉬는 역사**

《어매이징 세계사》와 《어매이징 한국사》를 집필해 청소년 권장도서에 이름을 올리기도 한 저자의 색다른 책인데, 참 재미있고 유익하다. 사실 역사는 승자勝者의 기록이라고 하는데, 패자敗者가 없는 승자가 어디 있겠는가. 그리고 우리가 기억해야 할 역사는 오히려 패자의 역사 아니겠는가. 승자에게서 배울 점은 폭력과 잘난 체, 약탈, 합리화

따위지만 패자에게서는 겸손, 반성, 평화 등을 배울 수 있으니 말이다. 이 책을 통해 우리 청소년들도 지는 것이 악惡이 아니라는 사실을 배웠으면 한다.

박용남 지음
312쪽
18,000원

## 꾸리찌바 에필로그

**세계화에서 지역화로, 지구를 살리는 창조적 도시혁명**

박용남 선생은 세계적인 생태도시 꾸리찌바를 우리나라에 처음 알린 분으로 유명한데, 이 책은 그 후속작업인 셈이다. 그래서 내용도 좋고 책 디자인 또한 탁월하다. 2011년에 서해문집이 출간한 책 가운데 아마 가장 아름다울 것이다.

그런데 역시 베스트셀러가 되지 못했다. 한마디로 초판을 팔지 못했다는 말이다.

이곳저곳에서 좋은 환경도서로 선정해 주셨는데도. 역시 우리는 역부족이야. 그러니 내가 어찌 좋은 필자분들을 뵙고 "원고 주십시오." 하고 말할 수 있겠는가.

## 조선동물기

**조선 선비들 눈에 비친 동물, 그리고 그 속에 담긴 세상**

김흥식 엮음,
정종우 해설
544쪽
15,000원

《시튼 동물기》와 《파브르 곤충기》는 뛰어난 동물학적 기록이다. 그렇다고 해서 틀림이 없지는 않을 것이다. 그렇지만 그 탁월한 저서는 그들이 살던 시대에 그들이 자연에 대해 기울인 애정과 관심을 꼼꼼히 기록하고 있다. 그리고 오늘날 우리가 누리는 수많은 생물학적 지식은 그들의 노력과 관심에 크게 힘입었을 것이다.

조선을 산 선비들 가운데 많은 분들도 그러했다. 누군가는 자연을 노래했고 또 누군가는 도덕에, 철학에 삶을 바쳤다. 누군가는 정치를 바로잡는 데 목숨을 걸기도 했다. 그리고 여기 주위의 온갖 동물에 눈길을 던진 선비들과 그들의 기록이 있다.

《조선동물기》는 조선시대 선비들이 기록한, 조선시대 사람들의 눈에 비친 동물에 관한 이야기다. 이 가운데는 오늘날 우리를 놀라게 할 놀라운 관찰 기록도 있고, 21세기를 사는 인간들로서는 웃음밖에 안 나오는 허무맹랑한 이야기도 있다. 그러나 그 모든 것이 조선시대를 살던 선조들의 삶이요, 동물관動物觀이었다.

그것이 옳으냐 틀리냐를 이야기하는 것은 호사가적好事家的 취미일 뿐이다. 조선 선비들에게 이 기록들은 세상이요, 삶이었다. 따라서 이 기록들을 통해 우리는 동물학적 지식을 얻고자 하지 않는다. 우리가 이 글을 읽는 것은 우리를 앞서 살다 간 무수히 많은 선조들의 삶을 바라보는 태도, 자연을 바라보는 태도, 동물을 바라보는 태도를 느끼기 위함이다.
인간이 어찌 객관적 진실만을 잣대 삼으며 살 수 있겠는가. 우리 삶의 기준은 진실만이 아니라 삶을 바라보는 태도일지 모른다.
어쩌면 무수히 많은 오류로 가득한《조선동물기》를 무수히 많은 어려움을 겪으며 펴내는 까닭이 여기에 있다.
서양 동물기가 신화적 가치를 인정받는 만큼 조선 선비들의 동물기動物記 또한 그 자체로 존재 가치가 있다는 사실을 21세기 첨단과학의 시대를 사는 우리 독자들이 잠시나마 기억할 수 있다면 오랜 시간 기울인 노력이 헛되지 않을 것이다.

도시혁명 박용남 지음

조선 선비들의 동물관動物觀 속에 내재된 깊은 가치와 현대 동물학의 지식을 접목시켜 전혀 새로운 성과물로 만들어주신 이화여자대학교 정종우 교수님, 그리고 고전古典의 현대화와 대중화에 앞장서 주신 무수히 많은 분들의 앞선 성과물이 없었다면 이 책은 탄생할 수 없었다.
깊이 감사드린다.

이건 출발일 뿐이다. 누군가 조선 선비들의 과학적 성과를 온전히 드러낼 날이 반드시 올 것을 믿는다.
그때를 기다린다.

수년간에 걸쳐 온갖 어려움을 견디며 이제 출간을 앞두고 있는《조선동물기》머리말이다. 오래 전부터 왜《시튼 동물기》는 온 청소년들의 필독서인 반면 우리 선조들이 쓴 '동물 이야기'에 대해서는 일언반구一言半句 언급하지 않는가, 궁금했다. 그래서 무모한 줄 알면서 몇 년 전부터 자료를 모으고 중국 고서古書들을 뒤지며 가까스로 첫 단추를 끼웠다. 이 과정에서 이화여대 정종우 교수께서 기울이신 노력이 없었다면 이 책은 빛을 볼 수 없었을 것이다.
판매? 그런 건 생각하지 않는다. 이런 책을 낼 수 있었던 것만으로 나는 만족한다.

노먼 G. 핀켈슈타인 지음
김영진 옮김
268쪽
12,000원

## 핀켈슈타인의 우리는 너무 멀리 갔다

**은폐된 학살, 이스라엘의 가자 침공**

이 책의 원제는 This time we went too far다. 말 그대로 지금, 우리는 너무 멀리 갔다. 어디로? 인간이라면 당연히 존재해야 하는 위치로부터 너무 멀리 벗어났다는 것이다.

이 책을 쓴 노먼 핀켈슈타인은 유대인 정치학자인데, 팔레스타인의 독립을 지지하고 이스라엘의 학살에 대해 가차 없이 비판을 가하는 인물이다. 그런 까닭에 이스라엘 언론들은 그를 가리켜 '스스로를 증오하는 유대인'이라고 부른다.
그러나 우리는 이런 인물을 지성인이라고 부른다.
'곡학아세曲學阿世'를 구분 짓는 가장 쉬운 방법이 무엇인지 아시는가?
특정 지위, 권한, 금전적 이득을 얻을 것을 의도적 또는 암묵적, 무의식적으로 인식하면서 자신의 주장을 내세우는 자는 곡학아세하는 학자(이건 학자도 아닌데, 자신들이 학자라고 우기니까 우리처럼 무지한 사람들에 대비되는 용어로 사용한다)요, 명백히 또는 암묵적, 무의식적으로 피해가 올 것을 알면서도 자신의 주장을 내세우는 사람을 우리는 지성인이라고 부른다.
핀켈슈타인의 부모님은 모두 히틀러의 강제수용소에서 가까스로 살아남은 유대인이며, 나머지 친척들 대부분은 히틀러의 홀로코스트에 의해 절멸되었다.
그러나 그는 이스라엘의 편에 서지 않았다. 교수직을 박탈당하면서도 팔레스타인인을 향해 무차별적인 공격을 가하고 웃음짓는 동족을 향해 양심을 되찾으라고 외친다.
이런 사람이 있기에 우리는 이 무지와 폭력과 야만과 물질과 괴물의 시대에도 인간에 대한 신뢰를 포기할 수 없다.

## 마르셀의 여름(전2권)

마르셀 파뇰 지음
이재형 옮김
1권 528쪽
2권 672쪽
각 권 12,700원

〈마농의 샘〉으로 유명한 프랑스 국민작가 마르셀 파뇰이 자신의 어린 시절 추억을 회상하며 쓴 4부작 자전소설인데, 이 책처럼 불운한 경우도 드물다.
프랑스에서는《어린 시절의 추억》이라는 제목으로 출간되어 큰 사랑을 받았고 이 작품으로 파뇰은 프랑스의 국민작가로 추앙받고 있다. 이후 이베스 로베르트 감독이 영화로 만들어 우리나라에서도《마르셀의 여름》과《마르셀의 추억》이라는 제목으로 상영되기도 했다. 프로방스의 아름다운 자연을 배경으로 자연과 교감하고, 가족의 따뜻한 정을 느끼며, 사춘기 시절 친구들과 우정을 나누고, 사랑의 아픔을 겪는 소년 마르셀의 성장기가 고스란히 담긴 이 소설은 내가 읽은 성장 소설(또는 자전적 산문) 가운데 최고였다.
그래서 좌고우면하지 않고 출간을 결정했고 프랑스에 거주하는 번역자를 선정하였다.
그런 후 작품의 배경이 되는 지역을 여러 번 답사한 번역자는 2년여에 걸쳐 심혈을 기울여 번역을 마쳤고 드디어 출간할 수 있었다.
그런데 제목은《마르셀의 여름》인데 책은 가을에 출간되었다.
당연히 모든 언론은 외면했다. 작품의 배경과 출간 시점도 전혀 맞지 않을뿐더러 오늘날의 자극적이고 선정적인 시대적 흐름에 비추어 보아도 이 작품은 너무 따스하고 부드럽다. 마치 페이터의 산문이나 피천득의 수필을 연상케 하는 흐름.

《마르셀의 여름》 표지 그림은 우리나라에서도 유명한 프랑스 삽화가 장 자끄 상뻬의 작품이다. 이 사실만 보아도 이 책이 프랑스에서 어떤 무게를 갖는지 알 수 있다.

이렇게 해서 이 탁월한 작품은 흔적도 없이 사라질 위기에 처해 있다. 참으로 안타깝다. 내가 이 책을 처음 출간할 때 이 책이 베스트셀러가 될 것을 기대하지 않았다. 다만 어린 시절이 우리 삶에서 차지하는 비중이 얼마나 큰지, 청춘이란 시절은 세상과의 대화가 아니라 자연과의 대화, 꿈과의 대화, 무의미하게 흘러가는 시간과의 대화라는 사실을 우리나라 청소년들에게 알려주고 싶었던 것이다.

사실 우리 청소년들은 지금 세상, 즉 성적, 성공, 한류로 치장한 상업주의적 연예산업, 사회적 지위를 나타내는 값은 옷차림이나 액세서리에 주눅 들어 최저임금에 꿈을 소비하고 있지 않은가 말이다.

안타깝고 또 안타깝다. 어떻게 우리 청소년들에게 경쟁이 아니라 따스한 삶을 전해줄 수 있을 것인가.

한 마디 더!
마르셀 파뇰이 프랑스에서 얼마나 중요한 작가인지 모르는 분들은 한 번쯤 찾아보시기 바란다. 프랑스인으로서 우리나라 국민작가가 된 베르베르보다 훨씬 중요한 작가로 자리매김하고 있음을 확인하실 수 있을 것이다.

## 어메이징 한국사, 어메이징 세계사

**상식을 뒤집고 오류를 바로잡는다**

도현신 지음
308쪽
11,900원

두 권 모두 300쪽이 넘는데다 2도 인쇄인데 값이 11,900원이라고? 그러니 우리 출판사가 돈을 벌겠는가 말이다.
그렇지만 이게 모두 내 탓이니 누굴 탓하리오.
"나 어려서 돈 없어서 책 못 사 읽었다. 그러니까 책값 높게 매기지 마라."
지겹게 떠드는 말이다. 그러다 보니 초기에는 "사장님, 지금 그렇게 가격 매기면 다른 출판사에서 욕합니다. 게다가 인터넷 서점에서는 19% 할인판매하기 때문에 독자들 또한 정가가 아니라 정가에서 20% 할인한 금액을 정가로 인식합니다."라고 반기를 들던 직원들도 이제는 알아서 싸게(합리적으로) 가격을 정한다. 이 사태를 고맙다고 해야 하나?
여하튼 이 책은 청소년들 또는 한국사와 세계사에 대해 별 흥미를 느끼지 못하거나 기존의 식상한 역사에 짜증난 독자들을 위한 책이다. 그래서 부제도 〈상식을 뒤집고 오류를 바로잡고 진실을 파고드는 한국사(세계사)〉다.
단, 매우 깊게 파고들지는 않기 때문에 역사에 상당한 조예가 있으신 분은 열독 금지!

## 게으름은 왜 죄가 되었나

**부지런함이 숨긴 게으름의 역사**

이옥순 지음
232쪽
11,900

와! 나는 노동자는 빨갱이가 쓰는 용어고, 근로자는 착한 사람들이 쓰는 용어인 줄 알았다. 그런데 그게 아니었다.
왜 노동하는 사람을 노동자라고 부르면 공연히 과격한 사람 취급받고 근로자라고 부르면 착한 사람 취급하는지 궁금했는데, 이 책 읽으면서 알게 되었다.

서구를 닮고 근대화를 추진한 일본에선 근면이 종교처럼 받들어졌지요. 그래서 노동자를 열심히 일하라는 뜻에서 근로자라고 불렀습니다. 당연히 라틴지방의 '시에스타'와 같은 낮잠을 게으름의 증표로 여겼습니다. 일본에서 낮잠은 오랫동안 금기였지요. 2003년 발생한 신칸센사고가 차장의 졸음운전에서 나왔다는 것이 밝혀지면서 일본에서도 낮잠의 중요성을 다시 살피게 되었습니다. 이후 일본의 대도시에는 직장인들을 위한 '낮잠 방'이 생겨났습니다. 낮잠이 일의 집중도를 높인다는 연구결과도 많이 나왔습니다.
– 본문 110~111쪽 인용

아하, 그래서 내가 두 시만 되면 잠이 오는 거구나. 일의 집중도를 높이기 위해서.
오른쪽은 내가 회사에서 낮잠 잘 때 사용하는 안대다. 사장실이 없는 나는 의자에 기대어 자는데, 그 모습이 안쓰러웠는지 손미경 과장님이 만들어주신 것이다. 이후 직원들은 해외 여행을 갔다 올 때마다 비행기에서 제공하는 안대를 선물로 갖다주었다. 왼쪽은 요즘 사용하는 안대! 고급이다.

후지이 조지 외
박진한, 이계황, 박수철 옮김
25,000원

## 쇼군/천황/국민

**에도 시대부터 현재까지 일본의 역사**

640쪽에 달하는 방대한 이 책은 열 명이 넘는 일본 학자들이 모여 만든 일본사 개설서다. 그러니까 이 책 한 권이면 일본사를 정리할 수 있다는 것인데, 여타 일본사와 다른 점은 "종전의 개설서에서 흔히 찾아볼 수 있는 정치사 중심의 서술 방식에서 벗어나 사회, 문화, 외교 등에 초점을 맞추어 분야별로 통시적인 기술을 시도한 점"이라고 한다.
그 외에도 여러 특징이 있는데, 그것이 장점인지 단점인지 나는 평가할 수 없다. 사학자도 아니고 일본사 전공자도 아니니까.
마지막으로 한 마디! 요즘 일본 대학생들이 가장 많이 읽는 개설서라고 합니다.

브루스 커밍스 지음
박진빈, 김동노, 임종명 옮김
928쪽
45,000원

## 미국 패권의 역사

**바다에서 바다로**

《한국전쟁의 기원》(1986)과 《브루스 커밍스의 한국현대사》(2001)를 통해 한반도 전문가로 널리 알려진 브루스 커밍스는 미국 내 몇 안 되는 한국전문가이자, 동아시아 관계에 정통한 역사학자다. 커밍스는 이 책에서 현대 미국이 세계의 패권을 확보하는 과정을 분석하면서 다른 저자들이 분리해서 다루었던 미국 국내사와 세계사, 국제관계와 정치경제 그리고 태평양 연안에서 활발하게 전개되는 경제를 하나로 묶어서 본다.
이전의 미국사에선 볼 수 없던 새로운 시각의 미국사를 독자들에게 보여준다.

데이비드 스즈키 지음
오강남 옮김
168쪽
9,800원

## 데이비드 스즈키의 마지막 강의

**지속 가능한 미래를 상상하라**

유전학자이자 과학 전문 방송인, 환경 운동가인 데이비드 스즈키 교수는 일본계 캐나다인으로 세계적 환경 단체 데이비드 스즈키 재단을 만들어 환경 보호와 지구 온난화 방지에 앞장서고 있다. 그런데 우리에게는 별로 알려져 있지 않다. 특히 일본식

民族日報

1961年 5月17日

# 陸·海·空·海兵이「쿠데타」

## 金浦駐屯海兵一旅團이主動

## 三府完全掌握에成功

### 反共體制再整備·腐敗一掃宣言

## 서울等主要都市占領

### 軍事革命委議長에張都暎中將

聲明 軍事革命委員會

布告一號

布告二號

布告三號

## 全國에非常戒嚴令宣布

## 金融凍結·港灣도封鎖

### 19時부터5時까지通行禁止

## 朴正熙少將總指揮

### 革命指揮官들陸本訪問

## 張總理는行方不明

### 尹大統領 青瓦臺에健在

## 軍事革命委 五名으로構成

「國家再建委員會」로 곧 改稱

## 地方行政完全掌握

共侵防止에必要

政界指導者健在

박정희가 일으킨 군사 쿠데타로 폐간을 당한 《민족일보》의 5.16군사 쿠데타 이튿날 신문 1면. 《민족일보》는 폐간당하고 신문 발행인인 조용수는 사형당했다. 그때 그의 나이 32세였다. 무슨 잘못을 했느냐고? 글쎄, 나는 찾을 수 없다. 여러분이 한 번 찾아봐주시길.

이름이기 때문에 이 사람을 세계적인 환경학자로 인정하기에 부담이 가는 것 또한 사실이다.

그래서 책은 쉬우면서도 탁월한데 판매는 영 아니다. 휴, 저자에게 미안하고 번역을 맡아 주신 종교학자 오강남 선생께도 면목이 없다.

역시 서해문집은 책 파는 데는 능력이 부족하다니까!

김흥식 기획
김성희 해설
24,000원

## 1면으로 보는 근현대사(전3권)

1 1884년부터 1945년까지

2. 1945년부터 1960년까지

3. 1961년부터 1979년까지

이 시리즈가 드디어 완간되었다.
처음 이 책이 출간되었을 때 여러 곳에서 대단한 기획이요, 작업이라고 찬사를 들었다.
그런데 그게 결과적으로는 찬사가 아니었다.
언론에서, 출판계에서 대단한 기획이라는 찬사를 들으면 뭐하나? 독자들이 외면하는데.
사실 이 책은 같은 시대의 시각으로 본 사실이 어떻게 역사로 변해 가는지를 보여줌으로써 언론인들에게, "여러분이 오늘 기록하는 기사가 훗날 얼마나 중요한 사료가 되고, 역사가 되는지를 확인하십시오. 그리고 함부로 기사 쓰지 마십시오. 양심과 혼을 담아 쓰십시오. 그래야 역사가 제대로 기록됩니다. 여러분은 한낱 기자가 아니라 결국 사초史草의 기록자입니다." 하고 부탁하는 심정으로 기획한 것이다.
물론 재미도 있다. 지금은 사라져버린 온갖 사건들이 그 시대에는 얼마나 충격적이었으며 어떤 의미로 현실화되었는지를 알 수 있으니까 말이다.
그런데 엄청난 비용과 인력, 노력을 기울여 만든 이 시리즈가 독자들로부터 철저히 외면당했을 때의 심정은 이루 말할 수가 없었다.
앞서 출판하면서 신나는 일을 이야기한 적이 있는데, 출판하면서 절망하는 일도 있다. 이 책이 바로 그런 경우다. 그래도 완간했다. 완간까지 끌고 온 것은 자존심이었다.
'이것도 못 해 낸다면 내가 과연 출판을 한다고 말할 수 있는가?'

요시다 타로 지음
송제훈 옮김
328쪽
15,000원

## 몰락 선진국 쿠바가 옳았다

반反성장 복지국가는 어떻게 가능한가?

처음 이 책을 낸다고 했을 때 이 책을 기획한 우리 출판사 주간에게 내가 한 말이다.
"그 책이 얼마나 나갈 것 같아? 책 좋은 것과 나가는 것은 다른 거라고. 그러니 광고 너무 하지 마!"
그랬는데 와! 나온 지 1년도 채 안 돼 3쇄를 찍었다.
"사장님 말씀 듣고 오기가 생겨서 보도자료도 더 열심히, 광고도 더 열심히 만들었어요."
주간에게 제대로 한 방 먹었다.
사실 이런 책 내려고 출판을 시작했는데, 하도 안 나가니까 나도 모르게 패배의식, 아니면 독자에 대한 신뢰를 잠깐 잃었나보다.
언젠가 쿠바를 꼭 가보고 싶다. 도대체 왜 그곳 사람들은 가난해도 이웃의 고통을 걱정하고 극히 적은 이산화탄소를 배출하면서도 늘 웃음짓는지 확인하기 위해.

## 해답은 DNA

마크 슐츠 글,
젠더 캐넌 · 케빈 캐넌 그림
김명주 옮김
156쪽
10,900원

**글라갤 행성판 유전자 사용설명서**

앞서 살펴본 두 권의 만화책과 더불어 Graphic Novel의 새로운 세계를 소개하고픈 마음에 출간한 세 번째 책인데, 역시 안 팔리겠지?
그래도 후회는 없다. 왜? 단 몇 사람이라도 이 책을 보고, "아, 만화라는 게 적당히 만들면 안 되는구나. 전문가들이 모여 단행본보다 훨씬 많은 노력과 사명감으로 만들어 독자에게 지식과 지성으로 가는 가교 역할을 하는 것이구나." 깨닫고 더 좋은 만화를 만들게 되면 우리 독서 환경이 향상되는 것일 테니까.

## 기억하라, 우리가 이곳에 있음을

살바도르 아옌데, 파블로 네루다 외 지음
정인환 옮김
200쪽
9,800원

**칠레, 또 다른 9·11**

9.11 하면 떠오르는 이미지는 미국 한복판 쌍둥이 빌딩을 향해 날아가는 비행기 두 대일 것이다.
그렇지만 1970년 9월 11일, 칠레에서는 합법적으로 선출된 아옌데 대통령을 향해 미국의 음습한 지원을 등에 업은 피노체트가 로켓포를 날렸다. 그렇게 해서 칠레의 민주주의는 향후 수십 년간 땅속에 파묻혔으며, 그로 인해 수십만 명의 무고한 목숨이 대낮에 사라져갔다.
이 책은 비행기까지 대주며 망명하라는 미국의 위협에 굴하기는커녕 라디오 방송을 통해 칠레 시민에게 전하는 마지막 연설을 늠름히 마치고 의연히 목숨을 민주주의의 제단에

미국 중앙정보부의 지원을 받아 쿠데타를 일으킨 피노체트의 공격에 맞서 대통령궁에서 무기를 든 채 저항하는 살바도르 아옌데 대통령의 모습. 이 사진을 찍은 후 얼마 후 그는 장렬하게 전사했다.

바친 살바도르 아옌데와 칠레 민중에게 바치는 수많은 이들의 헌사 모음집이다.
그러나 오늘날 칠레의 9.11을 기억하는 이들은 많지 않고, 이 책 또한 5백 부도 채 나가지 않았다.
본래 민주주의와 정의를 향해 나아가는 길은 험난하고 가난하다. 그러니 후회할 일도 없다.

맹찬형 지음
236쪽
13,900원

## 따뜻한 경쟁

**패자 부활의 나라 스위스 특파원 보고서**

저자는 스위스에서 '경쟁하는 공존, 공존하는 경쟁'을 본다. 그리고 그 아름답고 따뜻한 경쟁의 나라를 만끽하다가 결국 다시 한국으로 눈을 돌린다. 스위스에서 한국을 진단하고 해법을 내놓는다. 스위스와 유럽, 남미의 브라질을 아우르고 버무려 한국 사회가 좀 더 '따뜻해지는' 방향을 제시한다.
그런데 이런 책을 차가운 경쟁을 신봉하는 사람들이 보고 변해야 할 텐데, 내 경험으로는 이런 책은 대부분 안 읽어도 되는 독자들이 읽고 피도 눈물도 없는 경쟁을 신봉하는 사람들은 이런 책에 손길을 두지 않았다.
세상 이치가 그런 것이겠지.

최열 지음
264쪽
15,000원

## 옛 그림 따라 걷는 서울길

**풍경, 그림, 시 그리고 사람 이야기**

최열 지음
320쪽
17,000원

## 옛 그림 따라 걷는 제주길

**풍경, 그림, 시 그리고 사람 이야기**

미술평론가 최열은 그림이란 창문을 통해 풍경을 보았고, 그 속에 담긴 역사와 자연과 인간을 찾아 길을 나섰다. 서울길과 제주길이다.
이 아름답고 재미있으며 잘 만들어진 책을 못 파는 것으로 봐서 정말 서해문집은 책 못 판다. 그런데 어떻게 먹고사는지 나조차 궁금하다.
다른 이야기는 책이 할 것이고, 내가 거들 이야기는 단 하나다!
올레길 붐이 일면 올레길 걷는 데 삶을 걸고, 러닝머신 붐이 일면 러닝머신 위에서 평생을 보낼 듯이 작정하고, 스크린골프가 유행을 타니 이젠 스크린골프장에 온 동네가 포위되었다.
그렇게 시대의 물살에 휩쓸려가지 않으면서 나만의 삶, 나만의 공간, 나만의 체험을 하는 삶은 정말 위험한 것일까? 정말 힘든 것일까? 정말 불가능한 것일까?

## 나는 대한민국 역사교사다

노기원 지음
224쪽
11,900원

**뉴라이트에 점령당한 한국사**

5천 년 전통의 이 나라에서는 역사 선생님 노릇 하기도 힘들 것이다. 도대체 어쩌란 말인지 나라도 답답하겠다. 광복절이 갑자기 건국절로 바뀌고, 독재자가 갑자기 나라의 성스러운 구세주가 되며, 철천지원수였던 침략자 일본 덕에 우리나라가 근대화되었다니, 사실은 안중근, 이봉창, 윤봉길, 유관순, 홍범도가 매국노였단 말? 오죽하면 역사교사께서 "나는 대한민국 역사교사다."라고 자기정체성을 확인하는 책을 집필하는 일이 벌어지겠느냐 말이다. 안타깝고 또 안타까운 대한민국의 현실이다. 그러나 새로운 국사 교과서가 검정을 통과했다니 싸움은 이제부터입니다. 선생님!

## 세일럼의 마녀들

로절린 섄저 지음
김영진 옮김
168쪽
10,900원

**1692년 마녀사냥의 비밀**

1692년 미국이라는 신대륙의 메사추세스 주 세일럼 마을에서 일어난 이 사건은 미국 역사상 최악의 마녀사냥 사건이다. 자신의 종교, 정치, 사상, 양심적 신념의 반대편에 선 사람들을 마귀 들린 사람으로 몰아 학살한 것이 어제 오늘의 일이 아님은 누구나 안다. 그러나 우리 모두 언제든 마녀사냥꾼이 될 수 있다는 사실을 아는 사람 또한 흔치 않다. 2013년 대한민국에서도 숱한 마녀사냥꾼이 존재하지도 않는 마녀를 찾아 두 눈을 희번덕인다. 그러나 이 책의 탁월함은 삽화에 있다. 역사상 가장 비극적인 사건을 누구나 이해하기 쉽게 정리한 이 책에서 삽화는 이야기를 재미있게 만드는 도구도 아니요, 내용을 쉽게 보이도록 하는 장치도 아니다. 삽화만으로도 역사의 실질에 접근할 수 있을 뿐 아니라 마녀사냥이라는 사건의 본질이 무엇인지를 잘 보여 주고 있으니 말이다.

## 트라우마 한국사회

**왜 우리 모두는 아플 수밖에 없을까?**

《불안증폭사회》로 낙양의 지가를 올린 심리학자 김태형 선생이 2013년 트라우마를 겪을 수밖에 없는 대한민국 사회와 시민에게 바치는 보고서.

아프니까 청춘이 아니라, 대한민국에서 태어났기 때문에 아픈 거란다,

애들아. 속지 말거라. 다른 나라 청춘들은 꿈을 갖고 젊은 날의 고뇌를 겪을지언정 아프지는 않단다. 베이비부머 시대의 주인공 여러분! 여러분도 마찬가지입니다. 베이비부머 세대라 당연히 고통을 받아야 하는 게 아니라 대한민국 사회가 여러분의 고통을 방치하기 때문에 아픈 거랍니다.

박홍순 지음
408쪽 내외
1권 14,900원
2권 15,900원

## 미술관 옆 인문학 2

**세상을 향한 미술과 인문학의 거침없는 크로스**

서해문집이 낳은 최대 모스트셀러이자 베스트북인《미술관 옆 인문학》의 두 번째 책. 첫 번째 책보다 더 깊고 높은 곳을 향해 나아간 책. 당연한 것 아닌가. 첫 책에서는 아무래도 대중들에게 익숙한 작품을 다루려는 경향이 있지만 한 걸음 더 나아가고자 하면 새로운 세상을 향하려는 마음이 강해지니 말이다. 그리고 독자 여러분의 지지가 확인되었으니 용감하게 새로운 세상에 도전할 수도 있고.

정세현 지음
352쪽
18,000원

## 정세현의 통일토크

**남북관계 현장 30년: 이론과 실제**

우리의 소원은 분열, 꿈에도 소원은 분단
이 정성 다해서 분열, 분열을 이루자
우리들 살리는 분열, 우리편 살리는 분단
분열이여 어서 오라, 분단이여 오라
이제 우리 사회에서 평화통일이니 공존이니 하는 따위 개념은 사라진 지 오래다. 지도층이 그런 사고를 가지고 있고 몇몇 언론이 이에 동조하고 그들에게 장악된 방송 또한 그 주구 역할을 충실히 하는 동안 통일이란 것은 쓸모없이 돈이나 드는 일로 치부되어 가고 있다.
남북관계의 현장에서 평생을 바쳤다고 해도 지나치지 않은 전문가는 이런 상황을 어떻게 이해할까. 그리고 그분이 개진하는 합리적 방안은 누구에게 수용될 수 있을까.
답답하고 또 답답하다.

**삽화 한 장을 보는 것만으로도 우리 상상력과 역사의식이 깨어나는 책.**

파란자전거

허영선 글
김종민 그림
11,000원

## 워낭소리

다큐멘터리 사상 최다 관객 동원, 300만 관객의 가슴을 울린 영화 〈워낭소리〉의 감동을 고스란히 담아 섬세하고 따뜻한 그림책으로 펴냈다. 늙은 소 방울이와 팔순 할아버지의 우정, 그들의 만남과 이별 이야기를 통해 인간과 자연의 따뜻한 소통과 위대한 사랑이 전해주는 가슴 뭉클한 감동을 느낄 수 있다.
사실 이 책 출간하기로 원작자와 계약한 지 어언 몇 년이 지났다. 가장 적절한 글과 그림 작가를 섭외하고 작가분들이 만족할 만한 작품이 나올 때까지 서두르지 않고 기다렸더니 워낭소리가 다 사라진 오늘에야 책이 나왔다. 그래서 그런지 언론에서도 별 관심을 보이지 않고, 오늘도 책은 창고에 쌓여 있다. 역시 출판은 적시에 이루어져야 하는데. 우린 그런 능력이 부족함을 뼈저리게 느낀다.

김릴리 지음
10,500원

## 두근두근 엘리베이터

**너른세상 그림책**

우웅우웅..크르릉크르릉... 아빠 코고는 소리가 아닙니다. 무시무시한 엘리베이터 소리입니다. 이 책의 주인공 서진이는 엘리베이터를 무지 무서워합니다. 어느 날, 유치원 버스에서 내린 서진이는 늘 마중 나오시던 엄마가 보이지 않는 것을 알게 됩니다. 집에는 가야하는데, 엘리베이터 타기는 무섭고.. 하지만 서진이는 주인공답게 용기를 내어 엘리베이터에 올라타지요. 이웃들이 하나둘 올라타고, 엘리베이터는 두둥실 공중으로 떠오릅니다. 서진이는 과연 엘리베이터를 타고 무사히 집에 잘 도착할 수 있을까요? 두려움과 호기심이 공존하는 묘한 공간, 엘리베이터 안에서 펼쳐지는 서진이의 성장 여행! 현대인의 불안과 외로움을 다룬 철학책이냐고요? 노노.. 엘리베이터 타기를 무서워하는 우리 아이들을 위해 토닥토닥 격려와 응원을 보내는 공감 그림책이랍니다.

안 얀켈리오비치 글
아르튀스-베르트랑 사진
김윤진 옮김
11,000원

## 세상을 바꾸는 아이들

**지구를 살리는 45명의 작은 영웅들**

유엔 홍보대사이자 〈하늘에서 본 지구〉로 유명한 프랑스 사진작가 얀 아르튀스-베르트랑과 함께하는 어린이와 청소년을 위한 환경 프로젝트! 《세상을 바꾸는 아이들》은 환경과 자연을 보호하기 위해 무언가 행동에 옮기기로 결심한 세계 여러 나라 아이들의 활동을 기사 형식(인터뷰와 사진)으로 소개하고 있습니다. 어른들도 불가능하리라 믿었던 일을 열정과 인내로 이뤄 낸 이 아이들이야말로 어른들이 귀 기울여야 할 미래, 그 자체 아닐까요? 아이들이 이렇게 열심히 세상을 바꾸는 동안, 어른인 저는 그동안 도대체 뭘 했던가.. 깊이 반성해 봅니다..OTL

## 우진이의 일기

조수진 글 · 그림
9,800원

애완동물, 장난감, 동생이랑 함께 놀 수 있어서 하루하루가 즐겁고 행복하기만 한 여섯 살 우진이. 그러나 어른들 눈에 비치는 우진이는 사고뭉치에다 짓궂고, 천방지축일 뿐이다. 하지만 여섯 살 우진이에게도 다 이유가 있으니…… 일상에서 늘 마주하는 우진이 또래의 아이들의 모습을 신나게 담아내고 싶었다는 저자의 의도가 우진이의 그림일기 형식을 빌려 아주 잘 드러나 있다. 아이들에게는 재미와 욕구 충족을, 어른들에게는 어린 시절로의 짧은 여행을, 엄마 아빠에게는 공감을 전해주는 좋은 책인 듯.

## 소녀소년 평등 탐구생활 착한사회를 위한 양성평등 이야기

**착한사회를 위한 탐구생활 시리즈**

양해경 글
권송이 그림
10,500원

십대 어린이와 청소년을 위한 사회인문 교양서 '착한사회를 위한 탐구생활' 시리즈 제 1권, 양성평등 이야기. 이 세상의 반은 여성이고 나머지는 남성이지만 모두 똑같은 인간이지요. 가치관을 확립하고 자아를 형성하는 시기인 어린이와 청소년들에게 여성과 남성이 다르지 않은 한 인간임을, 그리고 각각의 신체적 특징을 올바로 이해하고 받아들일 수 있는 마음을 갖도록 하는 것은 매우 중요합니다. 〈소녀소년 평등 탐구생활〉은 현장에서 활발한 상담 활동과 함께 양성평등교육에 힘쓰고 있는 양해경 선생님이 어린이와 청소년이 궁금해하고, 꼭 알아야 할 성에 관한 기본 교양과 지식을

다루고 있습니다. 어른인 저도 읽으면서 깜짝 놀랐던(미처 몰랐던 내용들이 많아..OTL) 착한 지식, 착한 교양이 가득가득 담긴 책입니다.

**옛날옛날에 문 따라 들락날락**

**문이 들려주는 설화 속 우리 역사**

**옛날옛날에 장승 따라 미주알고주알**

**장승이 들려주는 설화 속 우리 역사**

**옛날옛날에 탑 따라 돌고돌아**

**탑과 종이 들려주는 설화 속 우리 역사**

**옛날옛날에 다리 따라 흘러흘러**

**다리가 들려주는 설화 속 우리 역사**

**옛날옛날에 산성 따라 굽이굽이**

**산성이 들려주는 설화 속 우리 역사**

'설화 속 우리 역사'는 우리 조상들의 생활과 밀접하게 연관된 문화유산에 전해 내려오는 설화 속에 담긴 역사 이야기를 배울 수 있는 교양 시리즈입니다. 산성, 다리, 종과 탑, 장승, 문이 들려주는 재미있는 설화 이야기를 알찬 정보글과 생생한 사진 자료로 만날 수 있습니다. 민중들의 삶과 그들의 간절한 소망을 고스란히 담고 있는 문화유산에 담긴

조상들의 과학 지식과 지혜를 배워 보세요!

## 시꾸기의 꿈꾸는 수학교실

박현정 글
이미진 그림
11,900원

**1–2학년 편 추상성에 익숙해지는 머리 체조 단계**

**3–4학년 편 수학적 상상력을 높이는 꿈꾸는 세상 단계**

**5–6학년 편 수학적 사고에 익숙해지는 같은 문제 다른 생각 단계**

듣기, 말하기, 읽기, 쓰기로 배우는 새로운 방식의 초등 수학 공부법을 담은 책입니다. 스토리텔링을 뛰어넘어 일상 언어에서 수학적 개념이 어떻게 말해지는지를 알고, 그것이 기호로 어떻게 표현되는지를 통합적으로 경험하게 합니다. 오랫동안 수학 교육에 대해 고민하고 연구해온 저자가 제안하는 흥미로운 공부법을 그대로 담은 이 책은 교실에서 이루어지는 의사소통 과정, 이해와 응용 과정을 모두 담아낸 대안 교과서입니다.

## 백번 읽어야 아는 바보

**내가 쓴 동화라서 책 소개는 다른 사람이 했는데,**

김흥식 글
김수자 그림
9,800원

"독서백편의자현讀書百遍義自見"이라는 말이 있습니다. 책을 백 번 읽으면 그 뜻을 훤히 알 수 있다는 뜻이에요. 정신없이 돌아가는 현대 사회를 살면서 많은 책을 읽기도 바쁜데, 한 권의 책을 백 번 읽으라니, 도대체 말이 되는 소리일까요? 하지만 이 말을 그대로 실천한 이가 있었으니, 바로 조선의 독서광 김득신입니다. 10세에 글을 깨치고, 20세에 첫 글을지었으며, 59세에 어렵게 과거에 급제한 김득신. "바보"에서 조선 최고의 시인으로 인정받기까지 그의 공부법에는 어떤 진실이 숨겨져 있을까요? 《백번 읽어야 아는 바보》는 400년 전 서재에 꽂힌 책들의 생생한 증언으로 바보 도령 김득신의 치열한 책 읽기를 그려낸 판타지 역사 동화입니다. 자신의 부족함을 노력으로 극복해 벼슬길에 오르고 훌륭한 시를 남긴 시인 김득신이 서재에 꽂힌 책들을 살려내 그의 어릴 적 이야기를 생생하게 들려주면서, 책을 읽는 태도와 책을 읽는 즐거움에 대해 속속들이 들려줍니다.

## 안녕! 만나서 반가워

한성민 지음
11,900원

**너른세상 그림책**

너른세상그림책 시리즈. 살 곳 갈 곳을 잃어 조금은 까칠해져버린 위기의 해양 동물들 이야기다. 얼음이 녹아 살 곳을 잃은 북극의 바다코끼리와 남극 펭귄, 그리고 태풍과

두바퀴
고학년
책읽기

# 백번 읽어야 아는 바보

김흥식 글 | 김수자 그림

파란자전거

해일, 가뭄으로 몸살을 앓고 있는, 지구 반대편에 사는 듀공과 매너티 이렇게 각각 사는 곳도 다르고 생김새나 성격도 너무너무 다른 이 네 동물 친구들이 어느 날 미국 남동부 해안가에서 딱 마주쳤다. 다들 생전 처음 보는 친구들 모습에 조금은 놀라기도 했지만 특유의 친화력으로 반갑게 인사하며 소개를 한다. 하지만 각자가 털어놓는 그들의 속사정은 썩 반갑지만은 않은데…. 동글동글 귀엽게 생긴 해양 동물들이 털어놓는 삶의 터전 이야기! 《안녕! 만나서 반가워》를 통해 공기와 흙과 물과 바람, 그리고 모든 동식물이 조화롭게 다투지 않고 건강하게 살아가는 지구를 꿈꿔 보자.

## 책 읽기 싫은 사람 모두 모여라!

프랑스와즈 부셰 ~~
백수린 옮김
9,500원

세계가 지성과 전쟁중이다. 아니, 독서와 전쟁중이다. 갈수록 천박한 텔레비전과 영상, 스포츠, 연예인이 삶을 지배하니 얼마 가지 않아 이 세상의 주인은 머리가 빈 풍선들이 되지 않을까 걱정이다. 책 읽어서 머리가 무거워진 사람들은 하늘로 뜨지 못해 뒤처질 것은 뻔한 이치고.
그래서 이 책을 출간했다. 프랑스에서 화제의 중심에 서 있는 프랑스와즈 부셰는 책이 갖는 현실적인 힘과 의미를 매우 즐겁게, 그래서 다섯 살짜리 아이부터 80 드신 어르신까지 누구나 쉽게 이해할 수 있도록 놀라운 책을 만들어냈다. 자기가 아이디어 내고 쓰고 그리고 하면서.
아이가 책을 안 읽는다고요? 그럼 이 책을 안겨주십시오. 책에 대한 생각이 완전히 바뀔 테니까요.

## 도대체 엄마 아빠는 왜 그럴까?

**내가 이해할 수 없었던 엄마 아빠의 모든 것**

프랑수아즈 부셰 ~~
박정연 옮김
9,800원

이 책은 부셰의 최신작인데, 부모님을 이해하지 못하며 갈등을 일으키는 아이들에게 부모님을 이해하고 갈등을 해결하도록 하기 위해 쓴 걸작이다. 혹시라도 부모님과 티격태격하는 아이들, 아이들을 이해하지 못해 고통받는 부모님 모두에게 좋은 길잡이가 될 것이다. 그 과정에서 얻는 독서의 재미는 과외의 선물이고.

## 난 낱말 사전이 좋아!

프랑수아즈 부셰 ~~
송아리 옮김
10,900원

이 책 또한 독서라는 것이 가져다주는 어휘력이 얼마나 대단한가를 교훈적으로 설파하는 대신, 즐겁게 놀고 만들고 스스로 행하면서 깨닫도록 만들었다는 데 그 놀라움이 담겨 있다.

낱말, 즉 어휘력이 뛰어난 아이들은 독서를 많이 한 아이들의 공통점이요, 훗날 언어나 논술 등에서 뛰어난 실력을 발휘하는 데 필수적인 요소이니, 이 책 한 권의 장점을 한두 줄로 표현하기는 힘들 것이다.

프랑수아즈 부셰 지음
박정연 옮김
10,900원

## 사랑과 우정 전문가 러브러브 박사의 절친 만들기 프로젝트

타인에 대한 배려보다는 오로지 경쟁을 통해 타인을 이기고, 자기의 성취만을 추구하도록 교육받는 오늘날 우리 아이들에게 타인과 함께 사는 법의 즐거움과 유익함을 습득하게 해줄 만한 책이다. 나 아닌 다른 사람들을 대하는 기본은 사랑이라는 주제를 누구도 상상 못한 기발한 상상력과 유머로 풀어냈다. 아이들의 눈높이에서 그들의 마음을 꿰뚫어보듯 고민과 갈등을 짚어내고, 해결법 또한 그들의 방식으로 시원하게 제시한다.

프랑수아즈 부셰 지음
최성웅 옮김
9,800원

## 행복사전

**행복을 부르는 마법의 책**

프랑스 아이들과 엄마들의 사랑을 한몸에 받고 있는 작가 프랑수아즈 부셰가 들려주는 행복 이야기! 유머로 소통하고 작품 속에서 웃음을 끊이지 않게 하는 작가 프랑수아즈 부셰가 아이들은 물론 엄마 아빠를 비롯한 어른들이 가지고 있는 고정관념을 단번에 날려주면서 행복해질 수밖에 없는 방법들을 낱낱이 소개한다. 〈르몽드〉 지에서 '독자를 움직이는 마법사'라고 극찬한 프랑수아즈 부셰의 이번 작품 또한 권위적이고, 교육적이고, 규율과 틀에 얽매이지 않는, 초등학생이 그린 듯한 '조금 엉망인'(저자의 말에 의하면) 형형색색의 그림과 그 누구도 상상 못한 재미와 유머로 가득 채워 아이들의 마음뿐만 아니라 어른들의 마음까지도 행복하게 움직인다.

프랑수아즈 부셰 지음
최성웅 옮김
9,800원

## 외계인 소녀 원시인 소년

**여자아이와 남자아이에 관한 알쏭달쏭 모든 것**

세계 20여 개국 번역 출간, 프랑스를 뒤흔든 베스트셀러 작가, 웃기다면 웃기고 이상하다면 이상하고 기발하다면 기발한 작가 프랑수아즈 부셰가 들려주는 여자와 남자에 관한 모든 것! 여자와 남자의 신체 특징과 성장하면서 겪는 다른 모습, 우정과 사랑을 대하는 남자와 여자의 다른 모습, 남자와 여자에 관한 몇 가지 고정 관념을

# 도대체 출판을 오기

출판에는 단 두 가지 방식만이 있습니다.
첫째는 돈 되는 출판. 오늘 어떤 인터넷 서점에는 《부자의 그릇》이라는 책이 대문짝만하게 소개되었네요. 이 책을 출간하면서 우리 문화의 발굴, 보관, 계승, 창조 같은 구닥다리 단어를 염두에 두진 않았겠지요.
그러나 그런 게 아닙니다.
두 번째가 그런 출판인데요. 안 팔려도 겨레, 아니 나아가 인류의 다양한 문명과 문화를 발굴, 보존, 계승, 창조해 나가는 데 필요한 책을 출간하는 것이죠. 이런 책은 100권만 필요해도 출간해야 하죠. 그래야 그 100권을 모태로 100만 명이 읽을 새로운 상상력이 태어날 테니까요. 팔리지 않는 책을 내는 출판사가 바보라서 그런 책 내는 게 아닙니다.

그런데 오늘 도서출판 서해문집의 어린이 책 브랜드인 〈파란자전거〉는 이도 저도 아닌 세 번째 출판 방식을 고집합니다. 이른바 오기 출판!
도대체 출판을 오기로 해서야 되겠습니까? 안 되겠지요. 그러나 예외 없는 규칙은 없다나?

프랑수아즈 부셰라는 프랑스의 젊은 작가가 있습니다.
이 사람, 상상하기 힘든 어린이 책을 지속적으로 출간하는데, 입시에 찌들지 않은 프랑스(이곳은 대학도 파리1대학, 파리2대학..... 하듯 학벌 중심 사회를 타파하는 데 앞장서고 있다죠. 그런데도 나라가 거덜나지 않는 걸 보면 우리처럼 일류병 안 걸리고도 잘살 수 있는 사례로 삼을 수 있을 듯)에서는 엄청난 인기를

끌고 있답니다.
그런데 이런 대단한(?) 책이
될 수 있었던 것은 역시 성적
제대로 파악하지 못한 유일한
그래서 《책 읽기 싫은 사람
까?》, 《난 낱말사전이 좋아!》
만들기 프로젝트》가 모두 손
그래도 오기가 있지. 그래서
마법의 책》과 《외계인 소녀
쏭달쏭 모든 것》, 두 권.
《외계인 소녀 원시인 소년》은
를 약간 알려주면서 두 존재
아가 서로가 서로를 받아들여
신나고 재미있게 설명하기도
《행복사전》은 어른들까지 감
지요. 물론 독창적이며 솔직
를 이끄는 것은 두말할 나위
그러나......
신나고 창의적이며, 자르고
며진 앞의 책들도 독자를 찾
출간에 소요된 돈이 아까운
염두에 두어야 하는 우리 아

깨기 위한 재미있는 해결법 등을 소개한다. 마지막으로 남녀평등을 위해 모두들 힘을 모으자고 외치며 서로 이해하고 배려하는 것만이 모든 문제의 해답이라고 말한다. 작가는 사물에 대한 시선을 교육적인 테마와 결부시키는 탁월한 재능을 발휘해 재치 가득한 유머와 다소 엉뚱하고 기발한 발상으로 양성평등에 관한 이야기를 들려준다.
광고 ; 도대체 출판을 오기로 해서야 되겠느냐?

# 해서야 되겠느냐?

. 없는 〈파란자전거〉에서 출간
우리나라 학부모들의 속성을
문인 듯합니다.
도대체 엄마 아빠는 왜 그럴
전문가 러브러브 박사의 절친
니다.
이《행복사전-행복을 부르는
자아이와 여자아이에 관한 알

이들에게 남자와 여자의 차이
해하며 공존할 수 있는지, 나
회를 만들 수 있는지를 이토록

끌고 가는 행복으로의 안내서
상상하기 힘든 시각으로 우리

각하고 참여하는 내용으로 꾸
두 책도 그럴 거라고 생각하니
! 책 대신 오로지 학습, 학습만
뿐입니다.

그러나 상상하고 창조하지 못하는 아이들이 성공하는 시대는 지나갔습니다. 21세기 중반(지금 초등학교 아이들이 살아갈 사회는 2050년대임을 잊지 마십시오)을 살아갈 아이들이 읽어야 할 진짜 학습서는 바로 창조력, 상상력, 입체력을 직접 체험하는 책이라고 믿기에 다시 상상초월 부셰 책을 오기로 출간합니다.

**잠자는 숲 속 친구들**

영국에서 활동하는 그림책 작가로 , 다채로운 이미지, 화려한 색채, 개성 있는 이야기 구성으로 전 세계 어린이들에게 사랑 받는 나일성 선생님이 잠자는 숲 속의 동물 친구들의 모습을 담은 그림책입니다. 밤의 숲 속에는 여러 종류의 동물 친구들이 쿨쿨쿨 잠을 잡니다. 서서 잠을 자는 친구도 있고, 눈을 뜨고 자는 친구도 있고, 헤엄치며 자는 친구들도 있지요. 낮에 잠을 자고 밤에 활발히 움직이는 부엉이와 함께 다양한 동물 친구들의 잠자는 모습을 둘러보는 특별한 여행을 시작하세요.

## 쉬이잇

나일성 글 · 그림
10,900원

**갓 태어난 숲 속 친구들**

세계 언론 찬사를 받은 나일성 선생님의 숲 속 친구들 그림책. 숲 속에서 태어나는 아기 동물들 이야기를 담은 그림책입니다. 세상이 초록으로 물들고, 꽃봉오리가 팡팡 터질 때면 곳곳에서 아기 동물들이 태어납니다. 행복과 기쁨에 찬 다채롭고 대담한 색채들이 아기 동물이 태어난 날을 환희 밝혀 주고, 단순하면서도 절제된 이야기는 시적 울림을 줍니다. 아빠 오리와 함께 갓 태어난 다양한 숲 속 친구들을 만나는 따뜻하고 행복한 여행을 시작하세요.

## 봄 숲 봄바람 소리

우종영 글
하수정 그림
최지은 작곡
10,000원

**숲소리 그림책**

나무 의사 우종영 선생님이 전하는 살아 있는 숲의 메시지, 숲소리 그림책 시리즈 봄의 숲 소리 편. 찬 기운을 몰아내는 따뜻한 봄바람 소리를 담은 그림책입니다. 윙윙, 휭휭, 빙글빙글, 뱅글뱅글. 봄의 전도사 바람은 거센 기운으로 찬 공기를 몰아내고, 부드러운 기운으로 꽃망울을 터뜨리며, 따뜻한 기운으로 새싹을 돋게 하고, 다양한 소리를 내며 숲 속 친구들을 설레게 합니다. 생명의 탄생을 알리는 봄바람 따라 소중한 숲 소리를 배워 봅니다.

## 여름 숲 모뽀리 소리

우종영 글
함명곤 그림
10,000원

**숲소리 그림책**

계절마다 다채로운 숲의 소리를 아름다운 우리말과 그림으로 담아낸 '숲소리 그림책' 시리즈 여름 숲 편. 나무 의사 우종영 선생님이 들려주는 싱그러운 여름 숲 동요 그림책이다. 운율을 최대한 살려 기운찬 생명력을 담은 다양한 소리를 글과 그림으로 담아냈다. 자연의 소리와 글의 운율에 맞춰 작곡한 창작동요를 실어 QR코드와 출판사 홈페이지를 통해 무료로 듣고 다운로드할 수 있도록 제공한다.

## 가을 숲 도토리 소리

우종영 글
하영 그림
10,000원

**숲소리 그림책**

계절마다 다양한 숲소리를 담아 낸 '숲소리 그림책' 시리즈 첫 권, 가을 숲소리 편입니다.

숲은 계절마다 바뀌며 온갖 소리를 품고 있습니다. 풀벌레 소리, 새소리, 빗소리, 열매 떨어지는 소리 등 온갖 생명의 소리로 가득하지요. 5~6세 유아들은 오감이 성숙해지고 사물의 이름에 관심을 갖기 시작하는 때이기 때문에 숲은 아이들에게 가장 훌륭한 배움터입니다. 이 책은 나무 의사로 유명한 우종영 선생님이 참나무 한 그루에서 떨어지는 도토리들이 다시 싹을 틔워 큰 숲을 이루는 꿈을 아이들에게 전하고 싶어 세상에 태어난 책이에요. 어린이가 직접 작곡한 가을 노래의 악보도 수록되어 있으며 홈페이지에서 아이들이 부르는 동요를 다운 받아 들어볼 수도 있어요.

우종영 글
하수정 그림
10,000원

## 겨울 숲 엄마 품 소리

**숲소리 그림책**

나무 의사로 유명한 우종영 선생님이 펴낸 숲소리 그림책 시리즈. 숲소리 그림책은 숲에서 들려오는 소리를 운율을 최대한 살린 시적인 글과 아름다운 그림으로 담아내고, 사계절의 숲 소리를 연상케 하는 동요를 듣고 따라 부르며 즐겁게 볼 수 있는 놀이 그림책입니다.《겨울 숲 엄마 품 소리》는 땅속, 나무 속, 얼음 밑, 굴 속 등 보이지 않는 소리인 만큼 조심스럽게 다가가 오래도록 기다리는 인내가 있어야 들을 수 있는 겨울 숲 소리를 통해 보이지 않는 것에 대한 소중함과 자연의 위대함을 아이들에게 전하고자 합니다.

크리스토프 도네 글
마뉘 라르스네 그림
10,900원

## 아무거나 먹어 치우는 늑대

**너른세상 그림책**

《아무거나 먹어 치우는 늑대》는 아이들이 모두 하나씩은 가지고 있는 잘못된 습관, 나쁜 버릇 고치기에 대한 이야기를 재미있는 우화 형식으로 들려주며 공감과 재미를 이끌어 내는 그림책입니다. 꺼억꺼억~ 뿡뿡뿡~ 잘근잘근~ 후비적후비적~ 온갖 지저분한 버릇이란 버릇은 다 가지게 된 늑대의 엉뚱하고 기막힌 상황이 폭소를 자아내게 하는 동시에, 아이들이 자신의 버릇이나 행동에 대해 스스로 생각해 볼 수 있도록 합니다.

매티아 하비 글
엘리자베스 지켈 그림
이현정 옮김
8,900원

## 키 작은 장군과 커다란 눈송이

**세바퀴 저학년 책읽기 12**

현실주의자 군대의 키 작은 장군과, 세상에 있을 수 없는 커다란 눈송이가 그리는 꿈과 상상력 속 평화와 연대 이야기! 눈에 보이는 현실만 믿는 현실주의자 군대의 키 작은 장군이 '상상하기'를 시작하면서 겪는 따뜻한 변화를 그린 창작 동화입니다. 어느 날, 키 작은 장군은 정원의 전나무에 커다란 눈송이 하나가 매달려 있는 것을 목격하고, 자신이 '상상력'이라는 불치병에 걸려 눈에 자꾸 헛것이 보이는 거라고 생각하지요. 키 작은 장군은 상상력이라는 병(?)을 치유하고 이전의 평화로운 일상으로 돌아갈 수 있을까요?

## 법, 법대로 해!

정관성 글
이영림 그림
김남주 변호사 감수
10,900원

털보 할아버지와 삼총사가 전하는 우리 동네 법 이야기입니다. 법을 전공한 저자가 어렵고 고리타분한 법 이야기를 어린이들이 쉽게 접할 수 있도록 재미있는 생활 동화로 엮었습니다. 주인공 '아영이'와 친구들이 생활 속에서 겪은 이야기를 통해서 평범하지만 꼭 알아야 하는 우리 사회의 법 이야기를 들려줍니다. 정당방위, 선거, 인권 보호를 위한 다양한 법의 원칙들, 사법살인, 집회와 시위, 차별과 불평등, 국제 분쟁 등 일상에서 그냥 지나치기 쉬운 역사와 생활 속 법 이야기를 속속들이 파헤치며 민주주의 정치 제도, 인권, 다문화, 선거, 저작권, 국제법 등 어린이들이 꼭 알아야 할 주제를 중점적으로 담아냈습니다.

## 날아라, 삑삑아!

권오준 글
김주경 그림
9,800원

**물을 싫어하는 물오리의 아름다운 비행**

생태동화작가로 이름이 높을 뿐 아니라 어린 친구들을 사로잡는 강연으로 전국적인 명성을 얻고 있는 권오준 작가가 공공연하게 자신의 대표작 가운데 하나가 될 거라고 한 책이 운이 좋게도 우리 출판사에서 나왔다.

"《날아라, 삑삑아!》는 실화이다. 회색도시 한켠에 자리잡은 물오리들의 천국 벼랑연못에서 어미에게 버림받고 갈 곳 없는 흰뺨검둥오리를 입양해 야생성을 잃지 않도록 해 자연으로 돌려보내기까지의 1년 남짓의 기록이다."

이 책 소개글은 거짓이 아니다. 그러니까 작가가 우연히도 흰뺨검둥오리를 입양해 아파트 베란다에서 키워 자연으로 돌려보내기까지의 기록을 사진과 그림, 그리고 글로 표현해 꾸민 책이《날아라, 삑삑이!》이다.

참 놀랍지 않은가. 이런 아름다운 일이 벌어지고 있는 곳이 이 땅이기에 절망 속에서도 살아갈 만하고 우리 후손에게 물려줄 책임 또한 클 것이다.

**나무 의사 우종영 선생님! 감사합니다. 사계절을 이리도 아름다운 모습으로 표현해 주신 덕에 아이들이 처음 맞는 계절을 참으로 기쁘게 느끼게 되었답니다.**

숲 소리 그림책을 쓰신 우종영 선생님은 나무 의사로 유명합니다. 눈이 오나 비가 오나 하루도 거르지 않고 가까운 산부터 먼 산까지 오르며 산속의 나무들을 챙기며 생활하지요. 나무와 숲에 관한 강연과 숲 해설가 양성에도 힘쓰고 있으며, 아이들과 숲을 다니며 나무와 숲을 알려 주는 활동에도 열심입니다. 우종영 선생님은 도시가 확장되면서 아파트와 편의시설이 산을 잠식해 숲의 확장을 막는 모습이 안타까워서 숲소리 그림책을 쓰셨습니다. 참나무 한 그루에서 떨어지는 도토리들이 이곳저곳에서 충실히 새싹을 내고 숲을 이루는 꿈을 아이들에게 전하고 싶었다고 합니다.

김이경 글
김수자 그림
9,000원

## 서울 성곽길

**600년 역사의 시간을 품은** 아름다운 우리 땅 우리 문화 06

9,000원인 이 책은 표지 그림 한 장만 소유해도 본전은 뽑는 겁니다.

아름다운 우리 땅 우리 문화 시리즈는 한 권 나오는 데 워낙 오래 걸려서 십 년 가까운데도 고작 6권뿐인데, 특히 이번 책은 더 그렇다.

제가 거짓말 하는 것 같으면 다음 그림 한 번 보십시오.

## 꿀꺽, 과학을 먹어요!

앤 매컬럼 글
리자 에르난데스 그
강미경 역
11,000원

요리에 과학이 숨어 있다!
뭐 이런 말에 속아 책을 사는 분은 안 계실 것이다. 그래서 이 책도 별로 안 팔린다.
다만 요리 속에서 과학은 안 찾는다 해도 아무 생각 없이 온갖 요리를 먹이지는 말았으면 한다. 요즘 아이들 보면 그 무거운 몸을 이끌고 무슨 생각을 할 수 있을까, 아니면 자신이 필요할 때 행동하고 참여할 수나 있을까 싶으니까 말이다.
책 파는 것보다 더 중요한 것이 아이들 미래가 밝도록 기성세대가 노력하는 것일 텐데, 고작 아이들을 위한 일이 먹이고 입히고 오냐, 오냐 하며 남에게는 무슨 잘못을 저질러도 자기 자식만 받드는 것이어서야 되겠느냐 말이다.
내 주위에도 하루 종일 채소 한 줌 먹지 않고 오직 소고기, 닭고기, 돼지고기만 먹으면서 사는 아이들이 있는데, 더욱 놀라운 것은 부모가 그런 아이에게 채소를 먹어야 한다고 야단치지 않는다는 말이다. 이럴 때는 안 먹이는 것이 사랑의 매다.
라자냐 만드는 과학 - 라자냐는 퇴적층과 같다나 뭐라나!

## 떠돌이별

**두바퀴 고학년 책읽기**

원유순 글
백대승 그림
10,900원

이 책의 작가 원유순 선생님(진짜 초등학교 선생님이시라서 이렇게 부르는 것이다)께서는 《열 평 아이들》, 《날아라 풀씨야》, 《까막눈 삼디기》, 《콩달이에게 집을》, 《아빠와 토스트》, 《빵 터지는 빵집》, 《여자애들은 왜?》 같은 유명한 작품을 무수히 발표하신 분인데, 참 우리 출판사에서 동화를 출간하실 줄은 나도 몰랐다. 요즘 파란자전거 편집부가 잠을 못 잔다는 소식이 내게까지 들려온다. 유명하신 선생님 작품을 받아 출간했는데…… 왜 그런지 아시겠지요? 도대체 우리는 언제나 작가분들에게 떳떳할 수 있을까?

## 수염 전쟁

**세바퀴 저학년 책읽기 015**

신정민(신지민) 글
이경석 그림
8,900원

내 수염이 잘났네, 니 수염이 잘났네,
코피 터지게 싸우고 턱 빠지게 다투는
콧수염 마을과 턱수염 마을의 난리법석 평화 프로젝트!
누구나 다 알지만 모두가 모른 채하는
수염에 얽힌 비밀과 대 반전이 지금 펼쳐집니다!

왼쪽으로
돌기!!
빵
왼쪽으로 차기
왼쪽 손으로 밥먹기
왼쪽 손으로
코파기
후비적

가재수염, 메기수염, 물개수염, 몽당수염, 코딱지수염…….
저마다 개성 넘치는 수염을 가진 두 마을 사이에
시끌벅적 야단법석 한바탕 싸움이 일어났어요.
티끌만한 일로 옥신각신 티격태격 안달복달
누가 옳은 말을 해도 무턱대고 반대부터 하고 봐요.
과연 콧수염, 턱수염 마을은 평화를 되찾을 수 있을까요?
두 마을이 사이좋게 지내려면 어떻게 해야 할까요?
전쟁을 벌이는 양측의 수염 형태가 보이시나요?

## 조선 갑부 흥보의 흥보은행 설립기

**2014 우수출판콘텐츠 제작지원 선정도서**

김이수 글
유설화 그림
11,900원

이 책은 지난 호 〈산책〉에 소개된 바 있다. 그런데 도대체가 팔리지 않는다. 분명 재미도 있을 뿐 아니라 아이들에게 놀라운 상상력과 창의력, 게다가 경제적 지식까지 더해주는데.
어느 정도냐고? 사실 이 책을 읽는 독자는 다 읽을 때까지 그저 웃고 신나게 놀기만 하는데 마지막 장을 덮고 나면 "어? 어느 새 내가 경제학자가 되어 있네." 하고 깨달을 정도다.
그런데 왜 안 읽는지 정말 답답하다.
내가 이 책 몇 권 팔아서 돈을 벌려고 이렇게 발악을 하겠는가?
절대 아니다.
다만 이런 즐거움을 우리 아이들과 함께 나누지 못하는 것이 너무나 안타까워 절규하는 것이다.
제발 학습과 관련이 없어도 이런 책 한 권 읽혀주세요.
학습과 직접 연관이 없는 책이 오히려 아이들의 창의력과 상상력을 일깨워서 훗날 탁월한 아이로 성장시킨단 말이에요.

이제 이 책 소개할 시간은 1분밖에 남지 않았습니다.
너무 많은 분이 관심을 갖지 않으셔서 모든 상담원이 쉬고 있으니까 자동주문전화 같은 건 찾지도 마시고요.
11,900원, 인터넷 서점에서 할인받고 적립금까지 받으면 9,900원대, 아니 1만 원대에 흥보와 놀보, 심청이, 춘향이, 몽룡이, 홍길동, 변사또에 월매와 향단이까지 다 만날 기회는 없다는 사실을 아셨으면 좋겠어요. 이 많은 사람 얼굴만 보기에도 싼 가격인데,

물고기 한마리에 '한 냥' 받을때
꽃신 한 켤레에 얼마요?
닷냥 입니다요~
물고기 한마리에 '백 냥' 받을때
꽃신 한 켤레에 얼마요?
이천냥만 내소!
돈은 예전보다
많이 버는데,
어째서 살기는
더 힘들꼬?

박을 살짝 내다본 호랑이는 깜짝 놀랐어!
36계 줄행랑
우당당
에구, 깜짝이야!
그러고는 꽁지가 빠지게 도망치기 시작했다.
와우!
왕은 고민 끝에
큰 결심을 했어.
사랑하는 공주를 웃게 하는 자에게 후한 상을 내리겠다. 또한 공주와 결혼 시켜 이 나라의 왕위를 물려주겠노라!
펄럭.
왕이시여 신상품 바지입니다.
온 나라에서 많은 사람들이 공주님을 웃기려고
성으로 성으로 몰려들었지.
뜨거운 열기 속에서 드디어 첫 번째 도전자가 나섰어.
잘생긴 외모로 소문이 자자한 이웃 나라의 왕자였어.
반짝
반짝

게다가 온갖 황당무계한 이야기까지 전해드린다니 지금 당장 전화 주세요.

강경수 글 · 그림
9,800원

## 우당탕

**게으른 호랑이 길들이기 / 너른세상 그림책**

2011년 볼로냐 국제어린이도서전에서 논픽션 부문 라가치 상을 수상한 강경수 작가의 새로운 책. 우리나라 전래동화를 패러디해 재구성한 독창적이고 흥미진진한 이야기가 펼쳐진다. 〈호랑이와 곶감〉 이야기를 모티브로, 무서운 곶감에게 쫓기는 호랑이가 겪는 사건들이 여러 전래동화 속 호랑이 이야기와 절묘하게 맞물려 전개되는 이야기가 읽는 재미를 더한다.

강경수 글 · 그림
9,800원

## 쿠당탕

**장화 신은 고양이의 운수 좋은 날 / 너른세상 그림책**

《우당탕》에 이는 전래동화 패러디 그림책 2편. 1편에 등장하는 주인공 게으른 호랑이 대신 게으른 고양이가 등장한다. 〈황금알을 낳는 거위〉의 줄거리를 모티브로, 웃지 않는 공주를 웃기기 위한 장화 신은 고양이의 요절복통 활약상이 펼쳐지며, 피노키오, 아기돼지 삼형제, 후크선장 등 다양한 전래동화 속 주인공들이 등장한다. 강경수 작가의 만화적 상상력과 독창적이고 개성 넘치는 이야기 구성이 감성과 지성을 자극하는 탁월한 작품.

한성민 글 · 그림
9,800원

## 빨간지구만들기 초록지구만들기

**너른세상 그림책**

지구의 온난화를 부추기는 사례들과 지구의 환경을 지키는 사례들을 소개하는 환경 그림책이다. 빨간 지구를 만드는 습관은 책의 앞쪽, 초록 지구를 만드는 습관은 책의 뒤쪽에 각각 배치해 빨간 지구와 초록 지구의 환경을 선택해 볼 수 있도록 만들어, 우리의 작은 의지에 따라 만들어질 지구의 환경에 대해 생각해 보게 한다. 섬세한 종이 오리기 기법을 사용한 작품이다.

## 금동향로 속으로 사라진 고양이

이하은 글
김태현 그림
8,900원

**세바퀴 저학년 책읽기 13**

저학년을 위한 창작동화 시리즈 세바퀴 저학년 책읽기 13번째 책. 금동향로를 타고 백제 시대로 건너간 겁 많고 소심한 고양이 재롱이가 전설 속 호랑이를 만나 펼치는 판타지 모험 동화. 소심한 고양이 재롱이가 어느 날 실수로 할머니의 금동향로 속으로 빨려 들어가게 되면서 전설 속 호랑이 삼촌들을 만나 환상의 모험을 펼치게 된다. 진정한 용기란 바로 누군가를 진심으로 아끼고 사랑하는 마음에서 나오며, 그러한 용기는 바로 자기 자신 안에서 발견하는 것임을 일깨워 준다.

## 애기 해녀 옥랑이 미역따러 독도 가요!

허영선 글
김금숙 그림
11,900원

너른세상그림책 시리즈. 독도로 물질을 하러 갔던 제주 해녀 옥랑 할머니의 실제 이야기를 바탕으로 재구성한 그림책입니다. 일제 강점기 때도 제주 해녀들은 동해 바다, 서해 바다, 일본, 중국, 러시아의 먼 바다까지 물질을 떠났던 용감한 바다의 딸들입니다. 아기 해녀 옥랑이는 어른들과 함께 처음으로 독도에 들어가 물질을 시작합니다. 엄마 생각에 눈물이 그렁그렁할 때도 많았지만, 태곳적 신비를 간직한 섬 독도의 아름다움에 흠뻑 빠져들지요. 소라며 전복이 지천에 널려 있고, 미역들은 섬 둘레로 춤을 추고, 갈매기와 강치들도 귀엽기 짝이 없습니다. 프랑스에서 활발한 작품 활동을 펼친 화가 김금숙이 제주 해녀들의 강인한  모습과 아름다운 독도 바다를 힘 있는 붓질과 다채로운 색감으로 표현해냈습니다.

하영 글 · 그림
10,900원

## 걷는 게 좋아

**너른세상 그림책**

너른세상 그림책 시리즈. 무엇이든 처음 시작하는 아이의 마음을 자연과 어우러진 다양한 걸음걸이로 생동감 있게 표현해 낸 첫걸음 그림책이다. 한 발 한 발 나아가면서 빨리 걸어 보고 천천히 걸어 보고, 때론 멈춰 서서 과거와 미래가 연결된 길 위에 지금의 '나'와 주변을 돌아보는 아이를 통해 '시작'이라는 주제를 담아냈다. 아이가 다양한 동물들의 걸음걸이를 흉내 내며 걷는 모습을 재미있게 표현한 그림과, 다양한 의태어로 운율을 살려 쓴 글은 세상을 향해 걸음을 막 뗀 아기의 설레는 마음을 그대로 담아 전한다.

장수민 글
조윤주 그림

## 비밀 귀신

파란자전거의 저학년 창작동화 시리즈 세바퀴저학년책읽기 17권. 우리가 나눈 비밀들의 거짓말 같은 세상 탈출 이야기! '발 없는 말이 천리를 간다'는 속담처럼, 묵고 묵어 힘이 세진 비밀 이야기들이 와글와글 살아나 멀리멀리 퍼져나가면서 상상도 못할 일들이 벌어집니다. 《비밀 귀신》은 사람에 대한 험담이나 편견 섞인 말들이 어떻게 사람들 사이에서 오해를 불러일으키고 큰 파장을 불러오는지 '유령, 귀신'이라는 소재를 이용해 재미있게 풀어냈습니다. 이야기 속 단짝친구 예나와 소희는 나날이 부풀려지고, 수도 늘어나고, 붙잡을 수도 없는 비밀 귀신들을 당해낼 수 있을까요?

## 막막골 훈장님의 한글 정복기

**세바퀴 저학년 책읽기 14**

김은의 글
한상언 그림
8,900원

한자는 줄줄 꿰고 있지만 한글은 모르는 예순다섯 나기모 옹과, 그런 나기모 할아버지에게 한글을 가르치는 사고뭉치 열 살 희망이의 좌충우돌 한글 떼기 대작전을 그린 동화. 한글만 써 온 아이들과 한자만을 고집하는 막막골 훈장님의 팽팽한 신경전을 유쾌하게 담아냈다. 세대도 다르고 환경도 다른 곳에서 자라고 생활해 온 두 사람의 만남을 통해, 기모옹와 희망이가 어떻게 서로를 알아가고 이해하며 친구가 되어 가는지를 보여 준다.

## 꼬르륵

**너른세상 그림책**

이성률 글
하영 그림
9,800원

2008년 서울신문 신춘문예 동화 부문 당선작을 그림책으로 만들었다. IMF 이후 힘들었지만 마음만은 따뜻했던 우리 이웃의 모습을 담은 꼬르륵은 단순히 배고픔을 뜻하는 것이 아니라 기다림, 안타까움, 그리움, 고마움을 담고 있는 단어다. 주인공 일곱 살 동동이와 혼자 사는 할머니와 무료 도시락을 배달하는 대학생의 행동이 온화하고 포근한 하영 작가의 그림을 만나 순수함, 따뜻함, 감사함을 담뿍 담은 이야기로 탄생했다.

## 아홉 형제 용이 나가신다

**여동생 금오를 찾아서 아홉 형제 용이 나가신다/ 너른세상 그림책**

배유안 지음
강혜숙 그림
10,900원

우리나라에 많은 영향을 미친 중국 명나라의 호승지가 쓴 〈진주선〉에 나오는 '용생구자' 설을 바탕으로 각각 하는 일이 다르고 생김새도 개성 있는 용의 아홉 아들들을 주인공으로 흥미진진한 창작 그림책을 엮어 냈다. 손에 땀을 쥐게 하는 빠른 사건 전개와, 우리나라 전통 오방색을 사용해 아홉 형제 용들의 특징을 잘 살려낸 그림이 돋보인다.

## 형이 짱이지?

정다이 지음
10,900원

너른세상그림책 시리즈. 동생에게 늘 최고이고 싶은 세상 모든 형들의 기상천외한 허풍들을 담은 이야기! 아이들의 마음에 들어갔다 나오기라도 한 듯 가려운 곳을 콕콕 짚어 웃음보를 터뜨리는 정다이 작가의《형이 짱이지?》는 남자 아이라면 누구나 가지고 있을 과시, 허풍, 마초적인 성향들을 순수한 어린이의 상상력으로 재미있게 풀어냈습니다. 엄마, 아빠, 선생님들에게는 우리 아이들의 속마음을 들여다볼 수 있는

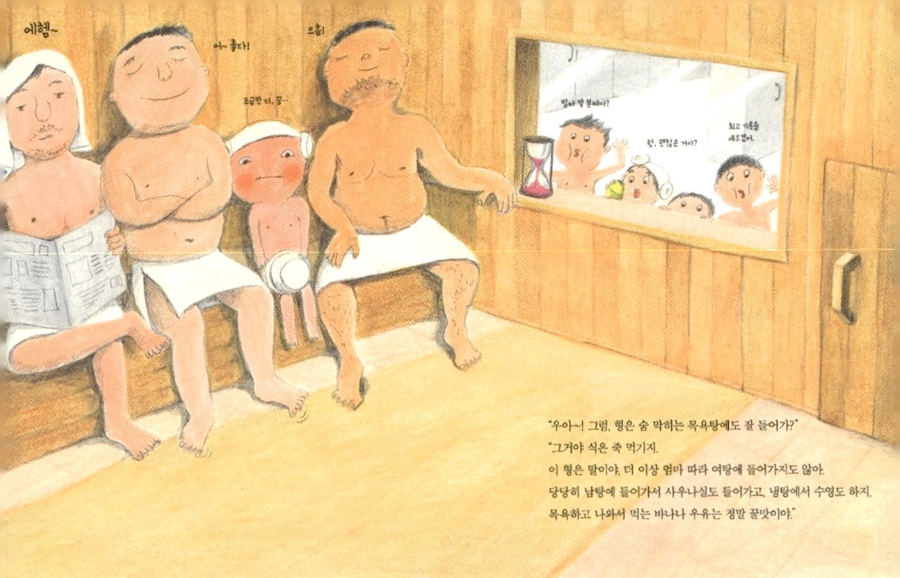


계기를, 아이들에게는 형과 동생의 마음을 들여다볼 수 있는 계기를 마련해 줄 것입니다.

배유안 글
오진욱 그림
8,900원

## 분황사 우물에는 용이 산다

**세바퀴 저학년 책읽기 1**

〈초정리 편지〉의 저자 배유안이 우리 역사 속 "용"에 주목하고 쓴 책. 경주 분황사의 돌로 만든 우물에 나라를 지키는 용이 살았다는《삼국유사》에 적힌 한 줄의 글과 눈먼 아이의 눈을 뜨게 했다는 향가 〈천수대비가〉에서 도철, 산예, 초도라는 호기심 많은 용 형제와 눈먼 소녀 명이의 흥미진진하면서도 가슴 뭉클한 우정 이야기를 이끌어냈다.

신정민, 서지원,
김은의 글
최정인, 오진욱,
진지현 그림
9,500원

## 미안해, 고마워

**동물과 함께 사는 따뜻한 세상 이야기**

영화 〈우리 생애 최고의 순간〉의 임순례 감독의 영화 〈미안해, 고마워〉를 어린이의 눈높이에 맞춰 동화로 새롭게 펴냈다. '동물권 보호'를 다룬 국내 최초의 영화 〈미안해, 고마워〉를 세 편의 단편 동화로 엮었다. 자연스럽게 동물들과 교감하고 사랑하고 어울리는 아이들은 '순수'라는 언어로 동물과 이야기한다. 항상 우리 곁에서 마음을 어루만져 주는 동물들과 사람들의 특별한 교감을 담아냈다.

## 모래소금

정종영 글
윤종태 그림
9,800원

우리 역사 속 사건이나 유물과 유적, 설화에서 모티브를 얻어 흥미진진하고 속도감 있는 스토리로 재구성한 파란자전거 역사동화 시리즈 첫 번째 권. 조선 시대 동해안 염전에서 생산되던 우리 전통 소금인 자염을 소재로, 한 소년이 자신의 꿈을 이루기 위해 고군분투하는 과정을 담은 역사동화입니다. 저자가 직접 조선 시대의 소금길을 걸으며 이야기 배경이 되는 곳을 답사해 현장감을 높이고, 전문가 인터뷰와 꼼꼼한 자료 조사를 통해 사실감과 생동감을 더하는 이야기로 재탄생했습니다. 이야기의 배경이 되는 역사적 사실을 해설한 전문가의 글을 별면으로 구성하여, 책을 읽는 어린이들이 이야기의 재미와 역사적 지식을 함께 재미있게 배울 수 있도록 구성했습니다.

## 우리 동네 달걀 왕

오하나 지음
10,900원

**동물과 함께 사는 따뜻한 세상 이야기**

파란자전거의 너른세상그림책 시리즈. 톡, 톡, 탁, 지글지글~ 요절복통 나들이의 첫 요리, 달걀 프라이! 어른들은 모두 일하러 나가고 아이들만 있는 집에서 나들이와 산들이는 생애 최초로 음식 만들기에 도전합니다. 타닥타닥 기름이 사방으로 튀고, 바사삭 껍데기가 씹히고, 달걀이 바닥에 떨어져 깨져버리는 등 난리법석을 벌이다 보니 어느새 달걀 한 판이 뚝딱 사라져 버렸어요. 나들이는 과연 무사히 달걀 프라이를 완성할 수 있을까요? 처음 시작하는 것에 대한 두려움보다는 기대와 즐거움을 가질 수 있도록 도움이 되는 유쾌발랄한 첫도전 그림책!

도서출판 서해문집과 파란자전거를 운영하고, 《징비록(옮긴책)》, 《세상의 모든 지식》, 《행복한 1등, 독서의 기적》, 《한글전쟁》, 《백 번 읽어야 아는 바보》, 《안중근 재판정 참관기》 등을 지은 김흥식이 대한민국 출판문화계에 현미경을 들이민 해부도.

김흥식 지음

**펴낸곳** 서해문집
**출판등록** 1989년 3월 16일 (제406-2005-000047호)
**주소** 경기도 파주시 광인사길 217(파주출판도시)
**전화** (031)955-7470
**팩스** (031)955-7469
**홈페이지** www.booksea.co.kr

# 4900원 주고 산책

| | |
|---|---|
| 인건비 | 500원 |
| 물류비 | 300원 |
| 제세공과금 | 150원 |
| 폐기비용(반품시) | 700원 |
| 보관비 | 300원 |
| 제작비 | |
| 출력/종이/인쇄/제본비 | 1,725원 |
| 디자인비 | 1,000원 |
| 편집비 | 210원 |
| 기타 | 115원 |
| 총 | 5,000원 |
| 서점 출고가 | 3,000원 |
| 잘 팔릴수록 | -2,000원 |

2015.10.20 서해문집

03010
9 788974 837518
www.booksea.co.kr 값 4,900원
ISBN 978-89-7483-751-8 03010

여기에서까지 광고를 하고 싶지 않았다. 그러나 이 넘치는 재미와 굳은 머리를 탁! 깨는 상상력, 덧붙여 경제에 대한 기본 지식까지 얼떨결에 얻게 되는 놀라운 책이 잘 안 팔리는 것이다.
이 원고는 출간되기 전부터 〈우수출판콘텐츠〉로 선정되었다고요! 게다가 1년에 책 한 권 안 읽는 아이들도 잡기만 하면 배꼽 잡는다고요! 그런데 왜!!!
결국 여기에까지 소개할 수밖에 없었다. 이번에는 반드시 소기의 성과를 거두어 게임에 빠져 있는 대한민국 소녀소년들에게 독서의 즐거움을 줄 수 있기를 비나이다, 비나이다!